Biography of
Wang Jingwei

汪精卫传

闻少华 著

团结出版社

© 团结出版社，2015 年

图书在版编目（ＣＩＰ）数据

汪精卫传 / 闻少华著 . 一北京：团结出版社，
2016.1（2024.12 重印）
ISBN 978-7-5126-3697-2

Ⅰ . ①汪… Ⅱ . ①闻… Ⅲ . ①汪精卫（1883 ～ 1944）
－传记 Ⅳ . ① K827=6

中国版本图书馆 CIP 数据核字 (2015) 第 156139 号

责任编辑：张　阳
封面设计：阳洪燕

出　　版：团结出版社
　　　　　（北京市东城区东皇城根南街 84 号　邮编：100006）
电　　话：（010）65228880　65244790（出版社）
　　　　　（010）65238766　85113874　65133603（发行部）
　　　　　（010）65133603（邮购）
网　　址：http://www.tjpress.com
E-mail：zb65244790@vip.163.com
　　　　　tjcbsfxb@163.com（发行部邮购）
经　　销：全国新华书店
印　　装：三河市东方印刷有限公司

开　　本：170mm×240mm　　16 开
印　　张：22　　　　　　　　　　　字　数：260 千字
版　　次：2016 年 1 月　第 1 版　　印　次：2024 年 12 月　第 4 次印刷

书　　号：978-7-5126-3697-2
定　　价：59.00 元

序言

丁守和

在过去相当长的一段时间里，对于历史人物特别是近代历史人物的研究，是比较少的。事情很简单，又很容易理解。因为近现代历史距离我们的时代较近，其重要人物往往涉及政治斗争，或者此人就是政治舞台上的风云人物，如果在研究或论述中稍有疏忽，或者提出不同意见，就可能成为政治问题遭到非难，使人望而却步。另外，我们过去过分强调人民群众的作用，好像唯物史观只是强调经济、政治，只是重视人民群众，不重视作为经济集中反映的思想、文化，不讲个人的历史作用（进步的、反动的等），因而对思想、文化，对历史人物的研究很不够。其实，这是一种误解。马克思、恩格斯都说过："人们自己创造自己的历史。"这里说的"人们"，当然应该理解为既包括人民群众，也包括各种历史人物个人。思想文化固然是经济和政治的反映，但也有反作用，而且当它一经产生，也有其相对的独立性，有其自身的发展规律。所以，既应当重视政治经济的研究，也应当重视思想文化的研究；既应当加强对人民群众的历史作用的阐述，也应当加强对各种历史人物的研究。近几年来，研究历史人物包括近代史人物越来越多了，而研究思想文化则成了一种热门，这是令人高兴的。

研究近现代史人物确有不少困难。研究进步人物有困难，研究反面人物也有困难，研究时好时坏、时左时右，曾经进步后又变反动的反复无常的人物更困难。研究正面的进步的人物，把他的生平活动、思想、事业乃至所受教育和影响，以及个人生活、性格、爱好等研究清楚，同其所处历史条件、周围环境相融合，通过生动语言有系统地表述或描述出来，是很不容易的。对于反面人物，如果不仅仅是罗列资料做简单的批判，而是对其活动、思想、反动主张乃至罪恶行径进行具体分析，尤其将其放在当时的历史环境中去研究，也是不容易的。若说这些毕竟还比较好处理，主要是掌握好分寸高低的问题，那么对第三类人物即那种时左时右、好好坏坏、终至反动的人物的研究，就更不容易了。汪精卫就属于这类人物。

汪精卫是中国近代史上的一个大人物，其特点是复杂多变。他在辛亥革命时是一个革命志士，曾在《民报》上鼓吹民主共和，反对君主立宪，并因谋刺清廷摄政王而被捕，写下了"饮刀成一快，不负少年头"的诗句，一时传为美谈；第一次国共合作时，他开始表示怀疑，但不久就转为支持，并在孙中山左右赞划。孙中山临终时，他代为起草遗嘱，以后任国民党政治委员会主席、广东国民政府主席。蒋介石发动中山舰事件，意在打击共产党，同时也排挤汪精卫。武汉政府时期，他成为国民党和国民政府的领袖，公开提出"革命的往左边来，不革命的快走开去"；7月15日，却又积极实行"分共"，公开背叛革命。以后，他即升沉起落于时代的潮流之中，纵横捭阖于社会的动荡之际，时而组织国民党改组派，同蒋介石争该党的"正统"，时而蒋、汪合流，当南京政府的行政院院长。抗日战争时期，他曾高喊"焦土抗战"；而1938年年底，则公开投敌叛国，成为南京汪伪政府的总头目。

对于这样一个历史政治人物如何研究，如何实事求是地具体分析，对他在各个时期的表现如何评价，确实难度比较大。过去对汪精卫的评价，一般倾向于全盘否定。因为盖棺论定，他最后叛国投敌，成为国人皆曰可杀的汉奸、卖国贼。因而，不但对他的反共和投敌叛国应彻底否定，并且由此出发，对他在辛亥革命时期和大革命时期的行动也予以否定，说他那时不过是假革命、假左派。对他叛国投敌、出卖祖国利益的行径产生义愤是理所当然的，也是可以理解的。然而，义愤毕竟不能推进科学。对复杂的历史现象作简单的结论或进行简单处理，也不尽妥当。面对复杂的历史，在研究历史事件和历史人物时，我们只能以历史唯物主义为指导，实事求是地具体地进行分析。近年来的史学研究，正在发生这种变化。

对汪精卫这个人物的研究，也应该如此。例如，武昌起义后，汪精卫与杨度共同发起"国事共济会"一事，历来为世人所诟病，认为是汪精卫投靠袁世凯、反对孙中山的有力证据。然而史实表明，在当时的形势下，革命党领导人企图利用与袁妥协的办法，换取推倒清廷，从而得到廉价胜利的想法是普遍的，几乎无一例外，只是汪精卫在这个问题上更具妥协的特色而已。

又如，在大革命的广州时期，汪精卫与共产党人的合作还是较好的，遭到蒋介石的排挤而出走。北伐战争开始以后，根据当时的形势，中共中央和共产国际代表曾研究迎汪抑蒋的问题。到武汉后，汪曾红极一时，被誉为国民党左派领袖，然而不久他就在联共问题上发生动摇。随着形势的急剧变化，他便公开反共，背叛革命。这是他革命事业的终止，也是他反动事业的开端。对于他的这些表现和转折是需要作深入研究和具体分析的。如果只是简单地用"假左派"来说明，似乎还不能解决问题。

就是对汪精卫堕落为汉奸头目以后，也不应简单地停留在罗列他的罪状方面，而应当探究他何以成为大汉奸，其汉奸理论的形成，发展及其反动实质，并且把他的失败主义、投降主义与日本的侵华政策以及当时的国内外形势联系起来考察，才能使我们对其罪恶行径有更深刻的认识。

研究汪精卫这类人物，当然首先要注意他在各个时期的活动、思想及变化，注意他的阶级属性和阶级属性的变化及特点，同时也要注意他本身的个人特性、行为品德，注意时代潮流的起伏变化和错综复杂的社会震荡，等等。总之，既要综合考察，也要具体分析。这样，才能使我们的研究逐步深入。

近几年来，已发表一些研究汪精卫的论文，主要是就某一时期或某一问题的专论，比较系统地研究尚不多见，资料也很分散。闻少华同志撰写的《汪精卫传》，在这方面作了有益的工作，补了这个空白。

本书是闻少华同志多年研究的成果，他力图以历史唯物主义为指导，对汪精卫的一生作出比较系统的研究和论述，对一些问题进行实事求是的分析。由于资料和篇幅的限制，本书若干地方还是显得有些薄弱，或论述不足，但它毕竟是第一本较系统介绍和评论汪精卫生平的专著，对于研究中国近代史、民国史，对于广大历史爱好者，是有一定参考价值的。

"行远必自迩，登高必自卑"。希望后来者继踵而上，那么本书作为引玉之砖，当亦为作者和读者所首肯的。

在本书将要出版的时候，写了上面的一番话，姑且作为序吧！

CONTENTS · **目 录**

第一章

清寒的青少年时代

第二章

辛亥革命时期的风云人物

第三章

政治上的小休时期

第四章

国共第一次合作时期的汪精卫

第五章

大革命时期软弱的左派

第六章

七一五分共的元凶

第七章

特别委员会的面面观

第八章

改组派的精神领袖

第九章

"非常会议"时期汪、蒋的勾结

第十章

汪蒋合作时期对日推行的妥协路线

第十一章

抗日战争初期的两面人

第十二章

叛国投敌的酝酿

第十三章

叛国投敌的民族罪人

第十四章

汪伪国民党"六大"的召开

第十五章

汪伪国民政府的成立

第十六章

汪精卫及其伪政权的倒行逆施

第十七章

汉奸末日与汪精卫的死

汪精卫传

·Biography of WangJingwei

第一章

清寒的青少年时代

一 清贫身世

广东的三水县，在珠江三角洲，现属佛山地区，距广州不过150里。这里"众水交会，群山环拱"，"前临三江，后枕层峦"[①]，是个山川雄伟景色宜人的好地方。在这个地区内，产生过对近代中国颇具影响的人物，如南海县的向西方寻找真理的先进人物康有为和康门大弟子、新会县的梁启超；特别是革命的先行者孙中山先生就诞生在香山（今中山）县。真可谓"物华天宝，人杰地灵"。然而"大浪淘沙，鱼龙混杂"，辛亥革命时期名噪一时的风云人物、近代臭名昭著的大汉奸、大卖国贼汪精卫，也悄悄地在三水县署出生了[②]。

汪精卫字季新、季恂、季辛，名兆铭。号精卫，1883年5月4日，生于广东三水县。

汪精卫，字季新、季恂、季辛，名兆铭，号精卫，1883年5月4日（清光绪九年三月二十八日）生于广东三水县。他的祖先找不出一个功名显赫的达官贵人，据说元朝末年才从江西婺源迁至浙江山阴（今绍兴）。搬迁的原因是什么？史料缺乏记载，大概是由于家庭经济拮据，才出外谋生吧!到了明代正德朝有位叫汪应轸者，字子宿，是汪精卫的

---

① 《三水县志》卷一，嘉庆二十四年版，第35页。
② 汪精卫原籍浙江山阴，寄籍广东番禺，出生于三水县。

十二世祖，"绩学善文"，著有《青湖文集》，算是有点声望的文人。汪精卫的祖父汪缦亭，字云，曾中举人，并作了遂昌县训导。从他的父亲汪省斋（名汪琡）起，才迁居到广东番禺，并先后在三水、曲江、英德、四会、陆丰等县作过多年幕僚。绍兴是个出"师爷"的地方，这种现象是常有的，不足为怪。

汪精卫出生的那一年，其父已是62岁的老人了。汪省斋初娶卢氏，浙江人，生下一子三女。后娶吴氏，即汪精卫的生母，又生下三女三子，汪精卫在兄弟中排行老四。连兄弟姊妹一起，共有10位。他13岁时，母亲病故；次年，父亲又病逝。每当汪精卫回忆起这一段往事，尤其提到他的母亲时，总是颇为伤感地说："我的母亲提起来，真伤心，我觉得她的一生，只是沉浸在'忧劳'两个字里。家计的艰难，以及在家庭内所受的闲气，如今还一幕一幕的时时涌现于我眼前。"①为了纪念他的母亲，1922年他请温幼菊为她画了一幅《秋庭晨课图》，汪精卫在此图前写了一段话：

"右图兆铭儿时依母之状也。其时兆铭年九岁。平旦必习字于中庭，母必临视之，日以为常。秋晨肃爽，木芙蓉娟娟作花，藤萝蔓于壁上，距今30年矣。每一涉想，此状如在目前。当时父年六十有九，母则四十。父以家贫，虽老犹为客于陆丰，海道不易，惟母同行。诸兄姊皆不获从，以兆铭幼，紧〔仅〕以自随。兆铭无知，惟以依依膝下为乐。有时见母寂坐有泪痕，心虽戚然不宁，初不解慈母念远之心至苦也。嗟夫，岂特此一端而已，兆铭年十三而失母，于母生平德行，能知者几何，于母生平所遇之艰难能知者又有几何？母鸡鸣而起，上侍老父，下抚诸弱小，操持家事，米盐琐屑，罔不综核，往往宵分不寐。兆铭惟知饥则索饼饵，饱则跳踉以乐，懵然不知母之劳瘁也。岁时令节，兆铭逐群儿嬉戏，乐而忘倦。时见母蹀躞仰屋，微叹有声，搜箧得衣物付佣妇，令质钱市果馈。及亲友至，则哑语笑款洽，似无所忧者。兆铭亦忽忽不措意，不知母何为而委曲烦重若是也。母所生子女各三人，劬劳太甚，诸子女

---

① 《汪精卫自述》，张江裁：《汪精卫先生行实录》，第1页。

以此长成，而母亦以此伤其生，不获终其天年，悲夫！"①

这段话虽然写得很凄婉悱恻，但字里行间却透露了这样一个事实，即汪父比汪母年龄差不多大30岁，其母的逝世固由于经济拮据，度日艰难，另一方面，心情的不舒畅，想亦是致病原因之一。这对于汪精卫忧郁性格的形成，可能也是一个原因吧。

二 从秀才到留学生

汪精卫从3岁起，随其父汪省斋先后往来于曲江、英德县署，在英德一住就是4年，5岁开始，就在家塾读书，接受传统的封建教育。他的父亲功名不就，一生不得志，因此寄望于这位幼子。汪精卫8岁时，已养成好读书的习惯，所谓"幼好读，尤好新书及小说家言"。所以颇得其父亲的欢心，"为省斋公所钟爱"②。汪精卫的母亲虽是个"贤妻良母"式的妇女，对他也不放松督促。汪精卫的学习安排是这样的：早起在堂屋练写大字，他的母亲经常在旁陪伴，傍晚时分，其父则亲自为他授课。汪省斋年过七十，老眼昏花，还生了白内障，"耳犯重听"，已是一个风烛残年、半聋半瞎的老人了。尽管如此，他对汪精卫的功课督促还是很严格的。汪精卫每天从家塾回来，这位老先生就让他读书习诗，诵读的是王阳明《传习录》等书，背诵和默写的是陶渊明和陆游的诗，直到能背诵出来，老人才表示满意。有时老人高兴起来还写下一点东西，让汪精卫用笔记下来，在这样的耳提面命下，为汪精卫的旧学打下了一定基础。汪省斋还嘱咐汪精卫要注重习字，每天在一块白漆木板上要写上三四十个大字。汪精卫后来回顾这段生活时，怀着感激的心情说："一生国学根基，得庭训之益为多。"③

1895—1896年，对于少年时代的汪精卫来说，不幸的事情接踵而来，先是

---

① 汪精卫：《秋庭晨课图记》，《汪精卫先生行实录》，第2页。
② 张江裁：《汪精卫先生年谱》，第1页。
③ 同上。

母亲吴氏在广州豪贤街寓所病殁；次年汪省斋又在广州逝世。汪精卫举目无亲，心情凄怆，这时他还不足14岁。无奈，只好随他的长兄汪兆镛客居粤北乐昌县。汪精卫有一首诗很能反映他这时的心情：

笑将远响答清吟，叶在欹中酒在襟。

天淡云霞自明媚，林空岩壑更深沉。

茱萸桩触思亲感，碑版勾留考古心。

咫尺名山时入梦，偶逢佳节得登临。

——重九游西山岩①

诗是平淡的，寄托了淡淡的哀思，但出自一个14岁童子之口，也算不易。

　　1899年，汪精卫沿着封建时代读书人的老路，向上攀登。他在乐昌县从章梅轩学习文史经世之学。这位章梅轩，就是汪精卫同父异母的三哥汪兆钧的外舅，汪精卫从他学习应制文字。时乐昌县训导云逢肺见汪精卫文，非常赏识。"谓其文气磅礴纵横，许为旋乾转坤之伟器，赞不绝口。"②这未免过于溢美了。看来，此时戊戌变法的维新思潮在汪精卫的思想上还是一片空白，也许他压根儿就没有接触到。同年，汪精卫的三哥——22岁的汪兆钧病死。过了两年，汪精卫由乐昌返回广州，和他的大哥汪兆镛住在一起，还同应番禺县试。这一次，汪精卫初露锋芒，考取了第一名。在录取的过程中，还有一段插曲。原来在县试时，县令钱璞如"阅其文，置第一。仲器（兆镛）第三，及启弥封，知为兄弟，终试以仲器与之易。"③汪精卫从第一名降到了第三名。到了府试时，广州知府龚心湛又将汪精卫拔置第一。好事的张江裁，在编汪精卫的年谱时，就这件事曾问过龚心湛。龚氏复信说："幕中阅卷者置精卫先生之兄第一，弟以哲弟之文，实

---

① 汪精卫：《双照楼诗词稿》小休集卷上，第1页。
② 张江裁：《汪精卫先生年谱》，第2页。
③ 张江裁：《汪精卫先生年谱》，第3页。

胜难兄，谓不当令屈居第二。幕友则谓弟不可先兄。弟曰：'玉尺量才，但论文字，不问长幼，倘曲徇行次，岂衡文求贤之本意。乃以精卫先生冠军，易置乃兄第二。'"①大概张江裁编此书时，因汪精卫已当上了伪国府主席，张江裁和龚心湛都竞相讨好于汪，因此书信中难免有夸大之词。"春风得意马蹄疾"，不管怎样，汪精卫府试第一，而且弟兄同时名列前茅，一时传为佳话②，当系事实。但是这一年，汪精卫的二哥又病死，这样留下两寡嫂一孤侄，景况十分凄凉。不久，广东水师提督李準聘汪精卫为家庭教师，汪精卫便以此项收入来养家糊口。后来，汪精卫在追述这段生活时说："父亲殁后，并无遗产，我衣食住之费，都仰给于长兄。至17岁便出去做'子曰先生'③，每月将10元修金，兼长各书院应试，往往取得优等，每月平均得膏火银二十元左右。18岁三兄病殁，19岁二兄病殁，和两寡嫂一孤侄，持此度日。生活是困苦的，调子是低沉的，但汪精卫并未因此消沉下去。"

1904年，对于汪精卫来说，是具有重要意义的一年。这一年他22岁，考取了留日法政速成科官费生④，便东渡日本，进入东京法政大学学习。东瀛求学，不仅开阔了他的政治视野，生活上也发生了不小变化。学习之外，他还从事译书工作，每月收入60元，足够他养家了。他不无自豪地说："留学法政，从宪法中得知国家观念及主权在民观念。从前所谓君臣之义，撇至九霄云外，固有的民族思想勃然而兴。与新得的民权思想会合起来，便决定了革命的趋向。"⑤早先，在汪精卫的思想里，"爱国"是和"忠君"紧密联系在一起的，现在和"忠君"的思想终于分手了，而且模模糊糊有了"民族"、"民权"等观念的雏形，不能不说是思想上的一次升华和飞跃。

---

① 张江裁：《汪精卫先生年谱》，第 3 页。
② 除汪兆镛、汪兆铭兄弟同时名列府试第一、第二，汪精卫的一个侄子也在府试中录取正额第三。汪兆镛对此，得意之余，写下一副红联云："玉峰双秀，珠树三花"，想见其踌躇满志之慨。
③ 汪精卫这里所说的 17 岁去做"子曰先生"与《年谱》所记在李準家当家庭教师，当非一事，可能在 19 岁前已在他处教书。
④ 关于汪精卫留日时间，说法不一，今据《清国留学生会馆第五次报告》第 37 页所载，为光绪三十年八月，即应为 1904 年。
⑤ 《汪精卫自述》。

汪精卫传
· Biography of WangJingwei

第二章

辛亥革命时期的风云人物

一 《民报》的重要撰稿人

1905年，在古老的中国大地上，掀起了一场轰轰烈烈的资产阶级革命，通过一系列的思想发动工作和武装起义，革命不断地向纵深发展，形成高潮。"中国同盟会"的宣告成立，是革命高潮的显著标志。

孙中山是各革命团体公认的领袖，在留日学生中享有崇高的威望。汪精卫对孙中山慕名已久。这年的7月，孙中山从欧洲到日本，筹建革命的统一组织——中国同盟会。此前，留日学生就以同乡等关系结成一个个的革命小团体。与汪精卫一起的胡汉民、朱执信、古应芬、张树枏、李文范等，既是在广东时的同乡，又是在东京法政大学法政速成科时的同学，他们之间有的还有亲戚世交关系。他们通过胡汉民的弟弟胡毅生和兴中会成员发生联系。这时兴中会已趋于解体，老兴中会员只剩下孙中山、冯自由等少数人。得到汪精卫、胡汉民、朱执信等这批生力军后，在建立资产阶级革命派领导集团这一重要问题上起的作用不可低估。7月下旬，汪精卫偕朱执信进谒孙中山于神田锦辉馆。孙中山畅谈组织起来的重要性，并要用革命的方法建立共和国，从而使中国跃居世界先进国家的行列。汪精卫于是加入同盟会，成为会员。孙中山在这次演说中，给予汪精卫的印象极为深刻。

7月30日，汪精卫参加了在东京赤坂区桧町黑龙会会所召开的同盟会筹备会，与会志士70多人，由孙中山主持会议。黄兴提议凡入盟者应自愿立誓约，于是由孙中山率领入会诸人宣誓。同时，推黄兴、陈天华、马君武及汪精卫等起草会章。

　　8月13日，在东京的留日学生于曲町区富士楼开会欢迎孙中山，到会1800余人。孙中山发表演说，痛斥改良派的君主立宪谬论，汪精卫也从中得到鼓舞。

　　8月20日，在东京赤坂区霞关阪本金弥子爵的宅邸召开了中国同盟会成立大会，孙中山任总理，下设执行、评议、司法三部，组成以黄兴为首的执行部，以汪精卫为首的评议部和以邓家彦为首的司法部。孙中山对于一个刚过20岁的青年汪精卫委以重任，可算是信任有加了。这时的汪精卫，风华正茂，积极向上，以饱满的政治热情，投入了火热的革命斗争中去。他的确没有辜负孙中山的信任，也可以说这段时间是汪精卫政治上的黄金时代。

1905年11月16日，同盟会机关报《民报》在日本东京创刊。创刊号上首次明确提出民族、民权、民生的三民主义。

　　同盟会成立后，立即投入了与改良派大论战的斗争。为了适应斗争的需要，决定筹办《民报》，作为同盟会的机关报。11月16日，《民报》正式出版，汪精卫与陈天华、章炳麟、胡汉民、朱执信、宋教仁等成为该报的主要撰稿人。在要不要推翻满清政府、要不要建立共和政体、要不要实行民生主义、革命能救中国还是导致亡国等根本问题上，革命派与改良派短兵相接，营垒分明。汪精卫旗帜鲜明地站在以孙中山为首的革命派一边，他以犀利的笔锋参加了这一具有历史意义的战斗。由于革命派顺应了历史的潮流，因此所向披靡，使改良派中即使像"笔锋常带情感"的梁启超等人，也感到难以招架，败下阵去。

汪精卫在《民报》上用"精卫"的笔名，发表了《民族的国民》《论革命之趋势》《驳革命可以召瓜分说》《驳革命可以生内乱说》《再驳新民丛报之政治革命论》等一系列有分量的文章。这些文章论点明确，论据充分，爱憎分明，击中了保皇派的要害，大大缩小了保皇谬论的市场。而汪精卫在《民报》发表第一篇文章——《民族的国民》时，还是个不足23岁的青年，面对保皇派代表人物康有为、梁启超这样的大人物，真有点"初生牛犊不怕虎"的气概。

胡汉民对《民族的国民》这篇文章赞赏备至地说："革命排满非仇杀报复之事，乃民族根本解决之事，宗旨严正，而根据历史事实，以证其所主张者，至为翔确。师出以律，不为叫嚣跳踉之语，异于邹容之《革命军》，遂受学界之大欢迎。"①表明汪精卫通过论战在革命党人中赢得了声誉。

在《革命决不致召瓜分说》这篇文章中，他开宗明义地说："今欲外审各国对于中国之方针，内度国民之实力，瘏口极论，阐明革命与瓜分无原因结果之关系。且正因革命，然后可杜瓜分之祸"②；进而指出满洲政府的存在，是产生瓜分的重要原因，从而得出结论，只有革命才能杜绝瓜分，挽救中国。"综满洲政府之对外政策，不出二端，前者为倨慢无礼，后者为反复无耻，以至有今日。然则瓜分之原因，由于不能自立，不能自立之原因，由于满洲人秉

---

① 《胡汉民自传》，《近代史资料》，1981年第2期，第16页。
② 汪精卫：《革命决不致召瓜分说》，《汪精卫文存》初集，第91页、第93页。

政，可决言者也。"①

汪精卫在文章中大声疾呼："满洲政府一日不去，中国一日不能自立，瓜分原因一日不息。"②这种痛快淋漓的议论，鞭辟入里的语言，在当时的确能起到振聋发聩、振奋人心的作用。

在《申论革命决不致召瓜分之祸》这篇文章中，汪精卫进一步论述了革命与瓜分的关系，他认为：第一，革命是合乎公理的。那种诬它是"只计利害，不计是非，其说已不能自立。"③文章回顾了"革命军未起以前"，中国早已存在瓜分的危机，因此正是"革命党因惧瓜分而起革命，非起革命以召瓜分也。"④第二，文章认为"中国今日不自立，则瓜分之祸一日不息。"今后十余年内，中国能否避免瓜分危机，"全视我国民之能革命与否而已。"⑤

第二篇文章是第一篇文章的续编，更多的是从中国和帝国主义之间的关系及帝国主义对华政策出发，考察了它们的历史和现状。在作了深入剖析以后，汪精卫才颇有信心地说："可知革命党之兴，实惧瓜分之祸将作而谋有以救之。而汉奸者流，乃反其辞，以为革命一起，必召瓜分之祸；吾今胪举事实以证之，历史不汝欺，当有以塞其口也。"⑥

孙中山对汪精卫的上述文章评价很高，他说："精卫于民报第六号对于革命将召瓜分之说，曾为文加以驳斥，其论析中外情势，使中国人士莫不大悟，外国恐怖症亦为之一扫，最近氏（指汪精卫）又发表一革命绝不致召瓜分说之长文，为证实其理论起见，引入种种根据，其卓见洞识，颇博读者快慰。其引用土耳其、摩洛哥近事为证，论旨坚实，究非为畏惧外国、谄媚满洲者所能企及。……余今愿以之赠担忧革命将遭分割论者，谅精卫许之也"⑦。可见，这

---

① 汪精卫：《革命决不致召瓜分说》，《汪精卫文存》初集，第 91 页、第 93 页。
② 汪精卫：《革命决不致召瓜分说》，《汪精卫文存》初集，第 93 页、第 94 页。
③ 汪精卫：《革命决不致召瓜分说》，《汪精卫文存》初集，第 94 页。
④ 汪精卫：《申论革命决不致召瓜分之祸》，《汪精卫文存》初集，第 112 页。
⑤ 同上。
⑥ 汪精卫：《申论革命决不致召瓜分之祸》，《汪精卫文存》初集，第 129 页。
⑦ 雷鸣：《汪精卫先生传》，第 33 页。

两篇文章在当时的确起了良好的作用。

但是，汪精卫对帝国主义仍存在不切实际的幻想，对义和团反帝爱国运动抱着敌视态度，这在上述文章中不时有所流露：如说什么"夫义和拳虽曰内乱，实无异于对外而宣战。而以其无伤于各国之均势，虽被干涉，犹不至于召瓜分。况夫革命军起，堂堂正正，以破坏世仇民贼之政府为目的，而对于外国一切照国际法以行，并无被干涉之原因，更何致有召瓜分之结果。"[1]当然，类似汪精卫这种既想进行资产阶级革命而又对帝国主义抱有幻想的人，在革命党人中绝非个别的，但这恰恰证明了中国民族资产阶级的先天的软弱性格。

当汪精卫因在《民报》上常写文章，声誉日隆之际，他的大哥汪兆镛其时正在两广总督岑春煊的幕府中当幕僚，和一个叫刘子蕃的共事，汪兆镛不经汪精卫的同意，代他和刘子蕃的妹妹订了婚。有一天岑春煊喝醉了酒，硬逼着汪兆镛将汪精卫交出来，不然就对他不起。汪精卫听到这个消息，为了不牵连他大哥，就写了一封署名《家庭之罪人》的信，表示和家庭断绝关系。信是这样写的："事已发觉，谨自绝于家庭，以免相累。家中子弟多矣，何靳此一人，望纵之俾为国流血，以竟其志，死且不朽。……与刘氏女曾有婚约，但罪人既与家庭断绝，则此关系亦当随以断绝，请自今日始，解除婚约。"[2]汪兆镛得此信，便宣布"驱逐逆弟永离家门"，并向番禺县写一报告存案。又和刘子蕃商量，将两家聘物交还，婚约焚烧，这才解除了这一桩家庭婚姻的纠纷。革命党人对汪精卫处理此事的干脆利落表示赞赏。

二 出色的演说家

《民报》与《新民丛报》的笔战工作告一段落后，在孙中山领导下，汪精卫的工作重心就转到组织和宣传方面。此时，与保皇派的论战尚在继续。

---

[1] 汪精卫：《申论革命决不致召瓜分之祸》，《汪精卫文存》初集，第 135 页。
[2] 《汪精卫自述》，《汪精卫先生行实录》，第 2 页。

1906年，汪精卫从日本法政大学毕业，接着随孙中山赴南洋吉隆坡等地筹设同盟会分会。次年年初，又随孙中山经新加坡转安南（今越南），于河内秘密设立同盟分会。此举是为了配合革命党人在两广、云南边境的武装起义。7月，汪精卫与革命党人张永福、陈楚楠等在新加坡吉宁街十三号出版《中兴日报》，与保皇派的《南洋总汇报》继续进行论战，汪精卫与胡汉民是该报的主要撰稿人。胡汉民专事批判康有为、梁启超的著作，汪精卫则侧重从革命理论方面予康、梁以正面回击。是年汪精卫从南洋回到香港。

1907年3月，清政府怂恿日本政府驱逐孙中山出境，孙中山率汪精卫、胡汉民等离开日本。汪精卫坚决支持孙中山的"经营南洋、边陲起事"的战略计划。筹募款项，是发动起义的首要任务，孙中山就把这个重要任务交给了汪精卫，他没有辜负孙中山对他的信任。从1907年到1909年，汪精卫奔走跋涉于南洋各地，他不畏避艰辛，筹集了数目相当可观的款项。1907年孙中山在致邓泽如的信中说："弟前派汪精卫兄赴河内、海防、西贡、新加坡、暹罗各埠，会见同志，报告军事，劝幕军需，各同志多慷慨仗义，筹资汇济。"①从"慷慨仗义"等语来看，其效果无疑是良好的。当时南洋风气未开，为了筹款还必须进行大量组织工作，在这方面汪精卫的工作也是出色的。所谓"奔走南洋，组织同盟分会一百多处。"②就是这方面工作的记录。

汪精卫擅长演说，具有很强的煽动性。胡汉民曾说："余前此未尝闻精卫演说，在星洲始知其有演说天才，出词气，动容貌，听者任其擒纵。余20年来未见有工演说过于精卫者。"③

张永福对汪精卫的演说也留下深刻的印象，他曾回忆道："在彼（指汪精卫）演说之夕，演讲者尚未登坛，全场即无虚席，当彼踏上讲台，满堂即鸦雀无声，每逢至精彩热烈处，掌声如雷而起。其能吸引听众之注意与唤起热情，

---

① 邓泽如：《孙中山廿年来手札》，第30页。
② 《东方杂志》第31卷，第1号，第4页。
③ 《胡汉民自传》，《近代史资料》，1981年第2期，第29页。

概可想见。"①

汪精卫在槟榔屿时，经常在新街新舞台与小兰亭发表演说，陈新政对汪精卫的口才称赞不已，他说："江君之演说，题目既簇新，而事事颇得肯綮，因此极得听众信仰。谓南洋华侨之觉醒，实出于汪君之力，亦不为诬也。"②话虽然说得有些夸张，汪精卫的雄辩才能于此亦可概见。

三　与陈璧君的结合

陈璧君，字冰如，1891年生于马来亚槟榔屿。她比汪精卫小8岁。其先辈因经营橡胶业成为富商。其母卫月朗因受革命党人影响，秘密加入革命组织。陈璧君10余岁后，经常阅读其母收藏的各种杂志书刊，亦受到革命思想的熏陶。1907年汪精卫等来马来亚槟榔屿进行革命活动，陈璧君当时还是一个中学生，对反清革命的宣传饶有兴趣，对革命派的演说更是热烈的听众之一。

由于《中兴日报》在南洋华侨中产生了积极影响，发行量迅速增加，需要扩大经营，而扩大经营就必须筹募资金。因此，林义顺建议将《中兴日报》组织股份公司。在得到孙中山的同意后，就由汪精卫、胡汉民、林义顺等进行募股，得到了邓泽如等人的赞助，才解决了报纸所需要的资金问题。

在《中兴日报》招股这一偶然的情况下，陈璧君通过当时的会长张永福和《中兴日报》发生了联系，认购了股票。股票收据如下：

"久字第三十四经代南洋中兴报社有限公司，收到陈璧君先生附入壹拾股，文到全期股本通用银、银壹百大圆整。理合给收单为据，候公司开办通知，请携此单向本公司换正股票可也。付此收执存据，所有本公司事宜，均照英国有限公司办理。

---

① 雷鸣：《汪精卫先生传》，第42页。
② 《陈新政遗集》卷下，第3页，转引自《汪精卫先生传》，第45页。

戊申年（1908年）六月初五日经理人"①

前面说到，汪精卫是颇有演说才能的，当时同盟会在南洋的支部并不公开，大多是以"演说社"或"出版社"等名义进行活动。汪精卫是演说社的骨干，陈璧君则是汪精卫演说的崇拜者之一。这位风度潇洒、口齿伶俐的青年革命党人对陈璧君具有相当的吸引力，因而此时的陈璧君，"亦为先生（汪精卫）的热忱听众之一。由革命而结为终身伴侣，实由于此时始。"②

关于汪精卫、陈璧君的具体结合过程是这样的：

1908年，在槟榔屿的革命党人黄金庆开设维新书室，出售革命书刊。陈璧君经常来这里购买《革命先锋》等刊物。稍后，陈璧君又常到同盟会会员吴世荣家中，而汪精卫也不时到吴家去，两人接触频繁，产生感情也就是顺理成章的事了。

同年，汪精卫自槟榔屿赴仰光筹建同盟会支部，陈璧君也在这时离开槟榔屿赴日本留学。1909年，汪精卫离开南洋准备北上谋刺摄政王之前，还为此转赴日本，偕陈璧君等一道前往，而这就成了日后汪、陈引以为豪的"光荣壮举"。陈璧君后来在《我的母亲》一文中这样写道："忆自镇南关之役以后，革命屡起屡踬，精卫虑无以对慷慨输将之同志，乃与余及曾醒、方君瑛、黎仲实、喻云纪、黄复生等约入北京。谋于清廷根本之地，为非常之举，以振奋天下之人心。顾所费过万金，无所出。而为事至秘，不能以醵资望之同志。吾母知余等隐衷，乃典质衣饰以足其数，吾等乃得成行。"③此行就是后来名震一时的汪精卫谋刺摄政王的"壮举"。

当汪精卫行刺被捕之后，陈璧君从报上获悉，忧心如焚，即从日本转赴南洋，再次潜入北京，图谋营救。她设法买通狱吏，给汪精卫传递信息。汪在狱

---

① 雷鸣：《汪精卫先生传》，第43—44页。
② 雷鸣：《汪精卫先生传》，第45页。
③ 陈璧君：《我的母亲》，《汪精卫先生行实录》，第3页。

中百无聊赖之际，得到陈璧君的手书，衷心感激可以想见，于是填词一阕，以倾诉与陈璧君热恋之情和思念之切：

别后平安否？便相逢凄凉万事，不堪回首。国破家亡无穷恨，禁得此生消受！又添了离愁万斗。眼底心头如昨日，诉心期夜夜常携手。一腔血，为君剖。

泪痕料渍云笺透。倚寒衾循环细读，残灯如豆。留此余生底事，空令故人偬愡。愧戴却头颅如旧。跋涉关河知不易，愿孤魂缭护车前后。肠已断，歌难又。

——《金缕曲》[1]

汪精卫、陈璧君在辛亥革命前夕这一段轶事，曾在革命党人中传颂。

四　谋刺摄政王载沣

汪精卫以一介文弱书生，为何走上充当刺客的道路，这和当时的形势密切相关。

继1907年徐锡麟皖案、秋瑾浙江之役失败后，1908年熊成基安庆之役又遭失败。同年广州保亚会之役，葛谦、谭馥先后被捕，壮烈牺牲。1909年四川广安、嘉定、黔江之役，亦以失败告终。这些都是革命党人领导的，有的甚至是孙中山、黄兴亲自指挥的，如潮安、黄冈、惠阳、钦廉、镇南关、上思、河口诸役，无一例外地均以失败告终。多次的失败，使在东京的同盟会会员滋长了沮丧的情绪，意志消沉。

1909年5月，同盟会内原光复会领导人陶成章、章炳麟等大搞分裂活动，

---

　　[1] 汪精卫：《双照楼诗词稿·小休集》卷下，第72页。

不顾革命大局，散布流言飞语，诬陷孙中山将各处同志捐款攫为己有，甚至散发所谓《孙文罪状》，要求"开除孙文总理之名"。当时，黄兴、汪精卫正在东京筹备续出《民报》，陶成章却认为它只能为孙中山"虚张声势"，坚持非先革去孙中山的总理职务不能办事。这一无理要求，理所当然地遭到黄兴的拒绝。陶成章并不就此止步，于是活动章炳麟刊印《伪〈民报〉检举状》，分送南洋、美洲等地。传单说："昔之《民报》为革命党所集成，今之《民报》为孙文、汪精卫所私有，岂欲申明大义，振起顽聋，实以掩从前之诈伪，便数子之私图。"①

1910年4月，汪精卫谋刺摄政王载沣。

　　保皇派利用这份传单大做文章。11月，《南洋总汇新报》在发表传单的同时，大肆攻击革命党说："自革命邪说流毒南洋以来，一般之劳动社会，几于尽为所惑，诚足为风俗人心之大害。兹特将此传单录出，欲使华侨知革党之内容如是如是，则已入迷途者宜急早回头，将入而未入者更宜视之若浼。大之为国家培无限之正气，小之为华侨惜有限之资财。"②

　　保皇派头目梁启超更是推波助澜。冷嘲热讽，说革命党首领是"'远距离的革命家'……徒骗人于死，己则安享高楼华屋。"③

　　这些情况都大大刺激了汪精卫，使他灰心丧气。加上同年3月清廷宣布预备立宪，以欺骗舆论，汪精卫再也沉不住气了，于是约集在日本的黄树中（复

---

① 《中华民国史》第一编（下），第143页。
② 《南洋总汇新报》，1909年11月27日。
③ 《汪精卫先生传》，转引自第47页。

生）、喻培伦、黎仲实、陈璧君等由香港潜入北京，从事暗杀活动，"决心与虏酋拼命"①。为了振作精神，企图"藉炸弹之力，以为激动之方"②。孙中山、黄兴、胡汉民等人曾多次劝阻，汪仍自行其是。他为此事与孙中山，胡汉民等反复辩论，坚持自己的观点和暗杀行动。

汪精卫在写给孙中山的信中，对同盟会内部的分裂危机，忧心忡忡。他反复强调：

> 盖此时团体溃裂已甚，非口实所可弥缝，非手段所可挽回，要在吾辈努力为事实之进行，则灰心者复归于热，怀疑者复归于信，此非臆测之言，前事可征也。……然则今后吾辈复有事实之进行，著于天下，则彼等愧怍之不暇，更有何法以惑人。弟等之为此事，目的在破敌，而非在于靖内变也。所以靖内变之道，亦不外于此。……先生谓弟死后，太炎等又不知如何舞文，此言弟亦虑及。小人之为不善，无所不至，不能保其不为此卑陋之行，故弟草遗南洋同志书，存展兄（胡汉民）处。弟事发后，即为登之《中兴报》，以杜彼辈之舞文也。③

如果说这封信还仅是防止章太炎中伤汪精卫与孙中山的关系，避免同盟会进一步分裂的话；那么汪精卫与胡汉民的信，则是全面阐述他为什么要进行暗杀活动的主张了。信中说："得3月11日来书，谓暗杀之事，足阻革命之前途，弟读竟不觉太息久之。……弟则自丁未以来，蓄此念于胸中，以至今日，千回万转而终不移其决心。昔人有言，愚者千虑，必有一得，譬诸螺旋之钉，弟之所想已旋至螺旋尽处。……夫为吾党谋进步，其事有为虏所不及知者（如秘密运动）。有为人所共见者（如既起兵及暗杀事）。为虏所不及知则我

---

① 吴玉章：《辛亥革命》，第102页。
② 《黄但喻陈诸同志谋炸端方之经过》，《中华民国开国五十年文献》第13册，台北版，第649页。
③ 《汪精卫致孙中山》，转引自《汪精卫先生传》，第50页。

进步而虏不进步，此所最宜注力谋之者也。无如革命党之行为不能以运动为已足。纵有千百之革命党（此指真革命党）运动于海外，而于内地全无声响，不见于直接激烈之行动，则人几几忘中国之有革命党矣。……二谓此事徒使虏加意粉填〔饰〕立宪之举动，兄论此事极为透彻。弟前亦兴念及此。惟兄书结论云：故为中国计，为多数人计，此后非特暗杀之事不可行，即零星散碎不足制彼虏死命之革命军亦断不可起。盖此皆使吾敌之魔力反涨，国民愈生迷梦者也。……且兄亦尝于别一方面思之乎？全露马脚之立宪大纲尚未足醒国人之迷梦而粉填之举动日日未已（时兄所已言者）。即以吾粤论，官界、绅界、商界、学界皆孜孜然。……假面具终有揭露之时，能于其未揭露之前，而先灼见之且击破之以告人者，惟有革命党。今于戴面具之时，欲一揭破之，使国民知不肯受欺者固大有人在，则直接激烈之行动，必不可已也。"汪精卫的此举，目标之一就是想打破清廷的立宪骗局。这种想法在当时的形势下，并非全无道理。

汪精卫在此信的最后一段，写得慷慨激昂，精彩纷呈，并驳斥胡汉民的"伤元气论"为"论据薄弱"。信中说："零星散碎之革命军，足伤吾党之元气，弟详论之矣。至于暗杀不过牺牲三数热血同志之性命而已，何伤元气之有？若并此数人之性命而亦吝之，则何必组织革命〔党〕乎！譬如煮饭，当热之以薪，薪尽而饭熟，若吝薪则何由有饭乎？若谓人才难得，当积以求之，不当零星散去，须知所以求人才，欲其为用也，得而不用，何求之为。"

汪精卫激动地声称："若谓今非可死之时，弟非可遽死之人，则未知何时始为可死之时，而吾党孰为可死之人也。以吾之意，吾党除自杀外，凡为党事而致死者，皆可云死得其正。兄无以爱我之故，矫为不衷之言也。"[1]

不过，汪精卫在这时已表露出他不是一个坚韧不拔的革命者，他说得很明白："欲牺牲其身者，其所由之道有二焉，一曰恒，二曰烈。"他很有自知之

---

① 《汪精卫与胡汉民书》，《汪精卫先生庚戌蒙难实录》，第1—3页（1939年双照楼校印本）。

明，说他"素鲜恒德"，也就是受不了长期革命斗争的磨炼，因此就想到铤而走险，较为痛快。

事情很明显，作为一个出身于小资产阶级而又受过西方资产阶级教育、对国家兴亡又很敏感的汪精卫，从思想上对革命的长期性、艰苦性认识不足，因而走上冒险和敌人拼命的道路，这种情况并非不可理解。

汪精卫在北上赴京前，自料必死，因此于11月15日再写信给胡汉民及南洋革命党人。胡汉民在汪精卫被捕后，发表了汪精卫的这两封信，并作了说明。胡汉民带着沉重的心情说："呜呼！吾不能脱友于虎狼之吻，吾岂可更使吾友受诬不白，赍志以殁耶？吾负有为吾友辨正之义务，而犹虑所言不尽吾友之本怀，幸吾友手书数通犹保存于余手，读之可以具见吾友之志。不肖如我，不烦更赞一词。斯世有欲知吾友此次行动之本意者，请读其书，仰〔抑〕吾友之志，即同事黄君（黄复生）之志也。悠悠之口当渐沮而自息矣。"①

在与南洋同志的书中，汪精卫很沉痛地表示："今者将赴北京，此行无论事之成否，皆必无生还之望。故预为此书托友人汉民代存，俟弟事发后即为代寄，以补前此疏忽之过。……惟弟所欲言者，平日已宣于《民报》及《中兴报》，而《民报》第二十六期所载《革命之决心》一文，则将生平所为文字约而言之，请即以此为弟将死之言可也。……然死者长已矣，至于生者因将来革命之风潮日高，而其所负之责任亦日重，其劳瘁苦况必有十倍于今日者。弟不敏，先诸同志而死，不获共尝将来之艰难，此诚所深自愧恶者。望诸同志于死者勿宽其责备，而于生者则务为团结，以厚集其力。惟相信而后能相爱，惟相爱而后能相助。毋惑于谗言，毋被离间于群小，毋以形迹偶疏而瞑其感情，毋以行事过秘而疑其心术。……愿诸同志慎之也。嗟乎！革命之责任必纯洁而有勇者，乃能负之以趋，非诸同志之望而谁望，愿诸同志同心协力，固现在之基础，努〔力〕将来之进行，则革命之成功，有如明朝旭日之必东升矣。弟

---

　①《汪精卫与胡汉民书》，《汪精卫先生庚戌蒙难实录》，第4—5页，（1939年双照楼校印本）。

虽流血于菜市街头，犹张目以望革命军之入都门也。"[①] "人之将死，其言也善。"应当说，汪精卫对革命党人的期望是真诚的，自我牺牲的决心也是下定了的，尽管暗杀行动本身并不足为训。

1909年9月，黄复生偕但懋辛赴北京，经营暗杀机关。一切准备就绪后，同年12月，汪精卫就偕陈璧君、黎仲实等由港入京，于琉璃厂火神庙夹道（即太平桥）组织秘密机关，同时喻培伦亦携购置的照相器材来京，开设守真照相馆以便于掩护。又在东北园租赁一屋，作为活动场所。这些青年革命党人热情有余，秘密工作经验不足。当守真照相馆开张营业一个月后，他们似乎忘记这是在清廷统治的中心——北京，1910年2月2日晚，竟然聚会在一起，开怀畅饮，"欢声且达户外"。一些天来，若干剪掉辫发的青年在这个地方出现，也引起当地巡警的注意。1月又通过东交民巷正金银行汇给汪精卫等300元。上述情况都在在引起敌人注意。

左起载涛、载沣（溥仪之父）、载洵。

---

① 《汪精卫先生庚戌蒙难实录》，第5页。

　　暗杀的目标最初选定庆亲王奕劻，因奕劻戒备森严，未能得手。但此时汪精卫等人得知贝勒载洵、载涛等人从欧洲考察海军归国，便准备临时谋炸他们。汪精卫和黄复生携带盛炸药的铁壶，在东车站"候至竟日"，由于车站上戴红顶花翎的人太多，载洵等人下车后，汪精卫等无从辨认，只好作罢。"擒贼先擒王"，最后决定谋刺对象改为摄政王载沣。后来，大家认为铁壶盛炸药不多，爆炸力不大，于是议定由黄复生在骡马市大街鸿太永铁铺定做一个可盛四五十磅炸药的铁罐。

　　摄政王府坐落在地安门外鸦儿胡同附近，载沣每日上朝必经鼓楼大街。原计划在鼓楼前的短墙上投掷铁罐，炸毙载沣；适逢鼓楼大街改筑马路，事遂不果。又准备把烟袋斜街作为行刺地点，复因租不到房子而作罢。最后确定于银锭桥①埋藏炸药。2月21日，黄复生与喻培伦前往桥下，被犬吠声干扰未成；次晚又前往埋炸药，再敷设电线，可惜线太短不敷用。第二天添购电线，于晚上12时再往桥下。这时，喻培伦发现有一人蹲在桥上，遂告诉黄复生，黄复生、喻培伦速告汪精卫躲避。黄复生隐约见有三人持灯笼下桥寻觅，"良久乃出"。黄复生认为秘密已全暴露，于是匆匆赶回东北园，连夜召开紧急会议，议决喻培伦赴东京重购炸药，黎仲实、陈璧君赴南洋筹款，汪精卫、黄复生仍留守北京，等炸药到后再谋进行。

　　当时清廷为了这件炸药案正闹得满城风雨。有的说是溥伦贝子干的，目的是想篡位；有的说是庆王与肃王有矛盾，借此来中伤肃王；更有的说炸药是载洵、载涛两贝勒从英国带回的，因为包炸药的纸上写有"伦敦"字样。因此清廷如临大敌，出动了所有的侦探，密布于茶馆、酒肆、妓院、戏园，要求尽快破案。

　　4月16日上午，汪精卫、黄复生正在东北园住处谈话，一个雇用小厮名达子的人，突然来对汪精卫说："四老爷，四老爷，照相馆内有人请黄爷去！"当

---

　　① 黄复生：《庚戌纪实》及邹鲁：《中国国民党史稿》均作甘水桥，经张江裁考证应为甘水桥附近的小石桥，即银锭桥。

黄复生出了住处，行至琉璃厂大街后即被捕。侦探顺藤摸瓜，得知盛炸药的铁罐系骡马市大街鸿泰永所制造，传讯店主后，就找到了守真照相馆的线索。同一天，汪精卫来照相馆的途中，由店主指认，锒铛入狱。

虽然孙中山对汪精卫暗杀一举不以为然，但当汪精卫被捕后，孙中山对汪仍表现了极大的关心和痛惜。这时孙中山在纽约闻讯后，对身边的党人说："昨汪精卫先生在北京谋炸载沣失手，不幸被捕，已被监禁，将来必无幸免，此即无异断吾臂也。"孙中山又说："以前在国内失败，多次犹处之泰然；汪先生今下正如身探虎穴地狱而超众苦，所做去的难，留回易的于我做矣！此后唯有希望你等继汪先生未竟之志便是。①"汪精卫在孙中山的心目中占有何等地位，是不言而喻的。

汪精卫被捕后，写了长达数千言的供词，从供词中，可以概见汪精卫的抱负和此行目的。供词说："汪兆铭别号精卫，前在东京留学时，曾为《民报》主笔。生平宗旨，皆发之于民报，可不多言。……继思于京师根本之地，为振奋天下人心之举故来。又自以平日在东京交游素广，京师各处熟人颇多，不易避面，故闻黄君映像馆之设，即以三百元入股。……自被逮以来，惜者或曰：今中国已立宪矣，何犹思革命而不已。呜呼，为此言者，以为中国已有长治久安之本，而不知其危在旦夕也。自吾党人观之，则数年以来，其益吾民之悲痛而不可一日安者，固未少减于曩昔，且日以加甚者也。今之持立宪之说者，以为立宪则必平汉满之界，而民族主义之目的可以达，立宪则必予民以权，而民主主义之目的可以达。如是则虽君主立宪，奚不可以即于治。"汪精卫就此问题，考察了法国、英国、德国和日本立宪的历史，得出结论说："今以此三国立宪之成绩衡之，中国乃无一相类，既非如英国宪法之以渐发展，又非如德国有自治制度以为根本，而又非如日本之曾经废藩倒幕之大革命。其专制政体（指中国封建专制）行之已数千年，自两百六十余年以来（指清朝统治），且

---

① 吴朝晋：《孙中山三赴纽约》，《近代史资料》总63号，第7页。

日益加厉，所谓国家发动之根本，在于君位，而政府及各省行政官，特为奴仆供奔走而已。"[1]针对清廷的侈谈立宪，汪精卫痛加驳斥。指出："如此立宪，适为君主权力之保障，为政府之护符，其言有少过乎。呜呼！如此之立宪，即单以解决政治问题，犹且不可，况欲兼以解决民族问题乎。"[2]他指出预备立宪骗局的危害说："人人心目中以为今已预备立宪，凡内治外交诸问题，皆可借以解决，醉其名而不务其实。如相饮以狂药，猥曰期以八年，迢迢八年之后，中国之情状其有不忍言者矣。"最后，他的结论是："由此言之，中国之情势，非于根本上的解决，必无振起之望，及今图之，其犹未晚，斯则后死者之责也。"[3]在供词中，汪精卫不愿牵连黄复生，他说"黄君等皆不知精卫目的所在，相处月余，后见精卫行止可异，颇有疑心"[4]云云。

刚被捕入狱时，汪精卫自料必死，因此在供词中则慷慨陈词，在诗歌中亦豪情满怀，大有视死如归之概。从下面的诗句中可略见一斑：

喞石成痴绝，沧波万里愁。

孤飞终不倦，羞逐海鸥浮。

姹紫嫣红色，从知渲染难。

他时好花发，认取血痕斑。

慷慨歌燕市，从容作楚囚。

引刀成一快，不负少年头。

留得心魂在，残躯付劫灰。

---

① 《汪精卫供词》，《汪精卫先生庚戌蒙难实录》，第19—20页。
② 同上。
③ 《汪精卫先生庚戌蒙难实录》，第21页、第11页。
④ 同上。

青磷光不灭，夜夜照燕台。

——《被逮口占》①

在狱中感怀的诸作中，汪精卫也有不乏感时忧国的佳句，如：

西风庭院夜深沉，彻耳秋声感不禁。

伏枥骅骝千里志，经霜乔木百年心。

南冠未改支离态，画角中含激楚音。

多谢青磷慰岑寂，残宵犹自伴孤吟。

煤山云树总凄然，荆棘铜驼几变迁。

行去已无干净土，忧来徒唤奈何天。

瞻乌不尽林宗恨，赋鵩知伤贾傅年。

一死心期殊未了，此头须向国门悬。

——《狱中杂感》②

在处理汪精卫等政治犯一案的过程中，清廷当局有些举棋不定。开始，部分封建官僚包括摄政王载沣，主张判处死刑，但是以民政部尚书肃亲王善耆为代表的一部分人，却认为在预备立宪期间，杀几个革命党人，无济于事，反而会使更多的革命党人铤而走险。为了"标榜立宪，缓和人心，并羁縻党人起见，不如从轻发落为佳。"③载沣后来也同意善耆的意见。因此，汪精卫、黄复生等被捕不到半月，就被判"着交法部永远牢固监禁，罗世勋着牢固监禁十年"。④

---

① 汪精卫：《双照楼诗词稿》小休集卷上，第1—2页。
② 汪精卫：《双照楼诗词稿》小休集卷上，第2—3页。
③ 雷鸣：《汪精卫先生传》，第69页。
④ 《汪精卫先生庚戌蒙难实录》，第25页、第26页。

汪精卫等在狱中情形，据《正宗爱国报》报道说："拿获汪兆铭一案，风闻政府意存宽大，概不株连。又查汪氏尚在内城巡警总厅，一切皆照国事犯文明之法相待；一、审讯时不用跪。二、饮食皆不粗恶。三、衣服衾枕皆准其将素常所用之物带入。"①这在清廷看来可算法外施恩。

由于善耆的目的在于软化汪精卫等，因此"每人另给住房一间，行动皆得自由"，"终日披卷吟咏，颇觉安逸"。《正宗爱国报》继续报道说："此次内总厅对待汪、黄诸人备亟周至，送往法部时，诸人衣履皆尚齐整，所有三人之书籍衣服均许携入，故行李有两车之多。……且将此所中屋三间裱糊一新，桌椅亦皆全备。"②

不仅如此，善耆还经常到狱中向汪精卫嘘寒问暖，软硬兼施。据汪精卫回忆：肃亲王为使我抛弃革命的决心，用尽了种种方法，曾经有一次，把我带到法场上，逼迫我变更革命的决心。他常常到监狱中来，与我谈论天下大事，谈论诗歌。③

不能说善耆在汪精卫身上下的工夫不起作用。汪精卫在事过多年之后，还怀着感恩戴德的心情说：救我命的是肃亲王。……我的能免一死，也许是有一种政治的作用的；但是，我每回忆到这个时候的事，总想到这位清朝末期的伟大政治家。④

经过这一番周折之后，汪精卫的精神状态为之一变，诗词风格也由高亢激昂渐趋低沉消极。且看下面的诗：

忧来如病亦绵绵，一读黄书一泫然。

瓜蔓已都无可摘，豆萁何苦更相煎。

笳中霜月凄无色，画里江城黯自怜。

---

① 《汪精卫先生庚戌蒙难实录》，第25页、第26页。
② 同上。
③ 雷鸣：《汪精卫先生传》，第74页。
④ 雷鸣：《汪精卫先生传》，第74页。

莫向燕台回首望，荆榛零落带寒烟。

——《有感》①

汪精卫还在《述怀》的长诗中写下了这样的诗句：

平生慕慷慨，养气殊未学。

哀乐过剧烈，精气潜摧剥。

余生何足论，魂魄亦已弱。

痌瘝耿在抱，涵泳归冲漠。

琅琅读西铭，清响动寥廓。

——《述怀》②

从这两首诗中，不难看出，这时的汪精卫，已不复有"慷慨歌燕市"的豪情了，诗中充满了凄凉寂寞的心情，而且把革命者对清朝统治者的斗争，说成是豆萁相煎，兄弟相残，这就无异于向统治者乞求放下屠刀，另一方面在《述怀》中还充满了自我忏悔、自我否定的词句，在诗中很难找到革命志士的形象了。

五 "国事共济会"与南北和议

1911年是中国资产阶级革命具有决定意义的一年。革命党人经过惨淡经营，4月27日起义军奋战一昼夜，广州起义（即黄花岗之役）终因孤军奋战而失败。5月，清廷"皇族内阁"组成，宣布将粤汉、川汉铁路收归国有，湘、鄂、川、粤四省绅、商、学界掀起保路运动。6月，湖北文学社与共进会决定正式联

---

① 汪精卫：《双照楼诗词稿》小休集卷上，第13页。
② 同上。

合。为适应革命形势发展的需要，7月，宋教仁、谭人凤、陈其美等人在上海组织中国同盟会中部总会，并设分会于苏、皖、湘、鄂、川各省。9月，湖北革命党人组织的文学社、共进会组成起义统一机构，推蒋翊武为总指挥，孙武为参谋长。10月9日，革命机关在汉口暴露，彭楚藩、刘复基、杨宏胜壮烈牺牲。

10月10日，湖北新军工程第八营熊炳坤率先鸣枪起义，推吴兆麟为总指挥，起义军占领楚望台军械库，新军各标营纷纷响应，并迅速占领湖广总督衙门，总督瑞澂、提督张彪弃城逃走，武昌起义爆发。

清政府在武昌起义的沉重打击下，摇摇欲坠。于是一面匆忙起用袁世凯，企图用武力镇压革命，一面释放政治犯，借此麻痹革命人民。经过一年半监狱生活的汪精卫，11月6日被清廷开释，"发往广东交张鸣岐差委"。

汪精卫的出狱，给革命党人和袁世凯之间架起了一座桥梁。胡汉民曾说："精卫于湘、鄂等省反正时，得出狱，……其（指袁世凯）子克定跅弛以太原公子自任，精卫亦阴结之。事闻于袁，则私见精卫，谓非常之举，非儿辈所知，而自输诚于民党。"①

当时的形势是：清廷把镇压革命党的任务交给袁世凯，一些革命党领导人也把推翻清王朝的希望寄托于袁氏的反正，而袁世凯则拥兵自重，左右逢源。在袁世凯的指使和革命党部分领导人的默许下②，汪精卫和君宪党人杨度于11月15日联合发起"国事共济会"。该会的宣言书附简章节录如下：

"近者革命军起，东南响应，北京政府与武昌军政府各以重兵相持，两不相下。设必欲恃兵力以决胜败，无论孰胜孰败，皆必民生涂炭，财力困穷。以保一君主为目的，而使全国流血，君主立宪党所不忍出也；以去一君主为目的，而使全国流血，民主立宪党所不忍出也。设更不幸而二十二行省中有南北分立之事，又不幸而汉人团为一国，蒙回藏遂以解纽，以内部离立之原因，成外部瓜分之结果，则亡国之责，两党不能不分担之矣，岂救国之本意哉。

---

① 《胡汉民自传》，《近代史资料》，1981 年第 2 期，第 54 页。
② 参阅拙稿《汪精卫与国事共济会》，《南开大学学报》，1985 年第 3 期。

"然而两党之政见应何去而何从，非两党所能自决也，必也诉之于国民之公意。用是两党之人联合发起以成斯会，意在使君主民主一问题，不以兵力解决而以和平解决。要求两方之停战，发起国民会议，以国民之意公决之。无论所决如何，君主民主两党皆有服从之义务。不服从者即为国民公敌……"

（一）本会以保持全国领土（各省及各藩属）之统一为宗旨。

（二）本会依前条之宗旨，要求两方停战，鼓吹组织临时国民会议，解决君主民主问题，以免全国战争之祸。

（三）本会会员平日主张君主立宪者，担任请愿北京政府赞成本会办法，平日主张民主立宪者担任请愿武昌军政府赞成本会办法。

……

发起人　君主立宪党杨度等
　　　　民主立宪党汪兆铭等①

这篇宣言的主旨，在于要求两方停战，组织临时国民会议，解决君主民主问题。因此宣言中充满了革命延续下去，必将招致外人瓜分或引起内乱的谬论。难怪在该会成立后不久，革命党的喉舌《民立报》就发表题为《无聊之共济会》的社论，逐点批评了"国事共济会"的宣言和章程，并批评汪精卫说："即如汪兆铭，亦鼓吹革命有年，乃党人之有学识者……竟感虏廷不杀之恩，而为彼满皇说法乎？"②其实，这种论调也正是汪精卫当年批判保皇派的东西。

不过，"国事共济会"成立只有20天的光景，就不得不宣告解散。我们从《解散国事共济会宣言书》中，不难窥见汪精卫、杨度处境的狼狈。该宣言

___

① 《国事共济会宣言书附简章》，1911年10月18日《经纬报》，转引自渤海寿臣编：《辛亥革命始末记》第16册，第11—12页。
② 上海《民立报》，1911年11月22日。

书说：

自战事开始以来，两党之人皆知战事延长于中国前途有无量之危险，故欲以国民会议解决君主民主问题，以息将来之战祸。两党之人持此目的发起斯会，一面由度陈请资政院议决呈请内阁代表〔奏〕，舌敝唇焦，以求主张之通过。一面由汪兆铭电达上海军政分府转武昌军政府请求承诺所主张。乃资政院不为议决，内阁不为代奏，而武昌军政府亦无回电，上海回电只承诺国民会议，于停战与否并未提及。今者，武汉血战，兵事方殷，平和解决之难，已为天下所共见。在君主立宪党之意始终不愿以杀人流血解决君位问题，北军进攻实所反对；在民主立宪党之意，则以为若别无平和解决之法，惟有流血以护其宗旨。是共济会之所主张已归无效，用特宣告解散，惟天下伤心人共鉴之。

国事共济会发起人　　君主立宪党杨度等
民主立宪党汪兆铭等　同启①

"国事共济会"虽然草草收场，但南北之间的和平谈判并未终止，汪精卫又风尘仆仆由北京到上海，被任命为伍廷芳的参赞，参加南北和议。

这时帝国主义各国决定对和议施加影响，特别是对革命派施加压力，迫使就范。

袁世凯这时则左右开弓，以倡言君主立宪来向革命党讨价还价；对清室则以革命党要求共和立宪，逼迫清帝退位。

南北和议经过几轮会谈，双方初步达成"开国民会议，解决国体问题，从多数取决"的协议②。实质上就是通过这种方式，使袁世凯在"合法"的名义

---

① 《解散国事共济会宣言书》，《辛亥革命始末记》第16册，第16—17页。
② 《南北代表会议问答速记录》，中国史学会主编：《辛亥革命》（八），第841页。

下取得民国大总统的席位。有趣的是：这项协议恰恰是宣告解散的"国事共济会"的主张，所不同的是从北方的呼吁移到南方来实践罢了。

在这里，应当追述一下汪精卫与袁世凯是如何达成某种默契的。张国淦曾有一段生动具体的描述："袁到京，主张拥护君主，绝口不言共和，……此时汪兆铭已开释，乃约汪到锡拉胡同（袁世凯住宅）谈论，汪每晚饭后七八时谒袁，十一二时辞出，初只言共和学理，谈至三夜，渐及事实。汪言：'如须继续谈去，请求再约一人。'袁问何人？汪以魏宸组对，袁许可。次夜汪、魏同谒袁，于是讨论中国于君主共和何者适宜。魏善于辞令，每以甘言饵之，袁初尚搭君主官话。连谈数夜，袁渐渐不坚持君主，最后不言君主，但言中国办到共和颇不易。汪、魏言：'中国非共和不可，共和非公促成不可，且非公担任不可。'袁初谦让，后亦半推半就矣。"①汪精卫、魏宸组对袁世凯说的后面几句话，是画龙点睛之笔，袁世凯当然心领神会。所以在这次南北和议中，汪精卫、魏宸组均以参赞身份，周旋于伍廷芳、唐绍仪之间，参与密议，举足轻重，不是没有原因的。

也正因有这一段渊源，故汪精卫对袁世凯推戴不遗余力。他声称："项城雄视天下，物望所归，元首匪异人任。"②

不仅如此，当孙中山于1911年年底归国，被各省代表推为临时大总统后，孙反对和议，认为"革命之目的不达到，无和议之可言也。"③汪精卫竟对孙中山施加压力，说什么：你不赞成和议，难道是舍不得总统吗？④孙中山在各方面舆论的包围特别是一些革命党领导人的催促下，后来也就不再坚持己见了。

胡汉民后来追述南北和议、革命派对袁世凯让权的情况时，意味深长地说："精卫极意斡旋于伍廷芳、唐绍仪之间，而余则力挽先生（指孙中山）之

① 张国淦编著：《辛亥革命史料》，第115页，龙门联合书局1958年上海版。
② 甘簃：《辛亥和议之秘史》，中国史学会主编：《辛亥革命》（八），第117—118页。
③ 《建国方略》，《孙中山选集》上卷，第185页。
④ 吴玉章：《武昌起义前后到二次革命》，《辛亥革命回忆录》第1册，第118—119页。

意于内。余与精卫二人，可云功之首，而又罪之魁！"①事实证明，革命党人与袁世凯妥协的结果，只是换来了一个表面的共和。

1911年年底至1912年年初，北方的革命党人几次在通州、滦州发动武装起义，汪精卫以同盟会北方领导人身份，派人四处阻止。他强调：现在停战议和之时，吾党京、津、保一带同志，自应遵守诺言，不可有所行动②。当北方党人向汪精卫指出，停战范围并不包括京、津、保地区，并指出这样的事实："我虽停止活动，彼（指袁世凯）仍逮捕枪杀，奈何？"汪精卫则为袁世凯镇压革命党的罪行辩解说：项城期望于和议者甚殷，且治军严，当无如此轨外行动③。而当袁世凯以党人起事责问汪精卫时，他竟说：当为匪类之结合，请依法办理④。

总之，汪精卫在出狱后这一段时间，已经磨灭了斗争锋芒，妥协成了他的显著特色。这证明了他确是一个"鲜恒德"的人。

六　二次革命中的汪精卫

南北和议的结果，清帝退位，孙中山让出临时大总统席位，袁世凯上台，孙中山等人曾提出限制袁世凯的若干条件，这些条件是：清帝退位，由袁世凯同时知照驻京各国公使，转电民国政府，袁世凯须宣布政见，绝对赞成共和主义；孙中山接到清帝退位布告后，即行辞职；由参议院举袁世凯为大总统；袁世凯须宣誓遵守参议院所定的宪法，才能接受总统事权。孙中山派蔡元培、汪精卫等作为专使迎袁世凯南下就职，并把此事作为防范袁世凯背叛民国的重要措施。但在袁世凯表面上承认临时约法和应允准备南下就职而暗中制造兵变的欺骗恐吓下，此项措施未能奏效。

---

① 《胡汉民自传》，《近代史资料》，1981年第2期，第60页。
② 胡鄂公：《辛亥革命北方实录》，《辛亥革命》（六），第294页、第309页。
③ 同上。
④ 同上。

袁世凯的统治暂时似乎是稳固了，而革命党内在思想上则陷于一片混乱。其中，有的人倡导兴办实业，有的人则改组同盟会，只想搞议会斗争，有的人则干脆鼓吹"革命军兴，革命党消"，要取消革命党了。汪精卫则是另一类型，采取的是超然态度。他同吴稚晖等人组织"进德会"，提倡"六不主义""八不主义"，标榜"不作官吏""不当议员""不吸烟""不纳妾"等。1912年春，汪精卫与陈璧君在上海结婚，并偕往广州省视兄嫂。同年8月，汪精卫索性辞去一切政务，经南洋赴法国学社会学和文学去了。

在这种自命清高的思想指导下，汪精卫在他的诗歌创作中颇有些不过问政治的倾向，甚至对斗争表示厌倦。他在《小休集·自序》中说："诗云，民亦劳止，汔可小休。旨哉斯言。人生不能无劳，劳不能无息，长劳而暂息，人生所宜然，亦人生之至乐也。而吾诗适成于此时，故吾诗非能曲尽万物之情，如禹鼎之无所不象，温犀之无所不照也。特如农夫樵子，偶然释耒弛担，相与坐道旁树荫下，微吟短啸以忘劳苦于须臾耳。"①

但是这种情况未能持续多久，袁世凯在登上总统宝座后，凶相毕露，1912年8月借黎元洪之手擅杀武昌首义党人张振武、方维。1913年3月，又指使特务在上海车站刺杀了革命党著名领袖宋教仁，制造了震惊全国的"宋案"。袁世凯为了进一步镇压革命党，以巩固其反动统治，4月又向五国银行团举借了2500万英镑巨额贷款，拿这笔钱来购买武器，强化军队，贿赂议员，分化国民党，决心挑起内战。

"宋案"发生后，孙中山对袁世凯已不抱任何幻想，认为"非去袁世凯不可"。6月，袁世凯先后解除了赣督李烈钧、粤督胡汉民、皖督柏文蔚等革命党人的职务，并加以"违法殃民、恣睢暴戾"等罪名。

7月中旬，李烈钧、黄兴在孙中山催促下，于赣、宁地区相继起兵反袁。

在此期间，汪精卫在法国听说革命党人即将起兵讨袁，即于6月初回到

---

① 汪精卫：《双照楼诗词稿·小休集序》。

上海，当即与袁世凯的密友、谋士张謇、赵凤昌密商调停条件。其条件是：
（一）"决举袁公为正式总统"；（二）"四省（皖、粤、赣、湘）都督"，
"临时（总统）期内暂不撤换"；（三）"宋案问题"，"将来罪至洪（述
祖）应（桂馨）而止"。但袁世凯不理这一套，6月9日悍然撤换赣督。汪精卫
仍委曲求全，向张謇重申"前拟（指调停条件）不以赣令而易"。14日袁又撤
换粤督。直到此时，汪精卫仍在广东劝说革命党人放下武器。

7月中，汪精卫返沪，此时李烈钧已在湖口起兵反袁。汪精卫以沮丧的心情
向张謇诉说："不图甫抵沪滨，即闻江西战事，崩析之祸，一发不可收拾。"
在袁世凯磨刀霍霍声中，汪精卫还寄望于张謇等人的继续调停，这无异于与虎
谋皮。在给张謇信中，汪精卫因调停希望破灭，感到极端悲观绝望，声称"余
生可厌，死所未获"，心情坏透了。

汪精卫在"二次革命"中的确扮演了一个极不光彩的角色，与一个革命党
人的身份是很不相称的。

汪精卫传

· Biography of WangJingwei

第三章

政治上的小休时期

一　沉醉于异国风情

"二次革命"失败后，孙中山、黄兴、李烈钧、陈其美等人被通缉逃往国外，蒋翊武等则惨遭捕杀，资产阶级革命派大伤元气，革命宣告彻底失败。袁世凯踌躇满志，以为人莫予毒，于是予智自雄，肆无忌惮地倒行逆施。

汪精卫此时则对政治更感到厌倦，不愿卷入斗争的旋涡。1912年8月以后，他几度风尘仆仆，漫游欧美，太平山听瀑布，印度洋舟中赏秋景，"江南烟雨"，"红叶余霞"，一派诗情画意。汪精卫似乎找到世外桃源了。此时，他"从事文学工作，一时诗作译作极多"[①]。从一个侧面可以说明他的生活情趣所在：

> 冷然清籁在幽深，如见畸人万古心。
>
> 流水高山同一曲，天风惠我伯牙琴。
>
> 双峡如花带雨开，临流顾影自徘徊。
>
> 几疑天上银河水，来作人间玉镜台。
>
> 一片沧溟不可收，和烟和雨总无愁。
>
> 何当化作岩中石，一任清泉自在流。
>
> ——《太平山听瀑布》[②]

① 雷鸣：《汪精卫先生传》，第 426 页。

② 汪精卫：《双照楼诗词稿》小休集卷上，第 14—15 页。

这时汪精卫在南洋马来半岛，大发思古之幽情，什么"高山流水"、"天上银河"、"人间玉镜"，甚至想到如果自己化成一块岩石，任那清泉流水从身上流过，那该有多么惬意。但这还只是汪精卫暂时的即兴之作。下引的诗就反映出他这种郁郁寡欢的落寞心情：

> 低首空蒙里，心随流水喧。
>
> 此生原不乐，未死敢云烦。
>
> 凄断关河影，萧条羁旅魂。
>
> 孤篷秋雨战，诗思倩谁温。
>
> ——《印度洋舟中》[1]

这里使人回想到，汪精卫在"二次革命"时与张謇信中谈到"余生可厌，死所未获"，与这里的"此生原不乐，未死敢云烦"，是同一个意思。

1914年，汪精卫离国已一年多了，他已习惯于异国生活，因此诗中充满了闲情逸致：

> 槲叶深黄枫叶红，老松奇翠欲拏空。
>
> 朝来别有空濛意，只在苍烟万顷中。
>
> 初阳如月逗轻寒，咫尺林原成远看。
>
> 记得江南烟雨里，小姑鬟影落春澜。
>
> ——《晓烟》

> 萧瑟郊原芦荻风，予怀渺渺淡烟中。

---

① 汪精卫：《双照楼诗词稿》小休集卷上，第15页。

斜阳入地无消息，惟见余霞一抹红。

——《晚眺》。

不成绚烂只萧疏，携酒相看醉欲扶。

得似武陵三月暮，桃花红到野人庐。

——《红叶》①

我们在这里看到的，倒不是什么异国情调，简直是一幅田园行乐图。枫叶老松，苍烟万顷，江南烟雨，小姑鬟影，斜阳余霞，武陵三月，桃花红遍，汪精卫尽情领略大自然的风光。但在第一次世界大战爆发后，汪精卫的平静生活被打破了，这时他已避居法国，触景伤怀，他在诗中写道：

修竹三竿小阁前，平台一角屋西偏。

园荒知为耰锄弃，地僻应无烽火传。

宿雾初阳凉似月，回风斜雨荡如烟。

秋来未便悲摇落，却为黄花一怅然。

下帷长日未窥园，偶趁秋晴出郭门。

风景不殊空太息，江山如此更何言。

残阳在地林鸦乱，废垒无人野兔尊。

欲上危楼还却步，怕将病眼望中原。

——《欧战既起避兵法国东北之阆乡时已秋深益

以乱离景物萧瑟出门偶得长句》②

---

① 汪精卫：《双照楼诗词稿》小休集卷上，第16—18页。
② 汪精卫：《双照楼诗词稿》小休集卷上，第17—18页。

这些诗篇给人的印象是：风景不殊，闲愁万种，真有点见花流泪，对月伤神，也就是无病呻吟的病态了。这一时期，也可说是汪精卫政治上的小休时期。

袁世凯在镇压"二次革命后"，1914年1月悍然宣布解散国会，3月，袁世凯御用的约法会议在北海团城开幕，5月，袁世凯公布由约法会议炮制的《中华民国约法》，并宣布撤销国务院，设立政事堂，把一切权力集中在自己手里。接着大造帝制复辟舆论，特设"政治讨论会"，还成立平政院（相当于前清御史台），成立参政院，代行立法院职权，成立"陆海军大元帅统率办事处"以控制军权。6月，袁世凯又下令各省都督改称将军，并且强化特务机构，建立特务警察统治。9月，袁世凯大搞祀孔的丑剧，12月恢复前清的祭天制度，他真要帝制自为了。为了复辟帝制，袁世凯不惜对日本承认卖国的二十一条。8月，在袁世凯指使下，发起"筹安会"。1915年4月，袁示意抛出《君宪救国论》。"筹安会"还四处活动，怂恿全国成立"各省公民请愿团"，要求改变国体。在这一阵紧锣密鼓之后，袁世凯于11月20日下令召集国民会议。12月19日，袁世凯下令设立登极大典筹备处，12月31日改民国五年为洪宪元年，改总统府为新华宫。

复辟帝制逆历史潮流而动，因而是不得人心的。

以孙中山为首的资产阶级民主派，在"二次革命"失败后，并没有放弃"民主共和"的旗帜。早在1914年7月，孙中山就在东京重新组织"中华革命党"，作反对袁世凯的组织准备。筹安会成立后，孙中山分别派遣李烈钧、居正、朱执信、程潜、于右任等前往云南、山东、广东、湖南、陕西等地，策动第二次讨袁。迨1915年12月，蔡锷、唐继尧通电要求取消帝制，宣告独立。同时护国军向川、湘进军，次年贵州、广西、广东相继独立，这时甚至袁世凯手下的大将段祺瑞、冯国璋亦表示反对帝制。袁氏内外交困，做了83天的皇帝梦，终于羞愤毙命。

在这次惊心动魄的讨袁战役中，在法国逗留3年的汪精卫，这时他和陈璧君已有一双儿女，他（她）们就将孩子托寄在法国波尔都的蔡元培照看，汪精卫、陈璧君于1915年相偕离法返国。但国内高涨的反袁形势，并没有激起他多少斗争的热情。

汪精卫回国后，从上海偕陈璧君赴广州，他则又至南洋。此时孙中山仍在日本，革命处于困难境地。陈璧君回广州数月无所事事，于这年的12月又去法国。对此次和陈璧君的匆匆聚散，汪精卫在诗中充满了离愁别绪、惆怅感伤之情：

一去匆匆太可怜，只余中影淡于烟。

风帆终是无情物，人自回头舟自前。

难得抛书一晌眠，梦回灯蕊向人妍。

此时情况谁知得，依旧涛声夜拍船。

——六月与冰如同舟自上海至香港冰如上陆自

九龙遵广九铁道赴广州归宁余仍以原舟南行①

汪精卫在反袁期间的政治表现是："自同盟会改组为国民党一个时期，……其对当时的政治态度，不免见之消极"；"后来国民党解散，中山先生重组中华革命党，先生（指汪精卫）这时就在法国以在野之身声援中山先生，一面作身心的修养。及至二次讨袁发动，中山先生出来指挥一切，先生亦即回到国内。这是表示先生惟中山先生的行动为行动。袁氏死后，革命党又遭退潮时期，中山先生出国他去，先生也就再度回到法国。"②

总之，汪精卫在此期间，他的精神状态可以概括为"声调低沉，情绪低落"八个字。结合上面提到他的反袁斗争中表现，根本谈不上"惟中山先生的行动为行动"，有时甚至和孙中山唱点反调。他就是在这种和孙中山若即若离

---

① 汪精卫：《双照楼诗词稿》小休集卷上，第22—23页。
② 雷鸣：《汪精卫先生传》，第114页。

的状态下，度过这一段不平凡的岁月。

二　孙中山的少数信徒

袁世凯毙命后，黎元洪继任总统，但实际权力却落入段祺瑞之手。段祺瑞对内实行践踏《临时约法》、拒不召开国会的反动政策，对外则投靠日本帝国主义。在这种情况下，孙中山毅然率领同情革命的第一海军舰队和部分国会议员，于1917年7月由上海去广州，联合西南桂、滇系军阀，8月召开国会非常会议，成立中华民国军政府，孙中山被推为海陆军大元帅，举起"护法"的旗帜。孙中山对此曾有所说明：

"袁世凯虽死，而袁世凯所遗留之制度，不随以俱死，则民国之变乱，正无已时，已为常人意料所及。果也，曾不期年，而毁弃约法解散国会之祸再发，驯至废帝复辟，民国不绝如缕。复辟之变，虽旬余而定，而毁法之变则愈演愈烈。余乃不得不以护法号召天下。"①

在孙中山开府广州之际，汪精卫也奉孙中山命由法国经英国、芬兰和西伯利亚返国，此时正是十月革命的前夕，汪精卫耳闻目睹，深深感受到人民的反战（第一次世界大战）情绪，而对自己的踽踽独行，漂泊不定，亦不时有不能掌握自己命运、得过且过的思想流露。下引的诗，就是这方面的表现：

野帐冰风冷鬓须，鄜州明月又何如。

天涯我亦似离者，莫话深愁且读书。

——六年一月，自法国渡海至英国，复渡北海历挪威芬兰至俄国

京城彼得格勒，始由西伯利亚铁道归国，时欧战方亟，耳目

所接皆征人愁苦之声色，书一绝句寄冰如。

---

① 《孙中山全集》第7卷，第69页，中华书局，1985年北京版。

我如飞雪飘无定，君似梅花冷不禁。

回首时晴深院里，满裙疏影伴清吟。

——西伯利亚道中寄冰如[1]

但是"护法"毕竟不是一面鲜明的旗帜，尽管孙中山一再强调"约法与国会，共和国之命脉也"[2]。"拥护约法，即所以拥护民国"[3]。"故解决今日时局，以恢复国会为惟一之根本"[4]。无如"言之谆谆"而听者藐藐。以陆荣廷为首的桂系军阀，名为"护法"，实际上与直系军阀勾结起来，千方百计破坏护法运动，排斥孙中山使其不能行使职权，以致孙中山的"权日蹙，命令不出都门"。

1918年4月，陆荣廷和政学会政客们就着手修改军政府组织法，把大元帅制改为七总裁制，孙中山不得不于5月4日向非常国会辞去大元帅职。他从广州回到上海后沉痛地说："艰难支撑一年之久，孑然无助，徒为亲厚所痛，仇雠所快，终至于解职以去。"[5]这种情况，使孙中山醒悟到："吾国之大患，莫大于武人之争雄。南与北如一丘之貉。"[6]

孙中山进入了一个极为苦闷彷徨、意志消沉的时期，但他继续探索救国救民的方法，用一段时间撰写《建国方略》。

汪精卫在回顾这段历史时，不无自负地说：在这时期（指民国成立后至国共合作前），革命运动所受的压迫，所遇的障碍，比民国成立以前，困难何止倍蓰。在这顿挫时期中，革命党人宛如孤军入了重围，除了力战而死的，能保存他的革命人格之外；其余或是溃围而去，落荒而走。或是屈了双膝，向敌人

---

① 汪精卫：《双照楼诗词稿》小休集卷上，第23—24页。

② 孙中山：《约法国会乃共和国之命脉》（1916年5月与某君谈话）。

③《中国革命史》，黄季陆编：《总理全集》下册，《论著》，第44页。

④ 孙中山：《复日本头山满等述护法目的书》（1918年3月28日）。

⑤ 孙中山：《复港商陈赓如函》（1919年），黄季陆编：《总理全集》下册，《函札》，第176页。

⑥ 孙中山：《辞大元帅职通电》（1918年6月4日）。邹鲁编著：《中国目民党史稿》第4册，第1086页。

投降。在这顿挫时期中能坚持着革命的旗帜，始终不变的只有一个孙先生，和他的极少数信徒①。显然，汪精卫是以这"极少数信徒"中的一员自居的。应当说，这也是事实，只不过他这个信徒，并不十分坚定而已。上述情况就足以说明问题。

1918年北京召集非常国会，同年10月徐世昌就任北京政府大总统职，汪精卫对政治更不想过问了。1919年巴黎和会召开，汪精卫被广州军政府任为南方巴黎和会代表，他对军政府也不感兴趣，辞不任代表职。接着再度赴法。汪精卫对广州军政府内官僚政客也深感不满，斥之为"节度义儿""过江名士"，他在《广州感事》一诗中，寄托了这种愤激情绪。这种对现实不满而又无力改变现状的资产阶级情调，是有一定代表性的。

> 猎猎旌旗控上游，越王台榭只荒丘。
>
> 一枝漫向鹪鹩借，三窟谁为狡兔谋。
>
> 节度义儿良有幸，相公曲子定无愁。
>
> 过江名士多于鲫，只恐新亭泪不收。②

汪精卫对北方的政局既感到失望，对南方的官僚政客复深致不满。对于孙中山虽然有追随的义务，但看不到出路何在，因此似乎他的精神寄托，主要表现在与陈璧君唱和的即兴抒情方面：

> 坐拥书城慰寂寥，吹窗忽听雨潇潇。
>
> 遥知空阔烟波里，孤棹方随上下潮。

---

① 汪精卫：《中国国民党史概论》，《汪精卫集》卷三，第117页。
② 汪精卫：《双照楼诗词稿》小休集卷上，第25页。

彩笔飞来一朵云，最深情语最温文。

灯前儿女依依甚，笑频微涡恰似君。

北道风尘久未经，愁心时逐短长亭。

归来携得西山秀，螺髻蛾眉别样青。

——冰如薄游北京书此寄之①

他在寄胡汉民的诗中，一方面对桂系军阀把持军政府的局面有些愤愤不平，另一方面对于"橹声帆影"的生活，似乎感到已经习惯了。

平原秋气正漫漫，步上河梁欲别难。

弹指光阴弥可恋，积胸磊块未能欢。

巢成苦被飞鸱妒，露重遥知落雁寒。

久立橹声帆影里，不辞吹浪湿衣单。

——展堂养疴江之岛（日本）余往

省之留十日归舟中寄以此诗②

在另一首《感赋》诗中，大有故国不堪回首，需要忘却一切之概：

一襟海气晕成冰，天宇沉沉叩不应。

缺月因风如欲坠③，疏星在水忽生稜。

闻歌自愧隔常向，读史微嫌泪易凝③。

---

① 汪精卫：《双照楼诗词稿》小休集卷上，第26—27页。
② 同上。
③ 《汪精卫集》卷四，第185页，"坠"作"堕"，"凝"作"微"，均误。

故国未须回首望，小舟深入浪千层。

——自上海放舟横太平洋经美洲赴法国舟中感赋①

尽管在浪迹天涯，汪精卫还是没有忘记暮春三月江南的胜景，对和陈璧君的长期别离，感到无比惆怅：

朝霞微紫远天蓝，初日融波色最酣。

正是暮春三月里，莺飞草长忆江南。

——舟中晓望

乌篷十日风兼雨，初见春波日影融。

家在微茫苍霭外，舟行窈窕绿湾中。

鸾飘凤泊年年事，水秀山明处处同。

双照楼中人底事，莫教惆怅首飞篷。

——舟次檀香山书寄冰如②

汪精卫完全沉醉在"鸾飘凤泊"、"水秀山明"和陈璧君在双照楼共同生活的往事了。他确实已不像一个胸怀政治抱负的民主派政治家，倒像是一个落魄文人所具有的气质。

1920年11月，许崇智、陈炯明率领粤军赶走了盘踞广东多年的桂系军阀，孙中山开府广州。次年孙中山在广州就非常大总统职，任汪精卫为广东教育会会长。汪精卫对广东的政局不无埋怨地说：

民国十年至十一年六月以前，广东有些市政的进行，有些教育计划的设施，也有些县知事民选的试办，表面看去，似乎是有革新的倾向了，然而按之

① 汪精卫：《双照楼诗词稿》小休集卷上，第28页、第28—29页。
② 同上。

实际，平民政治的基础，全未奠定，和平民政治最不相容的如募兵制等问题，全未解决①。

他进一步具体地指出广东一年来的政治状况是：

吏治是无可言的，财政是无可言的，"卖公产"、"拉夫"等，成为千夫所指的罪恶。他分析出现这种状况的原因说：一年以来之广东，它的环境是怎么样的？北面呢，是敌兵数万，由江西杀来，西面呢，是邻寇数万，由广东杀来，东面和南面呢？是叛兵数万仗着敌人的接济，由东江和高、雷杀来；真真是四面受敌。革命党的领袖孙先生，率驰驱万里转战经年的兵士，周围苦战，不"卖公产"拿什么做饷？不"拉夫"，拿什么做运输？这两件事一做，其他吏治财政也就不用说了②。

汪精卫认为革命的主义和当前的现状出现不一致的原因是：革命党和群众还没有真正密切的结合。革命党虽抱着为群众利益而奋斗的目的，却不能得群众自动的助力，所以不得已的乞灵于群众被动的助力了。……如今要除去这些现状，惟有使群众明白主义的真面目，惟有使群众知道为革命而奋斗，便是为群众利益而奋斗，也便为自己利益而奋斗③。

革命党如何才能和群众密切的结合呢？汪精卫得出结论说：第一要训练革命党自己；第二要向群众宣传④。汪精卫指出这一点是对的，不过汪把革命党和群众的关系摆得不正确，把责任推给群众，实际上是把群众当成落后的群氓。关于这一点，他说得很明白：酿成今日的现状，革命党、反革命的敌人和叛徒、漠视革命的群众，都应该担负责任。敌人和叛徒是不肯担负责任的，至于革命党和群众，却不能不担负⑤。汪精卫这番话，混淆了革命与反革命的界限。作为资产阶级政治家，要求他具有真正的群众观点，摆正领导和群众的关

---

① 汪精卫：《中国国民党何以有此次的宣言》，《汪精卫集》卷三，第2页。
② 汪精卫：《中国国民党何以有此次的宣言》，《汪精卫集》卷三，第4页。
③ 汪精卫：《中国国民党何以有此次的宣言》，《汪精卫集》卷三，第8页、第9页、第6页。
④ 同上。
⑤ 同上。

系也是不可能的。

总之，汪精卫回到国内，处处看不顺眼，"感到与其去混进政治舞台，不如本其所学，干一些切实改良社会风气的工作来得有益。""这时洁身自好的先生，对于政治当更不欲问鼎，而惟社会改良事业是从。"①说来说去，汪精卫不是下决心想脚踏实地去干革命，而只想从事点滴的社会改良。但这样做的结果，既无助于革命的推进，社会的改良也就无从谈起。

① 雷鸣：《汪精卫先生传》，第116页。

第四章

国共第一次合作时期的汪精卫

一 国共第一次合作

1919年爆发了五四爱国运动，1921年在十月革命的影响下，中国工人运动有了进一步发展，在此基础上，中国共产党宣告成立。如前所述，孙中山在护法运动失败后，感到苦闷彷徨，加上陈炯明于1922年叛变，炮轰总统府，更给孙中山以莫大的刺激。他深知军阀不可靠，于是决心学习苏俄的革命经验。1922年，李大钊与孙中山进行过多次交谈，讨论了"振兴国民党以振兴中国"等重要问题。同年，苏俄政府代表越飞来华，在上海会见了孙中山，商谈的中心问题就是改组国民党和建立革命武装问题。随后孙中山指派廖仲恺与越飞到日本进行深入会谈。1923年1月26日发表了著名的《孙文越飞宣言》。据汪精卫在国民党第二次全国代表大会上所作政治报告云：廖仲恺与越飞"在热海同住了一月，此时东方人不知道的许多事情，廖同志已知之甚详，如俄国之现状，苏联对于东方被压迫民族之态度，与苏联愿帮助中国之原因，都十分了解。所以……廖同志由东京回粤，帮助总理作联俄工作。当时许多同志怀疑，而廖同志却很勇敢坚决的去干。因为有一个月之久，和越飞互相谈论，把各种问题统统研究过了。"[1]这里所指的各种问题，就是苏联援助中国革命的一些具体事项，其中包括设立黄埔军校等。从这里也反映出汪精卫对联俄态度是比较积极的。

与此同时，陈炯明的叛军被逐出广州。3月，孙中山在广州重建大元帅大

---

　　　[1]《从五四到中华人民共和国的诞生》，第30—31页。

本营。8月，孙中山邀请苏联的政治及军事顾问到广州，加快了改组国民党的步伐。

中国共产党为了适应新的形势，于1923年6月召开第三次全国代表大会，会上确定了和国民党建立统一战线的方针。中国共产党的优秀党员李大钊等，也全力投入改组国民党和召开代表大会的各项准备工作。孙中山指定汪精卫为主席团成员之一，并参加起草大会宣言。

1924年1月，国民党在广州召开第一次全国代表大会，决定改组国民党，并通过新党纲、新党章及改组国民党的具体办法。大会发表宣言，用革命的精神重新解释三民主义。选举中央执行委员24人，汪精卫在这次大会上当选为中央执行委员。

开始汪精卫是拥护三大政策的。汪还兼任国民党中央上海执行部常务委员。接着汪又被任为国民党中央宣传部部长。国民党中央政治委员会于7月成立，汪精卫是该会成员之一，直接参与了国民党中央的核心领导。七一五分共前夕，汪精卫在解释三民主义时说得并不含糊，他说：三民主义的性质，是反帝国主义的，是非资本主义的；而苏俄是反对帝国主义非资本主义最坚决最有力的国家，所以中国革命应该联合苏俄，这是联俄的真意义。……所以如果有人问我们拿什么去联俄，我们可以答道：三民主义的中华民国，与共产主义的苏俄，都是反帝国主义的，都是非资本主义的，所以有联合的必要与可能。

其次容共的意义，也在三民主义里说得最为明白，所谓容共，是容纳共产党员加入国民党，共同致力国民革命[1]。

至于农工政策，汪精卫认为其要点是党与政府应该唤起民众，为民众的利益而奋斗，民众应该服从党与政府的指导，结合成国民革命的基本势力[2]。

但是，汪精卫对于接纳共产党人加入国民党这一点，表现出一种矛盾态度，前面提到的是拥护联共的一面，而骨子里却是持反对态度。他曾说：共产

---

① 汪精卫：《主义与政策》，《汪精卫集》卷三，第161—162页、第163页。
② 同上。

党如果羼入本党（国民党），本党的生命定要危险，譬如《西游记》上所说，孙行者跳入猪精的腹内打跟斗、使金箍棒，猪精如何受得了[①]。只是由于孙中山联共态度坚决，汪精卫才不敢坚持己见，勉强拥护孙中山的三大政策。

国民党改组后的成效，汪精卫还是承认的。他说：民国十三年春间，中国国民党改组，对于本党，实在是起衰振废的良剂。自从改组以后，本党的主义深入人心，因而形成力量。

其一，自从改组以后，总理所著的民族主义、民权主义、民生主义，次第出版，建国大纲亦已制定颁行，……国民革命因此得了极明确的道路和方向。

其二，自从改组以后，本党的行动日趋于纪律化。

其三，自从改组以后，对于帝国主义及军阀，采取不妥协的态度。

其四，自从改组以后，努力于唤起民众，尤其是大多数劳苦民众。……所以改组以后，"赞助农工"和"农工商学联合起来"的口号，遍于全国[②]。

这就是说，国民党通过改组，新三民主义才真正深入人心，得到群众的拥护，反帝国主义、反封建军阀的态度日趋坚决，从而表现出一派生气勃勃的革命景象。

与此同时，孙中山为了集中力量打击直系军阀，对奉系军阀头子张作霖和皖系头目段祺瑞均取联络态势，于是派胡汉民联络段祺瑞，派汪精卫联络张作霖，即所谓孙、段、张"三角同盟"。汪精卫对此次使命曾有所说明：孙总统主张民治，然在今日排［充］斥暴力的时代，若无有力后援，结局终难成功。孙总统此次派余前往奉天，即为民意求外援，并知张作霖之意向[③]。这大概也是汪精卫日后依靠不同派系军阀进行反对蒋介石乃至反对中国共产党的思想根源之一。

1924年10月，冯玉祥受革命影响，回师北京，包围总统府，囚曹锟于团

① 胡汉民：《革命与反革命最显著之一幕》，《革命理论与革命工作》第3册，第87—88页。
② 汪精卫：《怀廖仲恺同志》，《汪精卫集》卷三，第172—173页。
③ 上海《中国时报》，《汪精卫先生传》，第121页。

城。并电请孙中山北上。11月，孙中山离粤北上，并发表宣言，主张废除不平等条约及召集国民会议。宣言指出："开国民会议是夺取军阀所把持着的政权，还之国民；废除不平等条约，是毁废帝国主义者在中国施行侵略的武器"，"以谋中国之统一与建设"。但是，北洋军阀各派这时却有合流的趋势。10月，原直系将领齐燮元、萧耀南联名通电拥护段祺瑞。同月15日，张作霖、冯玉祥等亦联名拥护段祺瑞为中华民国临时总执政。段祺瑞此时亦感到国民党势力不容忽视，于是邀请孙中山北上协商国事。

孙中山北上前，曾召集重要干部胡汉民、廖仲恺、汪精卫等商议，决定胡汉民留守广州，宋庆龄、汪精卫、戴季陶、孙科等随他北上。到上海后，孙中山又命汪精卫先到北京，做好事前布置，孙中山则绕道日本再赴北京。

二 孙中山遗嘱的起草人

1924年12月4日，孙中山抵天津，此时孙中山已重病在身，"虽然病卧在床，而裁答函电，接见重要同志及宾客，仍是每日不断"[1]。8日，段祺瑞发表"外崇国信"宣言，声称尊重帝国主义强加给中国的不平等条约。在这种情况下，当14日段祺瑞派许世英迎接孙中山入京时，孙气愤地对许世英说：我在外面要废除不平等条约，执政府偏要尊重不平等条约，你们要升官发财，怕外国人，又何必来欢迎我[2]。

孙中山于12月31日入京，翌年1月26日因病重入协和医院，3月12日，这位民主革命的先行者终于与世长辞了。汪精卫在他的追忆中记述了这位伟人临终前的情景：

"孙先生由3月11日下午，还能和侍候的人谈话，入夜以后，体气越弱了，声息越微了。一间静悄悄的病室里，一个垂死的病人，躺在床上面色渐渐的淡

---

① 汪精卫：《孙大元帅北上入京之经过》，《汪精卫集》卷三，第55页。
② 吴民、萧枫合编：《从五四到中华人民共和国的诞生》，第45页，1951年新潮书店版。

漫画：大出风头。前排居中抬着孙中山的神龛两人，分别是汪精卫和孙科，漫画表达的是与国父的亲密关系是两人的政治资本。

了，眼光渐渐地涸了，一种微弱的声息，断断续续地唇吻间勉强的发出来，不知是呻吟，还是呼叫。'和平！奋斗！救中国！'一声复一声的，约莫至少也有四十余声，渐渐的连声息也发不出来了。所能看见的，只唇吻间的微动了，噫，充满了这病室里的空气，还是极悲凉啊！还是极热烈啊！"[1]

汪精卫是孙中山遗嘱的起草人[2]，表明了孙中山对汪精卫的信任，但也成了汪精卫日后的政治资本。

对汪精卫代拟孙中山遗书这件事的过程，《中山全集》是这样介绍的：

"汪先生闻看护言，即约家属三人，至先生（孙中山）榻前，面请先生指

---

①《和平奋斗救中国》，《汪精卫集》卷三，第53页。
②从下述所引资料的情况看，汪精卫应为起草人，而不仅是记录者。

示数语，俾便遵守。先生沉默久之，遂振目谕曰：'我看你们是危险的啊，我如果死了，敌人是一定要来软化你们的。你们如果不被敌人软化，敌人一定要加害于你们。如果你们要避去敌人的危险，就是一定要被人软化，那么我又有什么话可讲呢？'话毕，目复阖。汪先生用极诚恳的态度请求云：'我们跟总理奋斗了几十年，向来都没有怕过危险，以后还怕什么危险？向来没有被敌人软化过，以后还有什么敌人能够软化我们呢？不过总是要总理先告诉我们几句话，令我们有所遵守，方知道怎么样向前去奋斗。'大元帅见汪先生请求如此恳切，乃重振眼谕曰：'你们要我说什么话呢？'汪先生答曰：'我们现在预备好了几句话，读给总理听。总理如果是赞成的，便请总理签个字，当做总理说的话。总理如果不赞成的，便请总理另外说几句话，我可以代为笔记下来，也是一样。'先生聆至此，即谕曰：'好呀，你们预备好了什么话呢？念给我聆〔听〕罢。'汪先生即取出一张纸，低声慢读曰：'余致力国民革命，凡四十年。其目的在求中国之自由平等，积四十年之经验，深知欲达到此目的，必须唤起民众，及联合世界上以平等待我之民族，共同奋斗。'

先生聆毕后，即表示满意之态度，点头谕曰：'好呀，我很赞成呀。'立时有一位亲属继续请求曰：'先生对于党务，既是赞成说几句话，对于家属可不可以照这个样子，也说几句话呢？'先生谕曰：'可以呀，你们要我说什么话呢？'汪先生又照初次形式，取出第二张字〔纸〕读曰：'余因尽瘁国事，不治家产。其所遗书籍衣物住宅等，一切均付吾妻宋庆龄，以为纪念。余之儿女已长成，能自立，望各自爱，以继余之志。此嘱。'"①

有些论者认为从孙中山的遗嘱过程中，孙已看出汪精卫患有政治上的软骨病，是个软骨头，迟早要被敌人软化，因此对汪精卫政治上是不信任的。这不是事实。因为孙中山在聆听汪精卫代拟的政治遗嘱后，表示赞成，甚至对汪代拟对家属的遗嘱，亦无异议。这就说明，孙中山对汪精卫政治上是较信任的。

---

① 《中山全集》卷四，第27—29页，《汪精卫先生传》，转引自第135—136页。

列宁说："判断一个人，不是根据他自己的表白或对自己的看法，而是相据他的行动。"[①]根据汪精卫这个时期的活动，说他是孙中山的少数信徒之一，不算过分。不过，孙中山临终前一再对汪精卫说："敌人要软化你们"，可见他对汪精卫等人也的确有所担心。

① 列宁：《唯物主义和经验批判主义》、《列宁全集》第 14 卷，人民出版社 1957 年版，第 226 页。

第五章

大革命时期软弱的左派

一　中山舰事件

　　孙中山逝世不久，中华民国国民政府于1925年7月1日成立。政府主席一职，既非左派领袖廖仲恺，更非右派头目胡汉民，而是落到了汪精卫身上。这似乎有点不可思议。按照常例推测，"似乎国府主席应属胡先生（胡汉民）居多，在国民党汪、胡都有一样深长的历史，但胡先生目前（1925年）还是代理

　孙中山逝世后，1925年7月，成立军事委员会，汪精卫担任主席，图为部分委员的合影。

大元帅，由代理大元帅一跃而成国府主席，那也很顺理成章。"[1]但当时熟悉政情的人，都认为汪精卫能当选主席，是有原因的。

第一，由于胡汉民对讨伐刘、杨（刘震寰、杨希闵）态度消极，平定杨、刘之后，胡汉民在国民党中央更缺乏人望。第二，胡汉民与许崇智不睦，当陈炯明叛变后，许崇智由江西回师援粤，在北江吃了败仗，胡汉民在孙中山面前对许崇智进行了严厉批评，许崇智认为胡汉民有意中伤，对胡汉民极为不满，因而许崇智以第一军负责人的名义，私下联合一般将领，并得到高级干部的同意，共同拥汪。另外，胡汉民说话尖酸刻薄，盛气凌人，很多国民党要人对他没有好感；反之，汪精卫在这段时间却以左派领袖的姿态出现，善于调和现状，国民党左右派对他均无恶感，因此汪精卫出任国民政府主席的呼声最高。

国民政府成立后，汪精卫除任国民政府主席外，还兼任军事委员会主席，俨然领袖群伦，踌躇满志。

但在7月1日这一天，也发生了一件令汪精卫扫兴的事。当国民政府在粤宣告成立之时，在广州的11名委员举行第一次会议，选举国民政府主席，汪精卫竟自己投了选举本人当主席的一票。这件事本来也算不了什么，可是对一向自命清高的汪精卫来说，不能不是一件难堪的事！那时政治会议的秘书是伍朝枢，因为事关重大，他显得特别郑重，对于发出和收回的选举票，每次都高声报告，最后他站起来说："发出选举票11张，收回选举票11张，选举汪兆铭的11票。"伍朝枢迟疑了一下，觉得有些奇怪，又高声报告了一次："发出选举票11张，收回选举票11张，选举汪兆铭的11张。"[2]这样就揭穿了汪精卫自己选举自己的伎俩，而汪也满面通红。这件事表明了汪精卫急于上台的迫切心情。

8月20日，国民党左派领袖廖仲恺被暗杀，在这一骇人听闻的事件中，胡汉民因有重大嫌疑被逐出国。廖案后紧接着又有蒋介石驱逐许崇智事件。蒋介石

---

① 陈公博：《苦笑录》，第 17 页，现代史料编刊社，1981 年版。
② 邹鲁：《回顾录》第 1 册，台湾三民书局，1974 年 7 月版。

列出许崇智的十大罪状报告中央政治会议。许崇智的部下被缴械，他本人只好悄然离粤赴沪。

胡汉民、许崇智相继离粤，这两个政治对手的暂时销声匿迹，使汪精卫松了口气，然而这时蒋介石却趁机一跃而成为军事上的实力派，对汪精卫政治上又形成了潜在的威胁。

11月23日，国民党右派在邹鲁、谢持的策划下，盗用"国民党第一届中央执行委员会第四次全体会议"的名义，于北京西山碧云寺召开会议，还发出停止广州国民党中央执行委员会职权的通电，并决议给汪精卫如下的处分：（一）开除党籍六个月；（二）开除其中央执行委员职务，并不得在国民党执行地方之政府机关服务。

汪精卫对西山会议派的进攻，做了一定程度的斗争，一方面他痛斥这些人是"一般落伍的党员"，"是受了敌人的诱惑"，并指出西山会议派的目的，"就是取消总理的民生主义，还要戴上假面具，说什么'反共产'、'反赤化'，真是自欺欺人呀！"在汪精卫的主持下，1926年1月，国民党第二次全国代表大会于广州召开。这次大会决议：（一）接受第一次全国代表大会宣言及孙中山遗嘱；（二）接受三大政策——联俄、联共、扶助农工；（三）以纪律制裁西山会议派（国民党右派）。这在国民党历史上是具有历史意义的一次大会，粉碎了西山会议派分裂国民党的阴谋。

但汪精卫对西山会议派的反动性质显然估计不足，他说："西山会议只有两点钟"，"是一两个人可恶"，因此只开除了邹鲁、谢持的党籍，从而使戴季陶等人得以潜伏下来，并当选为中央委员，这些人后来即和国民党新右派头子蒋介石勾结起来，伺机制造反共反革命事件。

3月20日，蒋介石发动了旨在反对中国共产党的"中山舰事件"。事情的经过是这样的：18日蒋介石下令调中山舰入黄埔；与此同时，却制造谣言，说海军局代局长李之龙（中山舰舰长、共产党员）不服调遣，"无故升火达旦"，擅自进入黄埔，显系"异动"。于是广州实行戒严。20日，蒋介石贼喊捉贼地声称，中山舰升火，为共产党阴谋暴动的证据，于是调动军队包围省港罢工委员会和苏联顾问住宅、逮捕李之龙及国民党各军内的共产党员五十余人，并驱逐黄埔军校及第一军中以周恩来（第一军政治部主任）为首的全部共产党员。

"事件"发生的当天，汪精卫因病在家休息。一早陈公博急匆匆跑来报告说，外间已戒严，在广州的俄国顾问公馆被包围；接着谭延闿、朱培德又带来蒋介石给汪精卫的一封信，信中说什么共产党意图暴动，因此不得不紧急处置。实际就是先斩后奏。"中山舰事件"后，对于蒋介石来说，可说是一石二鸟。一方面打击了共产党，另一方面也降低了汪精卫的威信，使他不安于位。汪精卫在与陈公博等人的谈话中，表现了他的气愤和惶遽状态。他愤愤地说：我是国府主席，又是军事委员会主席，介石这样举动，事前一点儿也不通知我，这不是造反吗[①]？由于气愤，他举止有些失态，并且相当自负地对陈公博说："我在党有我的地位和历史，并不是蒋介石能反对掉的[②]。"

这件事直到汪精卫在国外给林柏生的复信中还愤愤不平地说："3月20日之事，事前中央执行委员会、政治委员会丝毫没有知道。我那时是政治委员会主席，我的责任应该怎样？3月20日，第二师团党代表以下都被拘留，我是国民革命军总党代表，我的责任应该怎样？我这时候以为不问这事情做得错与不错，而这件事情做法不能说是不错。我只责己而不责人，我以为皆我不能尽职所致，所以引咎辞职。"[③]可见这件事对汪精卫的冲击是多么大，他的愤懑心情，可谓溢于言表。

在同一信中，汪精卫还分析了蒋介石制造"中山舰事件"的思想动机：

"蒋同志做3月20日之事，是独断独行，未尝谋之于我的。就事后蒋同志给我的手书及蒋同志所做出来的事情看来，可以归纳到以下两点：

第一，蒋同志并没有抛弃联俄容共政策，尤其没有抛弃联俄政策的意思。

---

① 陈公博：《苦笑录》，第37页。
② 陈公博：《苦笑录》，第37页。
③ 汪精卫：《复林柏生书》，《汪精卫集》卷四，第64页。

第二，蒋同志以为国民革命是本党的使命，应有［由］本党主持，对于苏俄顾问及共产党人之势力增长，不可不加以裁抑，以免大权旁落。

以上两点，是蒋同志当时的根本思想。因为有了这样的根本思想，所以听得关于中山舰之一方面的报告，便有一触即发。后来虽然知道这一方面的报告是不实的，但借此裁抑苏俄顾问及共产党人之势力增长，也未为非策，所以就这样干下去了。"①

从这里，也可窥见汪精卫一方面还不想抛弃或完全抛弃国民党在第一次代表大会上所确定的三大政策；另一方面，他的反苏反共思想，也暴露得相当清楚。

汪精卫的分析，虽不无道理，但他忘记了一个基本事实，即事件本身是蒋介石一手制造的。陈公博与李之龙的一段对话，为这个问题作了注脚：

"到底3月20日之变是怎么一回事？"

"我有点莫名其妙。"

"你现在已脱离了共产党，也不必隐讳的瞒我。共产党不是命令你去攻黄埔军校吗？"

"实在没有这回事。陈主任（陈公博）你知道，那天捉我时，还在我的床上拖我下来，而且中山舰也泊在省河，我要攻黄埔，哪还有工夫回家睡觉呢？"

"听说你所管的中山军舰17日、18日两日曾至黄埔，是没有奉蒋先生命令的。"

"怎说没有命令？中山军舰18日到黄埔，19日又驶回省河，蒋公馆都来过电话的。"

"那电话是蒋先生亲自打给你的吗？"

"那电话并非蒋先生亲自打给我的，而是他公馆的秘书打给我的。蒋先生

---

　　① 汪精卫：《复林柏生书》，《汪精卫集》卷四，第59页。

一向都是这样指挥，这也是习惯，我向来都这样的遵守，没有出过岔子。"

通过这番对话，陈公博得出结论说："李之龙的冤枉，我已明白了大半。"[1]

尽管"中山舰事件"的责任不在汪精卫，但他因处境狼狈，只好引咎辞职，以"迁地就医"为名，于5月11日离粤赴港，6月中旬抵法国巴黎乡间隐居了事。

1926年5月至1927年3月，汪精卫旅居法国。

二　软弱的左派

汪精卫出国后，蒋介石与共产党并未实行决裂，尽管通过了旨在限制共产党的各项党务整理案。该项整理案具体规定共产党员在国民党各级委员会人数不得超过1/3；在国民党内，不能担任中央机关部部长；加入国民党的共产党员名单须全部交出；共产党发出指示给国民党内的共产党员，须先经过两党联席会讨论，始能发出，等等。这时，蒋介石并担任国民党中央常务委员会主席、

1926年7月9日，国民革命军总司令蒋介石就职之日，举行北伐誓师典礼。

---

① 陈公博：《苦笑录》，第52页。

组织部长。

1926年6月6日，广州国民政府军事委员会任蒋介石为北伐军总司令。这样一来，蒋介石集国民党政府陆、海、空三军大权于一身，兼管政治训练部、参谋部、军需部、海军局，航空局乃至兵工厂，还兼任国民政府军事委员会主席、国民党中央军人部部长。实际上，蒋介石独揽了党政军大权。

汪精卫虽然引咎辞职，避居海外，但舆论对他是有利的。"力虽不胜而大义已申于天下，以致一年以来，海内外党部同志请汪复职函电如雪片飞来，不下千万通，其呼声洋溢于海外。"①

1926年年底，北伐军攻克了湖南、湖北、江西等省。但这时发生了迁都之争，国民党左派认为长江流域工农运动发展很快，因此国都应设在武汉；而蒋介石"则以自身军权侧重在闽、赣方面，力主政府设在南昌，并扣留到赣中委，形成第二中央。"②具体过程是这样的：

11月15日，国民党中央委员及政府委员第一批起程来汉，负有筹备党部政府克日开始办公之责。等到12月5日，党部政府在广州宣布停止办公，即日全部迁移武汉。12月10日，第一批出发人员已抵武汉，其时军事、政治、外交均甚紧急，而党部政府正值迁移，需要一最高权力机关，以资应付。故由到武汉的中央执行委员、国民政府委员，组织一个临时联席会议，于党部政府未到武汉以前，行使最高权力，11月12日正式成立③。

"那时南昌和武汉俨然是对峙着两个中央，在南昌有中央党部，而在武汉则有联席会议。"④

1927年3月，国民党二届三中全会在汉口召开，议决一切政治、军事、外交、财政权集中于党，提高民主，废除主席制，用以防止独裁。同时，免去蒋

---

① 《中国国民党第二届中央执行委员第三次全体会议宣言训令及决议案》，第4—5页。
② 吴民、萧枫合编：《从五四到中华人民共和国的诞生》，第66—67页，新潮书店1951年版。
③ 《中国国民党第二届中央执行委员第三次全体会议宣言训令及决议案》，第5—6页。
④ 陈公博：《苦笑录》，第72页。

介石中央常务委员会主席、军事委员会主席与组织部部长职①。又一致要求汪精卫销假复职。指出："自从去年春天，直到现在，海内外各级党部，同声一致的要求汪精卫同志销假复职，可是汪同志仍是没有回来。我们不能不追问汪同志之不能销假复职，是否因有使其不能销假复职的障碍，如果有这种障碍存在，我们全体党员便不能不大家起来消除这种障碍。"②

上述情况，对蒋介石不能不是一个打击；而对汪精卫来说，则又是一个东山再起的契机。

4月1日，在一片"迎汪复职"声中，汪精卫由法国经莫斯科回国。武汉的国民党中央，国民政府及蒋介石均发出迎汪电。从汪精卫抵沪后所发出的几通电文，可以想见他踌躇满志的心情，大有"斯人不出，如苍生何"的气概。电文说：

"武昌中央执行委员会国民政府钧鉴：兆铭遵命启程回国，已于一日到沪，应如何工作，敬候指示。汪兆铭。支。"

"各党部各同志钧鉴：兆铭迭奉中央及诸同志电召，已于一日到沪。数月以来，以诸同志之努力，国民革命获一日千里之进步，谨以满腔的热诚，施革命的敬礼，并当追随诸同志之后，从事工作，顷以〔已〕电告中央，听候指示，谨以奉闻。汪兆铭。支。"

"蒋总司令勋鉴：顷读江电，无任惶愧，兆铭于去年三月，因病离职，北伐之役，未获躬与艰难，稍分劳苦，此次迭奉党部电召，并承来电催促频仍，故力疾回国，期以党员资格，从事工作，稍尽心力。尊电期许过当，自维驽骀，深惧弗胜。惟望时颁敬〔教〕诲，俾有遵奉，是所至荷。汪兆铭。支。"③

在上述三电中，表明汪精卫既想奉武汉国民党中央为正统，因为武汉国民

① 《从五四到中华人民共和国的诞生》，第69页。
② 《中国国民党第二届中央执行委员第三次全体会议宣言训令及决议案》，第48页。
③ 《申报》，1927年4月5日（第四张）。

政府是诚心诚意拥护他的；又不愿得罪蒋介石这个军事实力派。所以汪精卫一回到上海，即与蒋介石、吴稚晖、李石曾、李宗仁、白崇禧等晤谈。据说蒋、汪之间于4月3日达成一项秘密协定，商定在4月15日召集国民党二届四中全会，解决"党事纠纷问题"，并由汪精卫通知陈独秀在开会前停止各地共产党员一切活动；对武汉国民党中央和国民政府所发命令，宣布无效；对内部的所谓"阴谋捣乱者"予以制裁；并规定凡工会纠察队等武装团体，应归总司令部指挥。汪精卫还同意到武汉去"疏通"意见。由此可见，汪精卫这时采取的是脚踏两只船的办法，因为武汉政府如能站稳脚跟，他是当然的国民党左派领袖；反之，如果蒋介石等人得手，汪精卫以宁、汉双方调停人的身份，仍可在政治上立足。其政治上软弱的性格，其窥测方向以求政治上站稳脚跟并求得政治上有所发展的政客作风，于此可见一斑。

三　汪、陈联合宣言

从某些政治需要出发，汪精卫还不想马上和共产党决裂，所以1927年4月5日汪精卫与陈独秀发表了联合宣言，即《告两党同志书》。宣言说：

> 国民党共产党同志们：此时我们的国民革命，虽然得到了胜利，我们的敌人，不但仍然大部分存在，并且还正在那里伺察我们的弱点，想乘机进攻，推翻我们的胜利。所以我们的团结，是时更非常必要……
>
> 两党合作，本有各种不同的方式，重要之点，是在两党大多数党员群众双方以善意的态度，解决此问题，方不违背合作之根本精神。中国国民党多数同志，凡是瞭知中国共产党的革命理论及其对于中国国民党真实态度的人，都不会怀疑孙总理的联共政策。现在国民革命发展到帝国主义的最后根据地上海，惊醒了国内外一切反革命者，造谣、中伤、离间，无所不用其极……

我们强大的敌人，不但想以武力对待我们，并且想以谎言离间我们，以达其"以赤制赤"之计。我们应该站在革命的观点上，立即抛弃相互间的怀疑，不听信任何谣言，相互尊敬，事事开诚协商进行。政见即不尽同，根本必须一致。两党同志果能开诚合流，如弟兄般亲密，反间之间〔计〕自不获乘机而入也。披沥陈词，万希各自省察，勿至为亲者所悲仇者所快，则中国革命幸甚，两党幸甚。

汪精卫　陈独秀

十六年四月五日①

宣言的发表，表明陈独秀为了国共两党的合作，作出了最大限度的让步，即公开声称放弃无产阶级政纲——无产阶级专政；而汪精卫也作了一点让步，即宣称"决无驱逐友党（共产党），摧残工会之事"。这对于当时国共两党的紧张关系，多少起了一点缓和作用，或者说对于国民党右派挑拨离间两党关系的人们来说，多少起了点辟谣作用。

这篇宣言产生的背景是这样的：当汪精卫抵沪的几天中，国民党元老吴稚晖、李石曾等，不知从哪里听到的消息，说什么"共产党已预备提出打倒国民党、打倒三民主义的口号，并图指使工人在租界发起暴动，以引起国民党的外交纠纷"②。这就是宣言所要回答的问题，实际上宣言就是要起辟谣的作用。但是宣言的发表，却遭到蒋介石等人的反对和吴稚晖的破口大骂。吴说："治理中国的只有国民党，没有联合共产党共治的可能"。③吴稚晖攻击汪精卫勾结共产党。李宗仁甚至主张将汪精卫软禁起来。汪精卫被激怒了。宋子文担心汪精卫如被软禁，他无法向武汉政府交账（宋是武汉政府派到上海迎汪复职的代表），就设法于当晚将汪送上去武汉的"江丸号"轮船，汪精卫于4月6日凌

---

① 《申报》，1927年4月6日，（第四张）。
② 雷鸣：《汪精卫先生传》，第168页。
③ 《从五四到中华人民共和国的诞生》，第71页。

晨断然离沪赴汉。

四　武汉政府时期的表现

汪精卫为什么毅然离沪赴汉呢？当然不是一时的冲动。分析起来，不外几种因素使他暂时不愿或不能与蒋介石合流，共同反共：

第一，当时武汉政府的一些主要成员，如顾孟馀、陈公博等，都是汪系人物；而唐生智、张发奎等，又是汪精卫军事上的支持者；孙科、徐谦等人，此时也是拥汪反蒋的。汪精卫未回国前，在武汉召开的国民党二届三中全会上，汪精卫就被推为中央常务委员、组织部部长、政治委员会主席团委员、军事委员会主席团委员及国民政府常务委员等显要职务，使汪精卫一跃成为武汉政府党、政、军的领袖人物。汪意识到武汉政府方面的意图，是期望他成为政治领袖；如果他此时伙同蒋介石一道反共，是得不到武汉政府支持的，而且只能成为蒋介石的追随者。这在汪精卫看来，扮演次要角色未免太不合算。

不仅如此，当时共产国际的代表，中国共产党的领导人，都把汪精卫看成国民党左派领袖。汪精卫回国后，他们一致认为：汪精卫的回国事实上便成为左派的中心、政治的中心，并且是党的中心[1]。而且在武汉政府势力范围内，工农革命运动迅猛发展，在汪精卫看来，仍不失为自己重新上台的暂时依靠力量。当武汉民众听到汪精卫回国的消息，奔走相告，对汪精卫寄予厚望，认为他"亲承总理遗训，经此一发千钧，危机四伏，众望喁喁，民众拥护，救党救国，望慨然复职，策应时艰。"[2]这也是使汪精卫暂时未与蒋介石合流的原因。

汪精卫是孙中山遗嘱的起草和记录人，一向以孙中山的忠诚信徒和继承人自诩，对于孙中山这面革命旗帜，对于三大政策，他不愿轻易放弃。他强调

---

① 中央局与远东局：《对于目前时局的几个重要问题的意见》。
② 汉口《民国日报》，1927 年 4 月 3 日。

说：三大政策"是总理所手定"，"不可轻言更改，如必欲更改，除全国代表大会外，谁能有此权力。全国代表大会开会期间，除中央执行委员会外，谁能有此权力"①。他在谈到与蒋介石在这个问题上的争论时强调说："蒋同志等提出两件事，要兄弟赞成，一是赶走鲍罗廷，一是分共。从4月1日到5日，一共5天，大家都是商量这两件事，很坚决的，以为必须马上就做。而兄弟则以为政策关系重大，不可轻变，如果要变，应该开中央全体会议来解决。蒋同志等说道，中央已开过第三次全体会议了，全为共产党所把持。兄弟说道，如此可以提议开第四次全体会议，以新决议来变更旧决议，而且南京已经克复，中央党部和国民政府，可以由武汉迁到南京，第四次全体会议即可在南京开会，会议怎样决定，兄弟无不服从，如不由会议决定，恐分共不成，反致陷党于粉碎糜烂，这是兄弟所不赞成的。"②

汪精卫的主要论点是：第一，民国13年来改组的国民党，其精神与政策绝不可牺牲。第二，如以国民党为不必要则已，如以国民党为必要，则党的纪律不可不守，否则党必为之破碎糜烂③。他和蒋介石在"分共"问题上的分歧，在于蒋介石主张马上就干，而汪精卫则主张通过"合法"的手续，避免个人承担分共的责任。国民党的"党统"，不能在汪精卫手中遭到破坏。他要维护"党统"和三大政策这面旗帜。

自"中山舰事件"后，汪精卫对蒋介石趁机将他挤走，一直耿耿于怀。尽管蒋介石在汪精卫回国时很快发表通电表示"拥汪"，说什么"汪主席在党为最忠贞之同志，亦为中正生平最敬爱之师友"，"此后党务政治既已负责有人，后顾无虑，中正惟当专心军旅"；"中正深信汪主席复职后，必能贯彻意旨，巩固党基，集中党权，完成革命，以竟总理遗志。"对汪精卫表示无限"信赖"，并要求"所有军政，民政、外交诸端，必须在汪主席指挥下，完

---

① 《寄李石曾书》，（1927年4月6日），《汪精卫集》卷四，第3页。
② 《汪精卫集》上册，初集，第93页。
③ 《寄李石曾书》（1927年4月6日），《汪精卫集》卷四，第1页。

全统一于中央"，"务仰各军官长遵照此意，对于汪主席完全服从，竭诚拥护"①等。汪精卫对蒋介石仍将信将疑，他明白蒋介石的这些甜言蜜语是拉他一道反共的诱饵；但他也想利用蒋介石手中的军事力量来巩固他在国民党中的党、政地位，因此，不能不对蒋介石表示敷衍。汪精卫权衡利害得失的结果，决定还是先到武汉去观望风色，然后开国民党中央全会来讨论决定到底是联共还是分共的问题。他对吴稚晖说：本人亦不赞成共产党的阶级革命及劳农专政。且据本人观察，国民党与共产党亦不易继续相安，但本人希望暂能维持合作，自己愿负调和之责②。汪精卫希望在国共双方暂时相安的情况下，他可以从中"左右逢源"。

---

① 《拥汪通电》（1927年4月3日），司马璐：《中共党史暨文献选粹》第5部，第10页。
② 《中国共产党中央监察委员会会议记录》（1927年4月2日）。

汪精卫传

Biography of WangJingwei

第六章

七一五分共的元凶

一 四一二政变

1927年4月10日，汪精卫到了武汉，那里的反蒋气氛，使他大吃一惊，见到的是满街"打倒蒋介石"，"拥护三大政策"的标语。汪精卫还想利用自己

　　1927年4月，国民政府定都南京，举行成立典礼，前排左起为蒋介石。

的地位和影响，来疏通宁、汉之间的关系。但形势迫使他不得不表明态度。4月11日，汪精卫在一个刊物上题词，他以左派领袖的口吻高喊：中国国民革命到了一个严重的时期了，革命的往左边来，不革命的快走开去①。汪精卫还在武汉市民欢迎大会上慷慨陈词，阐明三大政策说：第一，是联合世界上革命的民众，共同来反对帝国主义，这就是联俄政策；第二，是联合国内的一切革命分子，来反对帝国主义，这就是联共政策；第三，要把全国最大多数最受压迫分子唤起来做革命的领导者，这就是农工政策。他的结论是：要使革命胜利，一定要按这三条大道走②。这一通冠冕堂皇的发言，博得了武汉民众的同声喝彩。

4月12日，蒋介石不俟召开国民党二届四中全会解决党务争端，就一脚踢开汪精卫，抢先发动四一二政变，宁、汉正式分裂。汪精卫在这种形势下，骑虎难下，不得不转而依靠武汉地区革命势力的支持，与蒋介石实行决裂。他指责蒋介石的背叛革命行为是"博帝国主义、军阀及一般反革命者之同情"，"对于总理留遗之党及政策，加以毁坏"，因此"为民众之公敌"，"似此丧心病狂，自绝于民众，纪律俱在，难逃大戮"③。他忍痛宣布，"不得不断绝与蒋氏合作矣"。17日，武汉国民政府与国民党中央宣布开除蒋介石党籍，并免去他的本兼各职，通电讨蒋。

四一二反革命政变，是蒋介石精心策划的。政变前一日，蒋介石下令调集上海驻军，伺机镇压群众，还拿出5万元供给黄金荣、杜月笙、张啸林等青洪帮头子所组织的"中华共进会"，组织流氓队伍，袖缠"工"字符号，当晚11时后袭击工人纠察队。工人纠察队死伤三百余人。而当工人纠察队奋起自卫时，蒋介石、白崇禧借口"工人内讧"，将其缴械。13日，上海工人奔赴闸北开群众大会，并往司令部请愿，司令部驻军荷枪实弹，如临大敌，在上海宝山路竟

---

① 汪精卫：《给〈中央副刊〉的题词》（1927 年 4 月 11 日）。
② 汪精卫：《在汉口全市民众欢迎大会上讲演》，武汉《民国日报》，1927 年 4 月 11 日。
③ 汪精卫：《铣电》，汉口《民国日报》，1927 年 4 月 16 日。

右边和中间的分别是杜月笙和张啸林。

明目张胆射杀群众。当工人越来越多时，即用机枪扫杀，顿时尸横满街，血流成河。事后据目击者说，所用搬运尸体的汽车，达七八辆之多。

18日，蒋介石索性在南京成立了宁方的"国民政府"，与武汉的"国民政府"对峙。

事情过去十多年后，陈公博还不胜感叹地说："那时分裂，与其说是具有理由，还不如说是激于意气。蒋先生如果按着原议早把国府迁汉，必不致激起国民党的反蒋风潮。及至蒋先生通电服从中央，如果武汉不迫走陈真如（陈铭枢），耐心几天等中央迁汉才开三中全会，也不至使南京方面马上清党。再则汪先生不和陈独秀联名发表宣言，各方将领还会耐着等候汪先生迁都南京的提议。而南京能够多等候两三日不成立政府，俟国府迁宁，那么分共也不使得党内自相摧残。那是历史的命运吧！"①

陈公博在这里所说的"历史命运"，完全不正确。正是阶级斗争的规律，把蒋介石这样的反共顽固派推上大革命的前台，扮演了帝国主义、大地主、大资产阶级代理人的角色。而由于同样的原因，又把汪精卫这样一个资产阶级软弱的左派，推上和蒋介石一样的反革命的道路，成为绞杀大革命的又一元凶。

二 七一五分共

汪精卫到武汉后，常说"反共即是反革命"，"革命的往左边来，不革命

---

　　① 陈公博：《苦笑录》，第79—80页。

的快走开去。"等激越言辞，却对蓬勃兴起的工农运动极端恐惧。他惊呼：当4月中旬，兄弟到了武汉，看见那边情形，不但不像十三四年间的广东，也不像十五年间的广东了。其时武汉已成为共产党把持的局面了。只看工人运动农民运动，其理论与方法已完全是共产党的，而不是国民党的了①。

汪精卫得的是恐共顽固症。

他的理论与方法是什么？简言之就是否认阶级区别的存在，抹杀阶级斗争。汪精卫认为：我国为经济落后的国家，算不得有大资产阶级。他还攻击共产党，所谓大资产阶级、小资产阶级、大地主、中地主、小地主……在实际上则界线难定，只是共产党欲利用这个名词捣鬼，其所欲打倒的，加上一个"大"或"中"②。汪精卫在制造了这些混乱、加给共产党"莫须有"的罪名后，就打着巩固联合战线、维护工商利益的名义，把工农运动统统斥之为"幼稚"、"过火"、"越轨"，而要加以严厉制裁。

1927年4月20日，武汉政府宣布第二次北伐，由于面对的正面敌人是张作霖，汪精卫还"不便提出分共问题，而只提出制裁违反本党主义政策之言论行动。由4月下旬至5月中旬，中央党部决议在湖南、湖北、江西等省组织特别委员会，检查各级党部、各级政府机关、各种民众团体之一切言论行动"③。

5月20日，武汉政府发布了旨在限制民众运动的命令，指责"各种民众运动往往于〔与〕中央决议案有所出入，甚者躐等，尤甚者，或至背驰④。"同日，颁布了保护地主阶级的法令，法令声称："乡里公正及丰裕之户"，"皆在国民政府保护之列"⑤。5月23日，国民党中央通过保护工商业者的决议案，规定：制止工人及店员的过度要求，并禁止其干涉厂店中的管理；由总工会与商民协会组织特种委员会，审查工人店员的要求条件，并加以相当制限⑥。6月

---

① 《武汉分共之经过》，《汪精卫集》卷三，第229页。
② 汪精卫：《所谓小资产阶级》，松江三五社编：《汪精卫先生最近之言论》。
③ 《武汉分共之经过》，《汪精卫集》卷三，第230页。
④ 《武汉政府退色记》，《国闻周报》第4卷，第23期。
⑤ 同上。
⑥ 同上。

3日，又发出保护军人家属财产土地的通令，从而使许多地主豪绅得到庇护。武汉国民党中央还制定了《禁止民众团体及民众自由执行死刑条例》，规定"各地民众团体拿获反革命派或劣绅土豪等，及时交政府严办，不得自由执行枪决"①。这就是说，在反动军人勾结地主、豪绅实行白色恐怖的情况下，实际上上述命令只有利于地主、豪绅们的反攻倒算，从而剥夺了人民群众特别是农民惩治反革命的自由。

汪精卫不敢马上实行分共的原因之一是：当时武汉政府已宣布北伐，由唐生智率领第八军进入河南，并由张发奎的第四军支援。这样，武汉后方空虚，汪精卫感到要想镇压共产党和工农群众，没有武力作后盾是不行的。而唐生智的部下很多系地主出身，他们对两湖的农民运动尤其反感。唐生智为迎合部下这种情绪，急于回师武汉。蒋介石对于唐部情况十分清楚，于是策动唐部中的反动军官叛变，进而准备颠覆武汉政府。5月17日，唐部夏斗寅发出反共通电，联合十五军刘佐龙部、二十军杨森部进攻汉口。5月21日，何键指使驻长沙的三十五团团长许克祥包围省总工会、省农民协会等革命组织，捕杀共产党员及工农群众百人以上，发动"马日事变"。

对于这两起反革命叛乱，汪精卫是怎样的态度呢？他认为"夏斗寅的通电只说是清君侧"②。说夏斗寅只反对共产党，并不反对国民党中央，因此"只当一件小事"处理；而对于"马日事变"，汪精卫则说成由于工人纠察队袭击许克祥部引起的，所以不主张派兵镇压叛军，只提出"政治解决"，结果派了鲍罗廷、谭平山和陈公博等去长沙一次，"半说降，半调查"，然而"许团是何云樵（何键）先生的部下，何先生是著名复古的，恐怕何先生和其他将领都有关系，唐孟潇（唐生智）也难保不同情"③。鲍罗廷等坐火车到岳州，就被湖南方面的反动军官挡驾，半路折回，事情也就不了了之。

---

① 汉口《民国日报》，1927年5月10日。
② 《国民党中央执行委员会政治委员会第二十二次会议速记录》。
③ 陈公博：《苦笑录》，第82—83页。

汪精卫等为反革命叛乱张目，更助长了这些反动军官的气焰，汪精卫集团的反共清党，也很快提到日程上来了。

这时的武汉政府已陷入危机之中。日、英、美等帝国主义者，关闭了在武汉的工厂、银行、企业。造成了12万工人的失业。武汉的很多资本家，故意怠工闭厂，抽走现金。奸商亦以罢业、停止贸易相威胁。一些资本家向中央银行挤兑现金、卷款离埠，大量现金随之外流，武汉银根吃紧。市场商品缺乏，物价日涨，加上粮食及其他食品供应断绝，人民生活非常困难。由于北伐战争继续进行，军费开支庞大，加速了财政危机，因此，武汉政府只能靠发行纸币来弥补财政赤字，一时间物价飞涨，市民叫苦不迭。

在上述情况下，劳资关系日形紧张。逃到武汉的豪绅地主，对农民运动肆意造谣攻击，国民党内的地主、资产阶级分子亦随声附和，指责"工农运动过火"。加上反动将领的叛乱，更加重了武汉政府政治上的危机。

恰在此时，共产国际代表罗易于6月1日将共产国际五月指示的副本私下交给汪精卫，汪精卫如获至宝，认为这是他进行反共的最好借口，他颇为得意地介绍这一段经过：

"及至6月1日，苏俄代表（按：应为共产国际代表）罗易忽然约兄弟去谈话，说'莫斯科曾有一种决议案，给我与鲍罗廷的，鲍罗廷有给你看没有呢？'我说，'没有'。他说，'我可以给你看'。他于是把那决议案给我，一个是俄文的，另一个是中文的，中文的是他们自己翻译出来。兄弟看过以后，觉得严重时期已到了。兄弟说，'可以给我吗'？他当时有点迟疑，最后才说'今天晚上送给你，因为要修改几个字'。晚上果然送来，兄弟如今将这决议案原文送给主席，以备各位同志的参考。"[①]共产国际5月指示的主要内容是这样的：（一）改组武汉政府，加强这个政府中的中国共产党的领导力量。（二）改组国民党中央执行委员会，在中央执行委员会中增加更多的新的工农

---

① 《武汉分共之经过》，《汪精卫集》卷三，第230—231页。

领袖。（三）要武装2万中国共产党员。（四）挑选5万工农积极分子加入国民党军队，使国民党军队得以彻底改造，排除其中的反动将领，以中国共产党党员或坚定的国民党左派代替。（五）设立以国民党左派领袖为首的革命军事法庭，严厉惩办反动军官。（六）厉行土地革命，坚决从下面实行没收地主土地和豪绅的财产[1]。在汪精卫看来，综合这五条（实际是六条）而论，随便实行哪一条，国民党就完了。[2]

汪精卫的分共晚于蒋介石，还有军事上的考虑。这时出师河南北伐的唐生智部与冯玉祥的国民军已在河南会师，汪精卫趁机向唐生智建议：由于"战线太长，贵部留一小部分在漯河、信阳一带，公率大部，回镇武汉"[3]换句话说，就是要集中力量镇压共产党。

冯玉祥的戎装照。冯玉祥对宁汉分裂采取的是中立和调解的态度。

当冯玉祥领导的国民革命军取得郑、汴的消息传来，汪精卫就迫不及待地前往郑州，拉冯玉祥下水，共同反共。在郑州会议前，冯玉祥是倾向革命的，这是因为冯玉祥得力于苏联的援助和共产党的具体帮助，才使国民军发展壮大。接着冯玉祥誓师五原，表示拥护三民主义，奉行三大政策，师出潼关，会战中原，加速了二次北伐的胜利。

冯玉祥对宁、汉分裂表示忧虑，这是从他自身利害关系考虑的，因此他采取的是中立和调解的态度。他认为国民军"虽得有豫省，然其身处四战之

---

① 《国民党执行委员会第十二次扩大会议速记录》，1927年7月15日。
② 《中国共产党史资料集》第3册，日本东京劲草书房版，第143页。
③ 唐生智：《回忆一次大革命》。

地，顽敌（指奉鲁军阀）当前，且心腹之患，处处皆是"，因此在此情况下，如宁、汉一旦开战，奉军必卷土重来，他适当其冲，孤立无援，力量不足，非失败不可①。冯玉祥认定只有宁、汉合作，军事上取一致行动，才能打败奉、鲁军阀，国民军在河南才能站住脚跟。这样，经过郑州会议和徐州会议，在汪精卫、蒋介石进行政治诱惑和物质利诱下，冯玉祥的政治态度发生急剧变化，便也跟着汪精卫、蒋介石说什么：苏联阳假援助国民革命之名，阴行破坏国民革命之实；共产党毫不考察中国的历史环境，往往随人嗾使，盲目行动，以致演成南方现在的恐怖局面②。冯玉祥认为苏联顾问和共产党操纵了武汉政府，是宁、汉分裂的重要因素，因而"驱鲍"（鲍罗廷）、"清共"的反动主张他是同意的，并认为只有这样，宁、汉才能合流。

汪精卫既与唐生智议定，将河南地盘交与冯玉祥，唐生智即回师武汉，一意经营两湖，加快了清共步伐。

汪精卫的分共阴谋得逞，是和陈独秀推行右倾机会主义路线分不开的。正如《中共八七会议告全党党员书》中所指出的："对于领袖作用的估计过分，而估计群众作用太低的流弊，可以从党对许多主要问题的估量看得出来。党总是想着应当看某某领袖对此的态度如何，应当使其中立；但不是说工人农民群众对此的态度如何。……为要使汪精卫中立，所以把国民党中央土地委员会（1927年4月）对于土地问题的建议取消；为要使唐生智中立，所以不提出免他的职的口号；所有的中国共产党的政策，是由'左派'的领袖之愿望来确定，而左派领袖之愿欲，就是武汉军阀的要求。"③这段话对于陈独秀来说，无疑是一针见血的评论。

当6月底汪精卫集团明目张胆地进行罪恶的分共时，陈独秀不是考虑如何加强工人阶级的武装，以应付突然的事变，而是命令武汉工人纠察队解除武装，

① 简又文：《西北从军记》，台湾《传记文学》第20卷，第2期，第63页、第64页。
② 《冯玉祥日记》卷八。
③ 《中共八七会议告全党党员书》（1927年8月7日）。

甚至包括劳动童子团的短棍也给解除了。

中共中央于6月30日召开了扩大会议，陈独秀还在会上侈谈关于国共合作的政纲。这个政纲质言之，即：完全解除革命的武装，要求共产党完全放弃革命的领导权。说什么"中国国民党当然处于革命之领导地位"，"工农等民众团体均应受国民党党部之领导与监督"；为了减少所谓"政局之纠纷"，《政纲》还要求参加政府工作的共产党员"请假"，要求工农武装队均应服从国民党政府的管理与训练，武汉现有的武装纠察队应减少或编入军队。这个《政纲》还无视店员工会的经济要求和政治要求等。这是一个向汪精卫集团彻底妥协的纲领。它说明陈独秀的右倾机会主义路线，已发展到相当严重的地步。

武汉国民党反动将领经过郑州、徐州会议后，已明目张胆地举起反共的黑旗，第三十五军军长何键于6月29日发出了反共训令，训令部队与共产党分离，拘捕与屠杀共产党员，这就是汪精卫集团公开反共的信号。汪精卫事后也直言不讳地说："从6月中旬起，一方面集合中央党部非共产党员的同志，商量和共产党分离的方法；另一方面集合非共产党的武装同志，将那决议案（指共产国际五月决议）宣布，请他们在军队中留心防范，听候中央议决，努力奉行。鲍罗廷闻此消息，不能不走，而中央执行委员会遂于7月15日议决，在一个月内，开第四次中央全体会议，来讨论决定分共的问题。在未开会以前，裁制共产党人违反本党主义政策之言论行动。"[①]汪精卫在反共的时候，还没有忘记开国民党的中央全会，来证明他分共的"合法"性。还说什么，保护共产党人的身体自由。由此可见，中央虽然因为发现共产党消灭国民党的阴谋，不得已而与共产党分离，然其分离必经过郑重的手续，且其分离必采用和平的方法，而不用激烈的手段[②]。云云。

汪精卫所说的"和平方法"，完全不是那么一回事。事实是：7月14日晚，汪精卫召开了秘密会议，确定了"分共"和大屠杀的计划。7月15日，汪

---

① 《武汉分共之经过》，《汪精卫集》卷三，第232—233页、第233页。
② 同上。

精卫召集了"分共会议"，正式宣布和共产党决裂，也就是公开宣布背叛大革命。接着就开始了武汉地区的大屠杀。许多共产党员、革命群众惨遭反动派残酷镇压和杀害，很多革命团体，诸如中华全国总工会、湖北总工会等都遭到反动派封闭。在八一南昌起义后，汪精卫更杀气腾腾地说："这种狼心狗肺的东西（按：系汪精卫对共产党的诬称），我们再说优容，我们就是叛党！这种叛徒，我们要用对付敌人的手段对付，捉一个杀一个。同时我们要自请处分，本席就要预备向第四次中央执行委员会议请求处分。为什么容共政策到发现了第三国际给鲍罗廷、鲁伊的命令，还不把他们一个个抓来枪毙？现在事实上已经大变了，共产党已经明目张胆的作了我们的敌人，和我们开战，再有谁说优容，谁就是叛徒！"①可见其镇压革命的残酷程度，较之蒋介石的四一二政变，毫无二致。

---

① 《武汉中常会第二三次会议速记记录》（1927 年 8 月 5 日）。

第七章

特别委员会的面面观

一　反共的顽固派

由蒋介石、汪精卫分别策划的四一二、七一五反革命政变后，国共合作的革命统一战线彻底破裂。正如毛泽东指出的：代表中国人民解放事业的国共两党和各界人民的民族统一战线及其一切革命政策，就被国民党当局的叛卖性的反人民的"清党"政策和屠杀政策所破坏了。昨天的同盟者——中国共产党和中国人民，被看成了仇敌，昨天的敌人——帝国主义者和封建主义者，被看成了同盟者。就是这样，背信弃义地向着中国共产党和中国人民来一个突然的袭击；生气蓬勃的中国大革命就被葬送了。从此以后，内战代替了团结，独裁代替了民主，黑暗的中国代替了光明的中国[①]。

七一五分共后，中国国民党已不再是革命的旗帜，"国民党以国民革命的名义，以'救党护党'的名义，残杀工农民众，使全中国变成白色恐怖的世界，青天白日已经是白色恐怖的象征。"[②]汪精卫从此变成了一个极端的反共顽固派。

汪精卫并不以从组织上分共为满足，为了表示他的反共坚决，还叫嚷要从理论上把共产党分出去。他说：我们所谓分共，不但要将共产党分子从国民党里分出去，尤其要将共产党理论从国民党里分出去[③]。在汪精卫看来：如今共产党分子虽然分了出去，而其所留下的理论，仍然存在于农工商学各团体

①《论联合政府》，《毛泽东选集》第 3 卷，第 1036 页。
②《布尔塞维克》第 1 卷，第 15 期，1928 年 1 月 30 日。
③《分共以后》，《汪精卫集》卷三，第 239 页。

内。……而尤其危险的是，农工商学各团体里头，有些热心的人，本来是国民党，不是共产党，而误认共产党的理论是国民党的理论，且以为国民党里头最革命的理论。……这种〔样〕的人，在农工商学各团体里遇见了不少，所以国民党当前最急的工作，是将数年以来，国民革命的理论，重新整理一遍，将共产党的理论夹杂在国民党的理论中的，一一剔了出来。……这不但是国民党当采的手段，而且是国民党当尽的义务。不然，只将共产党分子分出去，而共产党理论仍然存在，分共的目的是不能达到的[①]。

这段话既反映了汪精卫对共产主义思想的传播感到忧虑；但同时流露出一种无可奈何的心情。

二 特别委员会的产生

大革命失败后，各帝国主义根据自身利益支持各派军阀。日本帝国主义力促宁、晋各派与奉系军阀合作，以便进攻武汉的汪精卫及洛阳的冯玉祥；英、美帝国主义则促成宁、汉合作以进攻奉系张作霖。但蒋介石此时倾向日本，主张先进攻武汉。冯玉祥和李宗仁、白崇禧等则主张联合武汉，继续北伐张作霖。由于蒋介石的主张无人附和，他的部队在津浦线上又告失利，为了稳定和提高自己的地位，蒋介石认为有到国外寻求帝国主义支持的必要，于1927年8

李宗仁和白崇禧。

---

① 《分共以后》，《汪精卫集》卷三，第239—240页。

月13日宣告下野，并偕张群赴日本。

蒋介石的下野，为宁、汉合流创造了条件。汪精卫等于8月下旬窜到南京，与国民党其他政派讨价还价，进行政治分赃。汪精卫还想摆老资格，以国民党和国民政府的"正统"自居，但是宁方甚至西山会议派根本不买汪精卫的账。宁方的吴稚晖、张静江等对汪精卫均以反共的"先进"自居，而被国民党开除的西山会议派的头头们更以反共的"先进的先进"自命。他们联合起来，不承认汪精卫的所谓正统，汪精卫只好以"防共过迟"而"自请处分"。

9月，国民党的宁、汉、沪（即西山会议派）三派经过讨价还价，取得了暂时妥协，在南京召开了包括三派在内的国民党中央执监委员联席会议，结果产生了一个特别委员会，由每方举出六人组成，以代替国民党中央党部，并改组了"国民政府"。但汪精卫、陈公博等以特委会的产生不合党统①为由，拒不参加联席会议，各地有些国民党员也掀起反对特委会的浪潮。而后，汪精卫集团的陈公博、顾孟馀等又回到武汉，依附唐生智，成立了武汉政治分会，这个分会拥有湖北、湖南、安徽三省地盘，与宁方又形成对峙局面，于是宁、汉对立又代替了宁、汉合流。

与此同时，粤系军阀张发奎已回到广州，依附于桂系势力，接着桂、粤军阀和一些国民党政客们，又将汪精卫迎至广州。10月至11月，唐生智为宁方打败，陈公博、顾孟馀等也跑到广州，重弹"党统"老调。于是宁、汉对立又变成了宁、粤对立。此时粤系军阀表示坚决拥护汪精卫，桂系军阀则主张蒋介石上台，实行蒋、汪合作。

汪精卫对特别委员会一直耿耿于怀，甚至斥之为反革命。《汪精卫先生传》的作者认为："特别委员会之产生，首先使宁方内部发生蒋氏一派与李（宗仁）、白（崇禧）一派之对立，继而酿成宁汉战争后，复引起第一次的

---

① "特别委员会"不是如同国民党第一、第二届全国代表大会是由代表选举产生的，而是国民党几个政派临时凑合组成代行中央职权的，故汪精卫等认为不合"党统"。

粤变"。①汪精卫则强调说："特别委员会之产生，全国同志一致反对，不独武汉为然。惟武汉政分会之强硬态度，实足为全国同志之声援，而亦为南京特别委员会所深忌者也。于是南京特别委员会乃不得不处心积虑，以谋攻击武汉。

……

"倘使当时中央第四次全体会议能在南京开成，则党有中枢，一切权力皆属于党，一切军事行动，皆取决于党，此等枝节不成问题。无如当时中央第四次全体会议被挫，南京为特别委员会所窃据，武汉政治分会方起矫正，势成对峙。不先解决党的问题，则军事问题无从解决。"②

在汪精卫看来，只要解决好党统问题，"一切军事行动，皆取决于党"，其他一切问题都可迎刃而解。但在中国新军阀割据的情况下，谁有枪谁就有势，谁枪多谁就势大。汪精卫妄想用国民党党统的名义，凌驾于军阀之上，指手画脚，使其臣服于自己，军阀们岂能听命于他，适足见其不自量力而已。但也有少数人响应汪精卫的主张，10月21日，唐生智通电说："南京特别委员会者，政客、官僚之集合体，而违法篡党之谋乱机关也，政客官僚而可以谋国，则革命为多事，违法篡党而可以不讨，则本党为无人。"同月24日，宁方则通电反唇相讥，骂唐生智"视党部为传舍，以主义为玩物"③。

汪精卫的言论和宁、汉双方的通电，说明了一个问题：原来宁、汉双方所标榜的东征、西征，不过是互相争夺地盘；而宁方所坚持的特别委员会和汪精卫所坚持的"党统"，也不过是权力再分配的借口而已。汪精卫所力争的"党统"，不是别的，正是"领袖"的代名词，也就是权力的象征。

① 雷鸣：《汪精卫先生传》，第18页。
② 《汪精卫集》上册，初集，第142—146页。
③ 《从五四到中华人民共和国的诞生》，第84页。

三　特别委员会的余波

特别委员会产生后的另一后果是，宁方内部蒋介石系与桂系的矛盾加深了。汪精卫于唐生智失败后，在武汉站不住脚，1927年11月就跑到广州发动护党，"谋党权之恢复"。他发表政见说：

"兄弟此次回粤，其惟一目的系在提高党权。以党治国系孙总理的遗训，故举凡无论势力怎样大，也要在党领导之下。现在南京组织非法特别委员会，中央党部也要推倒，民众痛苦均无法解决，建设方面更毫无整理。故我们应该一致去推倒特别委员会，在粤恢复第四届中央全体执、监联席会议，继续革命精神。"[①]

在汪精卫登高一呼的情况下，文的如顾孟馀、陈公博、王法勤、潘云超、王乐平等，武的如张发奎、黄琪翔、李福林等群起响应，似乎还有一点声势。

此时在日本的蒋介石，也想利用这种形势，他致函汪精卫，表示赞成恢复中央执委会和召开第四次中央全体会议的主张，并约汪精卫赴沪商谈。汪精卫也想借助蒋介石的武力，来压制由李宗仁、白崇禧控制的特别委员会。

汪精卫认为蒋、汪合作的条件已经成熟，蒋介石也表示愿意来广州，再办黄埔军校，再练兵。不过这时广东省主席是李济深，蒋介石认为李济深属于桂系，是拥护特别委员会的，因此要求汪精卫用驱逐李济深的行动作为合作条件。另外，拥汪将领参加北伐的第二方面军张发奎、黄琪翔等，此时也回到广州，他们和盘踞在广州的桂系首领李济深、黄绍竑亦不相容，李济深也感到张发奎等在广州，犹如芒刺在背，对自己在广东的统治更是一个威胁。"卧榻之侧岂容他人酣睡"。但是张发奎等以什么名义反对李济深呢？李济深、黄绍竑属于桂系，桂系是特别委员会的支柱。"惟有煽起反对特委会的口号，才能得天下的同情"[②]，"张向华（张发奎）既想驱李，而蒋先生（蒋介石）又要求

---

① 雷鸣：《汪精卫先生传》，第183—184页。
② 陈公博：《苦笑录》，第113页、第114页。

驱李。……于是驱逐李遂为既定的政策"①。

1927年11月17日，当汪精卫偕同李济深赴沪②的途中，张发奎、陈公博等就上演了驱逐李济深的闹剧。"所谓驱李，只是出了一张布告，由黄琪翔用第二方面军的名义，李福林用第五军的名义，我（陈公博）用政治部的名义，会同署个名，再则派了些军队搜查李任潮（李济深）的公馆，戒了一夜的严，算是了事"③

陈公博

中国共产党利用国民党新军阀的矛盾，毅然发动了广州起义。12月11日，广州工人在共产党员张太雷等领导下，举行武装起义，遭到张发奎、李福林、陈公博等的残酷镇压，起义失败。工农群众被屠杀者达七八千人，起义领导人张太雷壮烈牺牲，这就是历史上著名的"广州起义"。事后，宁方指责汪精卫、陈公博等包庇共产党，是这次"暴动的主力"。白崇禧甚至找杜月笙准备用绑票的方式直冲汪精卫的寓所。眼看汪精卫处境困难，法国当局和蒋介石都劝汪出洋，汪精卫无可奈何，只好悄然离沪出国往欧洲去了。

汪精卫后来自我解嘲地说："中央第四次全体会议，在上海开预备会议之际，法定人数已足，其不能赴南京开正式会议者，以李（宗仁）、白（崇禧）诸人凭借武力，盘踞南京，为之障碍也。为排除此等障碍，乃不能不有'催促蒋介石同志继续执行国民革命军总司令职权，并负责筹备在南京开正式会议'

---

① 陈公博：《苦笑录》，第113页、第114页。
② 汪精卫以重开国民党第二届中央的第四次全体会议的名义，偕李济深赴沪开预备会。
③ 陈公博：《苦笑录》，第115页。

之提议。……至于弟个人，以主张开中央第四次全体会议之故，备受反对者之攻击。……今以蒋同志亦主张开中央第四次全体会议之故，对于开中央第四次全体会议已不复反对，惟以蒋同志不与弟合作为条件。夫苟中央第四次全体会议能开，弟死且不恤，何有于引退。"①

汪精卫想利用蒋介石的军事力量来恢复政治领袖地位的打算是完全落空了，相反，却造就了蒋介石东山再起的机会，汪精卫本人却落得个悻悻然引退的下场。

---

① 《汪精卫集》上册，初集，第 155—156 页。

第八章

改组派的精神领袖

一　护党救国军的成立

1929年3月，在蒋介石包办下，国民党召开了第三次代表大会，招致了国民党内其他军阀和政客的不满，于是相继爆发了蒋桂战争、蒋冯（玉祥）战争、蒋唐（生智）战争，这一系列战争，均以蒋介石的胜利而告终，但他们均不甘屈服于蒋介石的淫威；汪精卫集团在蒋记国民党三全大会上被摈斥，亦不甘雌

　　　　1929年3月，在蒋介石的创办下，国民党召开了第三次代表大会。

伏。他们在反蒋这一点上是一致的。但拿什么名义反对蒋介石呢？还是乞灵于"党统"这个法宝。他们指责蒋介石指派国民党三全代表，因此三全大会是不合法的，从而打起"护党救国"的旗帜。

护党救国军是由改组派一手促成的。据陈公博回忆："上海总部（改组派的总部）的主张，要成立护党救国军，说冯焕章（冯玉祥）和阎百川（阎锡山）都有代表和我们接头，其余石友三、方振武、何芸樵（何键），都有向义的表示，北方及长江中部已没有多大顾虑，只等着南方首先发难罢了。①"为什么要等驻在宜昌的张发奎首先发难呢？因为反蒋各方的表示，以为张发奎是汪精卫嫡系部队，须要张发奎先动，然后各方才可放心响应。

9月，蒋介石突然下令让张发奎的军队由宜昌调驻山东的德州，同时派闽军曹万顺师来接防。张发奎当然明白这是蒋介石解决四军的一个步骤：因为四军由宜昌调德州是要经南京对岸的浦口的。这样分批运输，也容易分批缴械②。张发奎不动声色，等到曹乃顺的军队刚到宜昌，就立即全体缴械，并沿着湘西的路线退向广西。

俞作柏得知张发奎已发动的消息，即加入护党救国军的行列。陈公博与李宗仁、黄绍竑商议，请俞作柏率部"绕安南迁道入广西，或者收拾残余，可以响应向华（张发奎），也可以合力以图两广。"③李宗仁，黄绍竑同意这个意见。实际上李、黄已在运动桂系军队。

张、桂军会合后计划再攻广州，蒋介石已做好迎击准备，蒋介石派朱绍良、毛炳文两师援粤。而粤军余汉谋、香翰屏等部布防西路，蒋光鼐、蔡廷锴等部设防肇庆，严阵以待。张、桂军兵力单薄，终为陈铭枢、蒋光鼐、蔡廷锴所击败。护党救国军也就从此一蹶不振。

当张发奎在宜昌揭开反蒋序幕时，唐生智、李宗仁、张发奎、胡宗铎、石

---

① 陈公博：《苦笑录》，第 141 页。
② 陈公博：《苦笑录》，第 144 页、第 145 页。
③ 同上。

友三等人，纷纷接受了各路护党救国军司令的委任状。改组派这时"指挥军事的有军事委员会，办理党务的有联合办事处，此外更有两家日报，一家由陈孚木等主持，另一家由彭学沛、梅恕曾、陈言、杨全宇、李心辉诸人主持，很是旗帜鲜明，有声有色。"①似乎很有些声势。

但是，护党救国军内部矛盾重重，甚至出现了这样的奇异现象：当张、桂两军正在广州苦斗的同时，唐生智也正和冯玉祥艰苦作战。其时蒋介石为打冯玉祥，曾把唐生智的军队移驻郑州，本来这些人约定一齐反蒋的，冯玉祥已出兵潼关了，唐生智反而在那里拼命抵抗。当时陈公博等非常焦急，冯玉祥派在上海的代表天天来改组派总部质问，唐生智反而消息寂然。后来唐生智派他的代表邓寿荃来香港，说明唐拒冯的原因是，冯玉祥的前敌总指挥宋哲元欺人太甚，似乎非把冯军打退，不能反蒋。这时蒋介石命令石友三援粤，石友三军队一至浦口，即改扮护党救国军，他一不攻南京，二不据长江，只在浦口大掠一阵便扣了许多火车，撤兵北据徐州，和韩复榘连在一起。

唐生智将冯玉祥打退后，见石友三也起了义，便集中军队直下武汉，可是先头部队刚抵武胜关，便给何应钦挡住。而唐生智本人在后方竟毫无准备，在遭到杨虎城的袭击后，唐生智仅以身免，……他的军队便全体给陈诚缴了械，自此护党救国军便烟消云散了②。

上述情况说明，"护党救国军"是七拼八凑起来的，尽管有以汪精卫为灵魂的改组派从中撮合牵线搭桥，军事行动不仅不统一，甚至互相火拼，其失败命运是必然的。

当张发奎尚未到宜昌公开反蒋，陈公博则从国外回到香港时，消息传到南京，蒋介石对此很不放心。张发奎在南京回至宜昌防地之时，去见蒋介石。蒋、张有一段饶有趣味的对话：

"公博回来了，你知道吗？"蒋先生很严厉。

① 陈公博：《苦笑录》，第145页。
② 陈公博：《苦笑录》，第146—147页。

"是，我知道的。"向华不敢隐，实在也不能隐瞒。

"他有信给你没有？"

"有。"

"说什么话？"

"他说要做生意。"向华到底不善于辞令。

"我告诉你，公博是没有办法的。公博就是到了南京也没有办法，如果他有办法，我是王八蛋。"蒋先生立刻沉下脸来，这时恐怕他是太急了，所以他已忘记了他的尊严，说出市井的粗语。①

陈公博后来颇带揶揄调侃的口吻说："我从来没有见过蒋先生那样不能自制，这样真使他太苦了。"②

张发奎武人的粗犷本色和蒋介石奸诈的口吻神态，这段对话可谓入木三分。不过陈公博"没有办法"，蒋介石是说对了，就是说以汪精卫为灵魂的护党救国军成不了气候。虽然如此，反蒋各派还在继续酝酿军事倒蒋，"中原大战"就是一次反蒋的军事大联合。

二 中原大战

自编遣会议后，李宗仁、冯玉祥等割据群雄，相继为蒋介石所各个击破，阎锡山深感兔死狐悲，再不行动，亦将步李宗仁、冯玉祥的后尘。

从1930年2月10日至2月24日在近半个月内，蒋介石、阎锡山互相通电，大骂对方。阎锡山指责蒋介石包办国民党三全大会，实施编遣会议③，也是为了吃掉对方；蒋介石则以挟天子以令诸侯的气势，指斥阎锡山扩军备战，显系反

---

① 陈公博：《苦笑录》，第142—143页。
② 同上。
③ 所谓《编遣会议决议案》，是蒋介石排除异己的手法，通过这个决议，大量削减阎锡山、冯玉祥、李宗仁的军队数量，保存蒋介石的军事实力。此举冯、阎、李当然不甘屈服，从而引起国民党新军阀间的不断战争。

对中央，"不惜甘为党国罪人"。

这一通电报战，只是大战前的酝酿。1930年3月1日，蒋介石召集国民党三中执委全体会议，通过制裁阎锡山的决议，决议说：

"阎锡山受党国重任，并为中央执行委员，乃于最近联合武人，倡为谬说，违反党纪，蛊惑人心，且有调遣军队破坏交通情事，应即设法制裁。"①

阎锡山于3月3日即电请辞去本兼各职，以示决裂。4月1日，阎锡山通电就中华民国海陆空总司令职，以李宗仁为第一方面军总司令，自广西进攻湘、粤；冯玉祥任第二方面军总司令，进攻河南；阎锡山自兼第三方面军总司令，就近指挥河北军事；任石友三为第四方面军总司令，由豫攻鲁。但"这班三山

阎锡山（前中式服装）

---

①《反蒋运动史》（上册），第157页。存萃学社编集，周康燮主编：《1927—1934年的反蒋战争》，香港大东图书公司，1978年版。（以下简称《反蒋运动史》）。

五岳的豪杰，殊非阎先生所易驾驭。"①

蒋介石则以韩复榘为第一军团总指挥，防守鲁西，任刘峙为第二军团总指挥，防守河南、徐州一线；任何成濬为第三军团总指挥，防守河南许昌一线；任陈调元为总预备军团总指挥，并任何应钦为武汉行营主任，总揽湘、鄂军务。蒋、阎双方动员兵力共达百万以上，蒋军约30余万，反蒋军约60余万，是军阀战史上规模最大的一次。到了9月18日，张学良在蒋介石手下干将张群、吴铁城的诱惑下，"一手拿了蒋先生五百万现款和一千万公债，一手便下令出兵入关。"②阎、冯军的失败命运不可避免了。

三 "扩大会议"的召开

"扩大会议"（国民党中央党部扩大会议）的主角是阎锡山和汪精卫，这不是偶然的。从汪精卫方面说，自特别委员会以来，政治上一直遭到冷遇，几年来尽管打着"护党救国"的旗帜，但手中没有武力做后盾，只能因人成事，依附于某一军阀的武力。这次就投靠了阎锡山。不过在"扩大会议"上，汪精卫不再侈谈"党统"、"法统"，而是跟过去被视为反革命的西山会议派等携手合作了。

早在1930年3月27日，王法勤、陈公博等代表汪精卫赴太原，与阎锡山商谈国民党中央党部事。4月6日，赵丕廉以阎锡山代表身份电谢持、邹鲁，前往太原。同日，改组派领导的各省市党海外总支部平津执行部在北平正式成立。4月16日邹鲁与陈公博等在太原会商党务。由于"党统"之争，至21日尚无结果。5月4日，陈公博赴天津与覃振商谈党务，达成撇开"法统"不谈，而从"非常"二字上着眼，汪精卫对此表示赞同，汪并亲自起草宣言。5月13日，谢持、覃振、王法勤、陈公博等对宣言一致赞成。但到6月1日，汪精卫在香港发表东

---

① 陈公博：《苦笑录》，第150页。
② 陈公博：《苦笑录》，第160页。

电，重谈"党统"老调，谢持、邹鲁等则于6月5日，发表歌电以斥其非。电中说："持、鲁此次与粤二届代表协商，经时两月有余，而舌敝唇焦，所以争革命之意义者实少，而所以争旧账及面子者太多。总而言之，不外'党统'二字。"①由于有此顿挫，7月9日阎锡山、冯玉祥联名电汪精卫北上。7月13日扩大会议在北平宣告成立，并发表宣言。宣言中强调说：

1930年8月阎锡山、冯玉祥联合汪精卫改组派、西山会议派在北平召开国民党中央党部扩大会议，另立国民政府，推阎锡山为主席，汪精卫、冯玉祥、李宗仁为委员，与蒋介石所领导的南京政府对抗。此图为这段期间北平各地出现的反蒋标语。

"本党组织为民主集权制，某（指蒋介石，下同）则变为个人独裁，伪三全代表大会指派圈定之代表，数在80%以上；本党政治在扶植民主政治，某则托名训政，以行专制，人民公私权利剥夺无余，甚至生命、财产自由，亦无保障。以致党既不党，国亦不国。去岁以来，分崩离析之祸，皆由此酿成也。

　　① 《反蒋运动史》上册，第173页。

某不惟不怍，且方以摧残异己，屠戮无辜，为快心之具。同人等痛心疾首，务以整个之党，返之同志，统一之国，返之国民，在最短期间，必依法召集本党第三次全国代表大会，解除过去之纠纷，扫荡现在之障碍，使本党之主义与政策，得以实现。……此同人等认为党国目前切要之图，谨以精神结合，一致共同努力，克日成立中央党部扩大会议，以树立中枢，俾关于全国代表大会及国民会议之筹备，与夫一切党务之进行，得所指挥。望我全体忠实同志，一其心力，以济艰难，一切睚眦之见，意气之争，皆当去之务尽，内以自固，外以御侮，党国安危实系于此，敬布腹心，惟共鉴之。"①

宣言中所谓"睚眦之见，意气之争"，不是无的放矢的："因为改组同志会有它的主张，有它的立场，而阎先生另外有它的一套，西山会议派又有它的私见。"②面对这种情况，汪精卫主张妥协，"大有让步的决心"，不再坚持原来的"党统"、"法统"。"扩大会议"就是在这种情况下，各派达成了暂时的妥协。

汪精卫于7月23日，才偕顾孟馀、陈璧君、曾仲鸣等来到北平。8月7日"扩大会议"召开第一次正式会议。从"扩大会议"的组织人员情况看，改组派、西山会议派占主要成分：

常务委员　汪兆铭　赵戴文　许崇智　谢　持

　　　　　王法勤　柏文蔚　茅祖权

组织部　汪兆铭　邹　鲁　陈公博　赵玉廉

　　　　朱霁青　经亨颐

宣传部　顾孟馀　张知本　薛笃弼　傅汝霖

　　　　何世桢

---

① 雷啸岑：《卅年动乱中国》上册，第163—164页，《反蒋运动史》所载略同。
② 陈公博：《苦笑录》，第155页。

民训会	覃 振	商 震	潘云超	陈嘉祐
	郭春涛			
民族部	白云梯	李烈钧	刘守中	
海外部	邓泽如	黄复生	陈璧君	陈树人

8月15日，济南得而复失，军事逆转。"扩大会议"的头头们主张提早组织政府。9月1日，推定阎锡山、唐绍仪、汪精卫、冯玉祥、李宗仁、张学良、谢持七人为国民政府委员，其中张学良委员一席显系笼络之意。推阎锡山为国民政府主席。9月9日9时，（阎锡山封建迷信严重，他认为十九年九月九日九时是个吉日良辰。）阎锡山、汪精卫、谢持在怀仁堂匆促就国府委员职。9月15日，增加石友三、刘文辉为国府委员。

9月8日，"扩大会议"推汪精卫、邹鲁、张知本、陈公博等七人，聘请法学专家六人，组织约法起草委员会，从事约法起草工作。对此项工作，他们做的比较认真，要求参加"扩大会议"的全体委员都参加讨论，直到奉军入关，阎锡山、冯玉祥宣告下野，他们还继续留在太原讨论草案，至10月27日才告完成。全文8章，共211条，洋洋大观，算是"扩大会议"的唯一成果。

9月18日，张学良发出巧电，公开表明了拥护蒋介石的态度。19日东北军陆续入关，敲响了"扩大会议"的丧钟。20日起，"扩大会议"的委员们纷纷离北平赴太原。汪精卫还故作镇定地说："如张（学良）决进兵，情势恶化，则无论太原、西安，吾人均可作为根据地，依照原来计划进行。"[①]10月15日，鹿钟麟等通电罢兵，中原大战实际上已宣告结束，"扩大会议"也就烟消云散。

汪精卫于9月27日在"扩大会议"纪念周作了最后的报告，他不无伤感地说：

---

　　① 《反蒋运动史》（上册），第203页。

军事变乱无常，前月我们中央党部在北平，如今在太原了。以后或者不在太原，亦未可知。然而中央党部无论在何处，无论为秘密为公开，我们同志团结的精神，是永远不散的。我们同志这回的团结，有些人以为是互相迁就的结果，这自然有个人的看法，据我们看来，我们同志这回的团结，是为弥补过去之缺陷，以共同努力于将来的。我们前此之分，不是轻分；今日之合，也不是苟合。不合则已，合则不散①。事实上，他们之间的离合无常，不过是基于一时利害权宜之计暂时结合在一起；所谓"同志团结"、"永远不散"云云，完全是自欺欺人之谈。

在讲了这一番话之后，汪精卫于次日即黯然离开太原赴天津。

反蒋的"扩大会议"是失败了，作为参加"扩大会议"的主要政派之一的改组派，不得不在这种形势下表明自己的态度。实际上也只有宣告解散完事。

四　改组派的精神领袖

经过四一二和七一五政变后，国民党的宁、汉，沪三派组成"特别委员会"，代行国民党中央职权。但汪精卫在合并后的国民政府内，仅得到一个常委的位置，而大权却被宁、沪两派夺去，这是他决不甘心的。于是汪精卫偕顾孟馀赴武汉，策动唐生智拉起"护党"旗帜，与"特别委员会"和由特别委员会控制的南京政府对抗。与此同时，汪派大将陈公博、王乐平、甘乃光、朱霁青、潘云超、陈树人等则南下广州。当时称这些人为粤方委员（因他们都是国民党二届中央执监委员或候补委员）。1927年10月29日，汪精卫、顾孟馀抵广州，即在葵园召集粤方委员开会，决定在广州成立国民党中央执监委员会和国民政府，以此与特别委员会对峙。在粤方委员策动下，张发奎、黄琪翔于11月15日在广州起兵，企图消灭桂系李济深、黄绍竑的势力，从而统一两广。12月

11日，中国共产党领导的广州起义爆发。南京国民党中监委邓泽如、古应芬等即以此为借口，指控汪精卫、陈公博等粤方委员，说什么："去岁之秋，汪精卫、陈公博等回粤窃政。其党张发奎、黄琪翔所部教导团、警卫团三千余人，于12月11日结同共产党与近郊土匪，公然暴动，组织苏维埃政府于广州。星火燎原，几为东亚祸"。[①]在宁方的攻势下，张发奎、陈公博、顾孟馀等无法招架，有的通电去职，有的逃往上海法租界，有的逃往国外，汪精卫也不得不于12月25日宣告引退，随即出国。

1927年汪精卫被迫出国，宁、沪两派把持的"特别委员会"被取消时，蒋介石东山再起。

当汪精卫被迫出国，宁、沪两派把持的"特别委员会"被取消的时刻，蒋介石东山再起。1928年2月1日，在蒋介石把持下召开了国民党二届四中全会，通过了由蒋介石、陈果夫提出的"国民党党务整理计划"，这个计划规定只有由同盟会到1924年国民党改组前入党的党员才准登记，同时还必须进行审查、训练，才可承认为正式党员。按此规定，一些反蒋派的头面人物，例如唐生智（1926年加入国民党）、陈公博（1925年加入国民党）等，都将被取消国民党籍。这是蒋介石排除异己的一种手法。通过会议选举蒋介石为军事委员会主席还兼任国民革命军总司令，蒋实际上掌握了党、政、军大权（谭延闿只是名义上的国民政府主席）。蒋介石不仅弃置汪精卫派人物不予任用，甚至还给其中一些人以处分，这对汪精卫和汪派分子不能不是一个巨大的冲击和刺激。

①陈公博：《寒风集》，第155页，地方行政社，1945年7月版。

汪精卫派分子岂肯善罢甘休，对于汪精卫的出走，汪派大将陈公博颇不以为然，他针对汪精卫、陈璧君的口头禅"合则留，不合则去"的说法，认为"不必求人合不合，也不必靠人留不留。"陈公博和陈璧君争辩说：我的哲学是合则留，不合则打，打不过才去①。因此，这次汪精卫出国后，汪派重要骨干陈公博、顾孟馀、潘云超、王乐平、朱霁青、郭春涛等群集上海，策划反蒋活动，遥戴汪精卫为领袖。用什么思想武器进行反蒋呢？他们针对一般国民党员特别是一些青年，既不满蒋介石的专制独裁，又没有勇气或尚无决心跟着共产党干革命，或不理解、不赞成共产党的路线政策，又不甘心与蒋介石同流合污，因而徘徊歧路，找不到出路何在的情况，提出改组国民党的主张。

"改组派"的政治主张是如何形成的呢？陈公博说："这个会的纲领大概根据我所著《今后的国民党》和《党的改组原则》两篇文章。"②肖淑宇则说："陈先生发表那篇论文（指《党的改组原则》一文），系根据于同志们与我们讨论党事的两百多封来函，经过他的归纳组合之后，便俨然成了我们改组的纲领了。"③直到1929年2月，改组派才正式发表《中国国民党改组同志会第一次全国代表大会宣言》，这个宣言全面阐述了改组派的政治主张。

概括起来，其主张是："自民国十六〔年〕中国国民党瓦解以来"，"中国国民党已被军阀、官僚、政客、买办、劣绅、土豪所侵蚀、盘踞、盗窃、把持"，"孙总理之三民主义，已被他们所窜〔篡〕改，第一第二次代表大会决定的纲领，已被他们唾弃"，"党已失去指导的功能"，"党的生存也缺乏了必要的条件。"④他们认为国民党的现状是："国民党员堕落的堕落，失望的失望，组织小团体的组织小团体"，"各寻各的门路去了。"⑤出现上述情况的原因何在？"改组派"认为，这是国民党内出了毛病，产生了诸如西山会议

① 陈公博：《苦笑录》，第 121 页。
② 陈公博：《改组派的史实》，《寒风集》。
③ 肖淑宇：《如何实行党的改组》，《革命评论》，第 13 期。
④ 陈公博：《今后的国民党》。
⑤ 施存统：《恢复十三年国民党改组的精神》。

派、无政府主义分子以及官僚政客等腐化势力所致；因此他们大声疾呼，要民主、反独裁、改组国民党，要清除国民党内的"腐化势力"和官僚政客，让"革命领袖"（指汪精卫等）担当国民革命的工作。

改组派登高一呼，果然在一些人特别是青年中引起反响，因为他们揭露南京政府的腐败和蒋介石包办三全大会等丑行，都是人所共知的事实。一个名叫楚同的人写信给陈公博、肖淑宇这样说：《革命评论》出版后，沉闷悲愤的南京青年好似久乾〔旱〕得霖雨，各自眉飞色舞，议论纷纭，在茶楼、饭馆、公园等处，常有三五成群的青年，一边读《革命评论》，一边高谈党事，有许多沉默过了的人，现在也大骂其腐朽的党政当局了①。

虽然"改组派"表面上轰轰烈烈，似乎有些声势，正如毛泽东所描述的：资产阶级在汪精卫、陈公博一派鼓动之下，亦在沿江各地发展着颇大的改良主义运动②。但是改组派提出的"恢复十三年改组精神，改组国民党"的口号，完全是一个骗局，并不准备实行。因为1924年孙中山改组国民党的一个标志，就是要实行"联俄、联共、扶助农工"三大政策。离开了这个大前提，改组精神就无从谈起。而汪精卫、陈公博等对此却极尽歪曲之能事。汪精卫声称：

总理于十三年春间改组本党，容共政策亦于此时确定。惟容共仅属一时政策，决不能谓容共即为本党改组精神所在。本党改组的精神，在于认定三民主义为救国不二法门。欲求三民主义能实现于中国，则不能不使三民主义普及于民众。欲求三民主义普及于民众，则不能不使党员真能为主义而奋斗。欲求党员能为主义而奋斗，则不能不巩固党的组织，森严党的纪律，使党员的行动，趋于一致。这才是本党改组的精神所在③。汪精卫阉割改组的精神实质，代之以"巩固党之组织，森严党之纪律"，不过是障眼法，掩盖其反共实质，这是明眼人一看便知的。

---

① 楚同：《如何实行党的改组》，《革命评论》，第13期。
② 毛泽东：《中国的红色政权为什么能够存在？》。
③ 汪精卫：《一个根本概念》，《汪精卫集》卷四。

陈公博则一面表示：十三年本党改组的精神，一边含唤起本国的民众，一边含联合世界以平等待我之民族。联俄……的确是当时一种精神①。但陈公博对联共政策却大肆攻击，说什么：民国十三年改组时期，只有"容共"，并没有听见有"联共"，至十五年十月共产党的先生们才创造出所谓三大政策，把容共改为联共②。他抓住孙中山曾讲过"容共"的话，却无视孙中山与鲍罗廷再次谈判后，孙中山即承认中国共产党是第三国际的一个支部，承认中国共产党在政治上的独立性。这是孙中山联共政策的具体体现。一个改组派分子甚至这样说：容共，是容纳共产分子加入我们国民党，来做国民党的工作，并不是和整个的共产党携手，将我们国民党的地位让给他们。③这就与孙中山的联共政策大相径庭了。可以这样说，抛弃了联共政策，扶助农工也就是一句空话。

改组派既违背了改组精神，而改组派头头们之间理论又不统一，组织更不健全，"在《革命评论》（陈公博主办）的主张着重于民生革命，而在《前进》（顾孟馀主办）的主张则着重于民主政治。在改组同志会成立前夕，我（陈公博自称）和孟馀（顾孟馀）辩论了一大场，我主张社会是有阶级的，不过我想以党的力量调和而至消灭阶级的斗争，而孟馀则为避免阶级斗争起见，根本否认阶级的存在。因为这样，他最不赞成我农工小资产阶级之说。此事又经过王法勤、王乐平和潘云超的调停，才电巴黎汪先生请示，把小资产阶级的名词改了一个'小市民'。汪先生在他的心中也反对小资产阶级一个名词的。……至说到组织不健全，则在'同志会'第一次代表大会之时已没有方法选举执行委员，经过几次讨论，到底还是以粤方委员为中央，竟直没有选出一个青年之士。这个办法算是一个不得已的调停，但粤方委员到底没有几个人！"④

---

① 陈公博：《今后的国民党》。
② 陈公博：《再论第三党》。
③ 陈守梅：《本党的危险期》。
④ 陈公博：《苦笑录》，第132—133页。

汪精卫传

陈公博指出王法勤、朱霁青、潘云超、王乐平、顾孟馀等改组派大将的情况时，说他们有的老了，缺少办法；有的不善于深谋远虑；有的则是"长于批评，短于建设"；有的则是工作方法简单，"过于粗率"；有的人（指顾孟馀）则是只能当参谋，而不适于挂帅；他自己呢，准备去欧洲洗手不干了。

陈公博对"改组派"的前途颇感悲观地说：改组同志会的组织如此，别人当时或者还很乐观，而我则自知甚明，预料前途黯淡。[1]他还算有点自知之明，那就是说，"改组派"前景不妙，确实难逃失败的命运。

改组派一无政权，二无军队，只能因人成事，进行政治的、军事的投机。军事的投机是为了政治的需要；而政治的需要更助长了盲目的军事冒险。这种情况在蒋桂战争、蒋冯战争、蒋冯阎战争诸役中，改组派均有具体表现。而军阀战争是不择手段的。陈公博私下承认：我们既会在一块，改组同志会的主张只好一骨碌袋起，只谈反蒋，不谈主张，这样改组同志会的精神，便根本萎谢了[2]。

陈公博还把这种情况归结为改组派失败的重要原因之一："改组同志会"成立时候，本注意于恢复十三年改组精神和重新改组国民党，则其注重党的根本问题可知。无如成立之后，即有军事行动，军事是不择手段的，初则和桂系合作，继则和冯、阎合作，对于党的组织和训练，无从提起。党的改组本为同志会主要目的，后则专谈方法，弃其目的，这也是失败的一种原因。[3]

"改组派"成立于1928年冬，经汪精卫同意，于1931年春解散，[4]为期两年多一点，便从此销声匿迹了。

"改组派"虽然遥戴汪精卫为领袖，但汪精卫似乎并不满足于仅仅作"改

---

① 陈公博：《苦笑录》，第133页。
② 陈公博：《苦笑录》，第155页、第140页。
③ 陈公博：《改组派的史实》，《寒风集》，第280页。
④ 关于"改组派"解散的时间，陈公博在《寒风集·改组派的史实》中说："改组同志会成立于十七年冬，解散于二十年春，为期整整两年"。陈公博在《苦笑录》中又说："在十九年一月一日报上登出汪先生解散改组同志会的宣言，当时我即草了一个赞成通电。"《苦笑录》所记有误。因为改组派的解散是"扩大会议"失败后的产物，所以1931年春这个说法是合理的。

组派"的领袖："与其做改组同志会的领袖，不如做全党甚或全国的领袖，所以对外发表谈话，说他（指汪精卫）对于改组同志会是同情的，但他本人不是改组同志会的同志。"①按照陈公博的说法，这时汪精卫的麾下由三派人员组成：一派是"改组派"，那是"改组同志会"的同志；一派是汪派，那是他（指汪精卫）左右的亲信；一派是"左派"，那是信奉汪精卫的主张，而不属于以上两者的。这三派的分野虽然大方〔向〕明了，内部却着实有些倾轧的痕迹。②

虽然如此，汪精卫手下有了改组派这样一个抬轿子、吹喇叭的组织，作为政治斗争的砝码，当当领袖亦何乐而不为；从改组派本身的需要说，拥戴汪精卫，既有偶像作用，政治上亦足资号召。因此，说汪精卫是改组派的精神领袖或精神支柱，应该是事实。

---

① 陈公博：《苦笑录》，第 155 页、第 140 页。
② 陈公博：《苦笑录》，第 140 页。

第九章

"非常会议"时期汪、蒋的勾结

一　胡汉民在汤山作阶下囚

当蒋介石利用自己一手包办的国民党三全大会打击、排挤汪精卫派的同时，却拉住了国民党另一元老胡汉民，为他支撑门面。胡汉民自1928年9月参加蒋记国民政府到1931年2月，历时近两年半。蒋介石在李宗仁、白崇禧、冯玉祥、阎锡山及政敌汪精卫等未剪除前，对胡汉民还表示表面的尊重；还存有若干顾忌，担心后院起火。但两人间长期面合心不合，各有打算；胡汉民想以党驭政、驭军；而蒋介石则想以军驭党、驭政。在反蒋大联合的"扩大会议"失败后，蒋介石自以为人莫予毒，踌躇满志，于是和胡汉民的矛盾，通过约法问题而急剧地发展起来。

关于胡汉民被软禁的情况，据《华东日报》引国民党某高级官员的话说：胡汉民被软禁后，蒋介石就邀请赴宴的国民党要员入座，宣布胡汉民的罪状：

"蒋谈毕，询在座诸君发表意见。诸客相顾失色，无敢发言者。蒋曰：诸同志既认展堂举动不对，应即请其辞职，并于明日召集中央常务委员会议，推举林森同志继任立法院院长，邵元冲同志继任国民政府委员兼立法院副院长。谈至此，诸客更不敢开口。蒋曰，

　蒋介石与胡汉民的合影。

诸同志既一致同意，明日即照此办吧。言毕即散席，诸客纷纷仓皇而出。"①
这段记述把蒋介石独断专行、不择手段的情态，描绘得淋漓尽致。

　　胡汉民就这样以赴宴的名义，遭到蒋介石的软禁并被迫辞去立法院院长职务的。

二　反蒋浪潮中的汪精卫

　　胡汉民遭到蒋介石软禁后，在国民党内部掀起一场反蒋的政治风暴。"中国国民党党权运动总同盟"于1931年3月底发表讨蒋宣言，宣言为胡汉民评功摆好，对蒋介石的独裁专制则予以抨击。

　　作为与汪精卫有相当密切关系的上海《华东日报》，亦持反蒋拥胡态度。从3月3日至3月21日不到二十天的时间内，连续发表了九篇评论此事的文章，如《约法问题与胡汉民的辞职》、《关于胡汉民被禁的感想》、《胡汉民被囚的必然》、《党纪国法与胡汉民之被禁》、《胡汉民被禁之影响》、《读蒋介石辟谣之演词后》、《从胡汉民的被囚说到五权宪法中的立法与监察》、《胡氏被囚后中国革命之前途》、《蒋胡冲突内容的分析》等。

　　其中摆事实讲道理的地方，颇使蒋介石难于置辩。例如文章指出这样的事实：

蒋介石、王宠惠、胡汉民、伍朝枢于1927年4月，在南京小汤山温泉休养地合影。

_____

① 《反蒋运动史》（上册），第256页。

胡汉民身为中央委员兼立法院院长，对于约法问题，无论其主张如何，在开会之时，应有尽量发表的自由。蒋介石也仅为一中央委员，如果对于胡汉民的主张不表赞同，则应由会议多数表决，而加以否决。即使胡汉民有其他行为，亦须依法检举，何能以个人权力迫胡辞职，加以监禁！？胡汉民在本党有悠久的历史，而且现任南京要职，……今竟因在党内约法问题，与蒋介石意见不合，而被迫辞职，横加监禁；胡汉民尚且如此，那么老百姓在开国民会议之时，只有俯首听命而已，还有什么"宣传自由"？文章气愤地说：什么党，什么国，在今日的蒋介石更是早已不成问题。……因为从蒋介石一贯的英雄主义看来，胡汉民目前确实有请到汤山小住、派兵监视的必要。……从前有人说蒋介石要"化党为家，化家为国"，我们还认为是过激之词；现就最近历史看来，反蒋势力被蒋介石压迫，等于1913年袁世凯的压迫国民党，这次胡汉民的被囚，很像袁世凯的解散国会和修订临时约法，照此办理，那么"资政院之召集，筹安会之设立，历史活剧，恐不难一一重演于今日之政治银幕也。"[1]文章把蒋介石的所作所为，比作帝制自为的袁世凯，历史倒也真有惊人相似之处。

汪精卫对此次事变也一再发表谈话，谴责蒋介石的绑票行径。他说：自从民国以来，自从民国元年以至二十年，自从袁世凯以至蒋中正，彻头彻尾的只是武人专政。但是以前的武人专政，老老实实的便是武人专政罢了。惟有到了蒋中正，他的武人专政却加了好些花样。……据我们看来，蒋中正根本就不知道什么叫做法，更不必说到约法了。即以此次之事为证，蒋中正如果要问胡汉民的罪，可以在中央党部里问，可以在国民政府里问，为什么半夜三更的在私宅里大摆筵席的时候，24名驳壳卫队，立刻动手，将胡汉民监押起来，拘送到汤山去？这种手段，是强盗绑票，是流氓拆梢，是触犯刑法第几十几条？尤其是普通宪法第二章规定人民权利义务里头所绝对不许的。对于一般人员的身体

---

① 《反蒋运动史》（上册），第281—282页。

自由可知，这样的人而说他（指蒋介石）是诚心诚意的要制定约法，只怕3岁小孩子也不会相信①。汪精卫对蒋介石非法扣押胡汉民行为，义形于色，批判得头头是道，使蒋介石陷于狼狈境地。

在胡汉民被软禁不久，4月国民党各级党部，均有要求恢复胡汉民自由的表示。粤籍要人如铁道部部长孙科、南京市市长刘纪文等，先后离南京去上海或去广东，这些情况都预示宁、粤冲突有扩大的态势。

最引人注目而掀起轩然大波的是由邓泽如、林森、肖佛成、古应芬国民党四监委发出的通电，通电对蒋介石的所作所为，作了大量的无情的揭露，弹劾蒋介石"违法乱纪，叛党祸国"。

四监委的弹劾电，犹如一石激起千层浪，掀起一阵声势颇大的反蒋浪潮。

汪精卫、唐生智、陈友仁、许崇智、邹鲁等与蒋介石夙昔的政敌当然不会放过这次反蒋的机会；桂系军人李宗仁，白崇禧等亦与广东军政当局捐弃前嫌，表示一致反蒋。

继四监委发出通电后，广东省党部和各界民众团体起而响应，接着陈济棠以第八路总指挥的名义于5月3日通电附和，陈策、黄任寰、张瑞贵、陈庆云、黄光锐等陆海空军高级将领，也联名发出通电，反对蒋介石控制的南京当局。

在这一片反蒋声中，汪精卫又发表一篇《如何联合起来》的文章，强调为了反蒋必须抛弃党派观念。他说："统系问题、派别问题之解决方法；都归着于理论的一方面。如此说来，如其理论的一方面可以一致，则必然能联合起来。所以我们对于如何联合起来的答案是：如果认定倒蒋的意义，是民主对于独裁的争斗，那么，一切同志必然的可以联合起来！"②正如当时有人评价这篇论文的意义是："汪氏在这篇论文中已经放弃了他从前力争党的二届中央之正统，及'改组派'派别立场之观点，而归结于从'认定倒蒋之意义，是民主对于独裁之争斗'这基础理论及根本原则下，大家团结起来，这是很适合于当

---

① 《反蒋运动史》（上册），第286页。
② 《反蒋运动史》（上册），第321页。

时客观形势之需要的一种主张。"汪精卫为了反蒋主张的实现，不惜放弃一贯坚持的"党统"主张，委曲求全，决心不可谓不大。

不仅如此，汪精卫还以实际行动拉拢反蒋介石的武装力量，因为他深知，没有这种力量，反蒋就是一句空话。他也深深知道，仅靠粤省的军事力量是不够的，还必须联合桂系军事力量，才可与蒋介石抗衡。5月2日，他在致李宗仁、白崇禧冬电中这样表示："此次倒蒋，宜由各方同志同时并举，只以打倒独裁实现民主为共同目的，其他一切问题自可迎刃而解。……盖目标愈简，则用力愈专，而纠纷之愈少也。现在粤省既举义，桂省在军事上宜与精诚合作。至于党务政治则宜依旧进行，将来再以会议方法，共同解决。逆料各省继起，亦必用此方式。如有以意气之私，畛域之见，授敌以隙，自起内忧者，与众弃之！"[1]看来，汪精卫对这次倒蒋运动，的确是很卖力的。

三 "非常会议"成立

在这次反蒋运动中，汪精卫既要正面面对强大的政敌蒋介石，还要对粤方邓泽如、唐绍仪等，作大量的解释工作，以消除从前的误会；同时还要与李宗仁、白崇禧等将领联系，忙得不可开交。当孙科、陈友仁、许崇智等于5月24日抵港，即同赴汪精卫处，与白崇禧、张发奎、唐绍仪等会晤。经过这一段紧张策划后，"数日后在广州组织中央党部非常会议，并建立国民政府之计划，已决定于此时矣。"[2]

就在同一天，汪精卫偕孙科、许崇智、陈友仁、唐绍仪等人赴广州，到粤省军事当局负责人陈济棠的家中举行会议，决定联衔发出限蒋介石48小时内下野的通电，通电指斥蒋介石说："自十八年（1929年）以来，国内所有战事，皆由对执事（指蒋介石）一人而起，至于今日，则全党同志无论从前属

---

① 《反蒋运动史》（上册），第322页。
② 《反蒋运动史》（上册），第326页。

何派别，全体国民革命军人，无论为南为北，皆痛心切齿，以与执事一人为敌。……综上所述，执事在今日，有必去之势，无可留之理。执事苟有人心，当不忍以一己权位之故，以党国及无数同胞无数同志为牺牲。"通电最后对蒋警告说："兹以一致之同意，对于执事致最后之劝告。望于接受此劝告之后，48小时以内，即行引退。如执事置若罔闻，仍欲凭借暴力以遂私图，则执事一人实为破坏和平之戎首。何去何从，惟执事图之！"①

这一通电无异对蒋介石下的一道哀的美敦书，使蒋介石要么接受通电要求自动下野；要么兵戎相见，武力解决问题，别无其他选择。

继此通电后，陈济棠、李宗仁、孙科又连续发出要求蒋介石下野的通电，蒋介石均置之不理。

李宗仁、胡汉民与陈济棠。

---

① 《反蒋运动史》（上册），第328—330页。

5月27日，"中国国民党中央执监委员非常会议"（以下简称"非常会议"）成立于广州。在广州的历届国民党中央执监委员及候补委员都参加了。名单如下：

邓泽如　古应芬　邹　鲁　汪精卫　孙　科

李文范　刘纪文　陈济棠　陈友仁　陈　策

林云陔　邓青阳　许崇智　李宗仁　陈树人

经亨颐

在该会的成立宣言中表示与南京国民党势不两立：

"现在南京之中央党部，从前表示反对之同志，固不认其存在；曾经参加者，亦以此党部已为蒋中正个人势力所劫持，实无存在之价值。当此存亡绝续之际，惟有以革命之手段，集合各届中央执监委员，对党有历史宿著忠诚者，相与组织'非常会议'，以为本党之领导机关。又以事机紧急，不容濡忍，故由现在广州之各委员，即行发起，宣告成立。其他各委员有现尚散在各处者，有因环境关系，一时未能即来者，深盼陆续参加，共济艰巨。待至依据党章，召集第四次全国代表大会之日，非常会议之任务，即告终了。"①

"非常会议"的召集，不仅要另立国民党中央，而且要召集第四次全国代表大会，国民党的又一次分裂似乎是不可避免的了。

"非常会议"宣言强调："今日之事，以精诚团结为第一义，过去之纠纷付之淡忘，当前之障碍有待于扫除，未来之投艰遗大，有待于担荷。"②

"非常会议"常务委员五人：邓泽如、邹鲁、汪精卫、孙科、李文范。秘书长梁寒操。为了开展工作，又分别组成四个委员会：

1. 组织委员会：邓泽如、孙科、古应芬。

2. 宣传委员会：汪精卫、邹鲁、李文范。

3. 海外党务委员会：肖佛成、陈耀垣、刘纪文、邓青阳、陈树人。

---

① 《反蒋运动史》（上册），第344—345页。
② 《反蒋运动史》（上册），第345页。

4. 军队政治委员会：黄季陆、林翼中、黄公度。

"非常会议"十分强调团结的必要性。汪精卫在6月1日的一次会上就曾带总结性地发言说：我们在这几年以来，纠纷虽大，裂痕虽有，但其原因，搜括不过十个字，即"分共有早迟，倒蒋有先后"而已。……我们的所以有迟早先后，都是公的心事，不是私的心事。既然为公，如果对以往的事还不谅解，则我们不必有今天的结合。……蒋中正不能够以武力压服我们的勇敢，以挑拨离间的手段分散我们的结合！我们能够责备自己，原谅别人，则我们的结合，永远不散，希望今后大家同志个个能够一样①。汪精卫把他们的结合归结为"分共"、"倒蒋"，虽然有些近似，但把谋私说成"为公"，那就一字之差，谬以千里了。

话虽如此，"非常会议"的头头们要想精诚团结，谈何容易。吴稚晖曾把"非常会议"的领袖人物分为六派："目唐绍仪、王宠惠、林森、李烈钧为超然派；目邓泽如、肖佛成、陈耀垣、邓青阳及古应芬、陈济棠、陈策、马超俊、李文范、刘纪文、林云陔等为国民党右派、目孙科、许崇智、邹鲁三氏为西山派（西山会议派）；目李宗仁为桂系；目汪精卫、唐生智为改组派；目陈友仁为第三党。"②这种区分虽然并不精确，例如把孙科列入西山会议派显然是搞错了。但"非常会议"内部派系林立，追求各异，尽管在反蒋这一点上是一致的，终究不能掩盖其矛盾分歧。其中特别是汪精卫派与胡汉民派的矛盾更是无法调和。汪精卫对陈公博的一席私房话，颇能道出其中奥秘。汪精卫说：

广州我不愿意去的，知道去也没有好的结果，但白健生和张向华打从广西来见我，说汪先生就为同志打算，也要到广州一行，汪先生不到广州，我们是没有出路，根本也不能和陈伯南（陈济棠）合作。白、张这样劝我，我不得不到广州，我可以说我这次到广州，不是为主张，而是为同志。汪接着又说：

广州是欢迎我，而不欢迎你（陈公博）和孟馀（顾孟馀）的。他们有一个

① 《反蒋运动史》（上册），第352页。
② 《反蒋运动史》（上册），第349—350页。

1931年5月，汪精卫、胡汉民、孙科在上海的合影。

口号是"去皮存骨"，意思是只请我去，对于我的朋友一概挡驾。我到广州之后，展堂（胡汉民）虽然还囚在汤山，他托铁道部的医官邓铁真打了一个电报给古勤勤（古应芬）和孙哲生（孙科）说："目前舍汪无足与蒋对抗者，但陈（公博）、甘（乃光）万不能共事"。哲生倒也老实，给这电报与我看，所以我派人请你在香港等我，就因为他们对于你和顾孟馀、甘乃光都拒绝。汪精卫还说：我打算一有机会便走了，在广州非常受气，不独许崇智当众向我无礼谩骂，连小小的西山会议派桂崇基也当众和我为难①。

这一番对话，表明了"非常会议"各派之间特别是汪精卫派和胡汉民派之间的矛盾是何等深刻。"去皮存骨"，这句话形象地刻画了胡汉民派既想利用汪精卫又要架空汪精卫的矛盾心理状态。汪精卫深深懂得这一点，他意味深长地说：他们只和我合作，而不同我们的同志合作，怎么合得起呢？②对此，顾孟馀曾气愤地表示：我们与其受地方小军阀的气，不如投降中央大军阀（指蒋介石）。为汪精卫与蒋介石的合作埋下了伏笔。

蒋介石深感扣押胡汉民这件事做得太过分，众怒难犯。适逢九一八事变之后，于是通过陈铭枢奔走调停，宁、粤双方以"共赴国难"为由，商量对国民党四全大会的召开问题。决定京、粤两方以合作精神各在所在地克期开会，一切提案均交第四届第一次全体会议处理。双方协商中央执、监委员候选人，其办法决定以第三届中央委员会人数增加一倍，即中央执委72人，候补执委48

---

① 陈公博：《苦笑录》，第185—186页。
② 陈公博：《苦笑录》，第187页。

人，监委24人，候补监委16人，共160人。选举时以一、二、三届中央委员审查，除去因共产党嫌疑开除党籍已身故外，约112人为基础，不足的48人，由宁、粤双方代表大会各选24人相互承认。……并发通电报告和会经过情形，分派蔡元培、陈铭枢、吴铁城三人往南京，孙科、陈友仁、李文范等三人往广州，报告会议经过，及实现议决案，和会遂宣告闭会。①

四 汪、蒋勾结

汪精卫、胡汉民两派的裂痕既无法愈合，于是汪精卫派则索性退出"非常会议"，他们指责胡汉民派推翻宁、粤和议："乃一部分人，不明大义，借口反对一、二、三届为当然委〔员〕，推翻和议。同人求和目的既被破坏，只得引退以谢国民。"②汪精卫派的这一行动，无疑是拆了"非常会议"的台。

实际上，在汪精卫、胡汉民两派分裂的背后，汪精卫、蒋介石勾结已在加紧进行，汪精卫、蒋介石勾结的条件是：

（一）由汪精卫派退出广州大会，来沪开会。

（二）如广州方面坚持推翻和议决议案到底，则决定由汪精卫派继承粤方名义继续与南京蒋介石派合作。蒋介石并

蒋介石与汪精卫。

许以原在沪和会所决定分配粤方的24名中央委员，归汪派选出。

（三）如广州大会经胡汉民返粤指导，转圜成功，则汪精卫派在沪所选出

---

① 《反蒋运动史》（下册），第486—487页。
② 《反蒋运动史》（下册），第519—520页。

的中央委员，由南京蒋方保障，允许至少承认10名。

（四）国民党四届一中全会开会期间，汪精卫派如诚意继续援助蒋介石，则蒋介石允许与汪精卫派瓜分南京政权；许以至少一院（行政院）两部一委员会的院部长及委员长，由汪派人员充当[1]。

后来事实证明，蒋、汪合作就是以上述条件为基础而形成的。

为了加快汪、蒋勾结的步伐，12月2日汪精卫召集改组派头目，决定于次日召开选举会，"以期一方面对蒋履行密约；另一方面对粤四全会（胡汉民派所控制）造成一事实问题。"[2]但因时间匆促，会场问题不易解决，于是漏夜求助于蒋方派驻上海的联络代表张群、陈希曾等，请他们设法代觅会场。不知是蒋介石故意捉弄汪精卫，还是蒋方为秘密避嫌起见，就想到黄金荣经营的上海大游戏场，名闻全国的大世界中的共和厅。这个共和厅原为妓女活动场所，现在作为汪精卫派开会会场，这就是后来臭名昭著的汪精卫派中委大世界选举丑剧，当时有人把这次选出的中委，讥为"野鸡中委"。

会场既定，1931年12月3日晨7时起，蒋方代为接洽的法租界巡捕房，临时饬派大批探捕，前往大世界保护。大世界的大门口铁栅，临时关闭，稍开少许，只容两人出入。场内外戒备森严，保护周密。大世界老板兼法巡捕房高等顾问黄金荣、法巡捕房政治部主任程子卿等，均亲自到场，指挥一切。

关于开会情况：12月3日上午9时，汪记代表集中共和厅正式开会，公推汪精卫、陈璧君、王法勤、郭春涛、白云梯、赵丕廉、顾孟馀等7人为主席团，由汪精卫代表主席团主席报告开会宗旨，接着就开始选举，推汪精卫为监选员，这样从主席到监选等于由汪精卫一人包办了。至12时选举完毕，当即决定电粤四全大会主席团报告，请予备案，旋即宣告散会。

选举结果，唐生智、张发奎、王懋功、谷正纲、邓飞黄、刘文辉、唐有壬、范予遂、黄少谷、肖忠贞10人当选为中央委员；陈孚木、郭春涛、赵光

---

[1] 《反蒋运动史》（下册），第521页。
[2] 《反蒋运动史》（下册），第522页。

庭、刘叔模、邓介松、延国符等14人当选为候补委员。这就是腾笑一时的汪记大世界选举，目的就是要增选出10名汪记国民党中央委员，作为将来与蒋介石合作时讨价还价的砝码。

汪精卫为此次选举辩解说：现在和会中，已决定将一、二、三届连任，而每方从新选出24人，……我们要承认方法，现计我们的代表约250人（实际只有162人），广州方面（指"非常会议"的全部中委名额）的中委名额，为24人，大概以1/3的比例，我们可以选出的，定8人至10人左右……各位如果不回广州，则在此举出8人至10人，然后电知粤方①。

但当汪精卫将选举结果电告粤四全会后，3月4日，广州四全会开第12次大会，主席团将汪电提出，认为此10人中，有2人是候选名单中已有者。可否将其他8人，加入候选名单中，仍由各代表自由选举。嗣经全体代表认为非法，一致议决请主席团将原案撤回。消息传到上海，汪精卫勃然大怒，他于12月5日邀集出席大世界选举会的代表们说：12月3日的选举是非常公道的。今日据报上的登载，广州方面已将24个中央委员选出来，我们的名单他们并未接受，这本是意中的事。然后汪精卫拍着胸脯担保说：然而无论如何，兄弟代表主席团各位同志，可以负责的说，我们对于本会代表在上海选举的结果，一定是尽力维持的。我们或者用温和的手段去力争，或者用激烈的手段去力争，甚至我们连中央委员也不做都可以，总要达到目的才罢②。从上述汪精卫的愤激情绪看来："可以想见汪氏争夺派别利益意气之勇，及经营小组织发展个人基础意志之坚了！"③

粤四全大会于1931年12月5日上午闭幕后，下午3时，所有历届及新选中执、监委员，即举行临时联席会议。推唐绍仪为主席。议决推定中央党部执、监两会临时常务委员，派秘书长刘纪文于12月6日结束"非常会议"。并

---

① 《反蒋运动史》（下册），第527页。
② 《反将运动史》（下册），第528—529页。
③ 《反将运动史》（下册），第529页。

定于12月7日正式成立中央党部。结果，推选胡汉民、孙科、居正、经亨颐、白崇禧、陈济棠、伍朝枢、石青阳、汪精卫9人为中央执行委员会临时常务委员。唐绍仪、肖佛成、邓泽如、李宗仁、香翰屏5人为监委会临时常务委员。同日发出促蒋介石下野的微电，同时又发出通告就职通电。这样宁、粤对峙如故。

在粤方坚持蒋介石下野的情况下，蒋介石于12月15日被迫辞职。同月22日，国民党在南京召开四届一中全会。26日，国民党中央任林森为国民政府主席，孙科任行政院院长。汪精卫、胡汉民、蒋介石均被选为中央政治会议常务委员。

"非常会议"既宣布解散，就由孙科出面组织统一政府，从1932年1月1日就职起，到1月25日止，为时不足一个月，是一个短命的内阁。实际上蒋介石宣告下野，是他以退为进策略的故技重施。蒋介石处处给孙科出难题，使孙科一筹莫展。汪精卫对此心领神会，也称病不到会，其中奥妙何在？原来汪精卫的智囊人物顾孟馀向汪建议，不要在当前反蒋的形势下给孙科捧场，等待蒋、汪合作条件成熟时再出场，只有这样才能取得蒋的信任。汪精卫依计而行，声称自己糖尿病重，需要住院治疗，然后待机而动。蒋介石很欣赏汪精卫这一招，22日离宁的当天，特密约陈公博、顾孟馀、王法勤在南京随园谈话，对汪精卫大灌迷汤，蒋说："本党现值存亡危急之际，急需得一各方信仰之领袖，主持一切。本人甚盼汪先生能不顾一切，任此艰巨。前在沪时，曾向汪先生面述此意；汪太客气，希望请三位再代转达。中兴本党非汪莫属。"[1]汪精卫吃了这颗定心丸后，即发誓绝不一人单独入京，与蒋介石达成默契，互相配合，和蒋的行动协调一致。

孙科上台后，蒋介石、汪精卫、胡汉民均不予合作。孙内阁的班底是这样的：由孙科、陈铭枢唱主角，他们二人分任行政院正、副院长。立法院院长张

---

① 《反蒋运动史》，第543页。

继，副院长覃振。司法院院长伍朝枢，副院长刘芦隐。监察院院长于右任，副院长丁惟汾。内政部部长李文范，外交部部长陈友仁，财政部部长黄汉梁，实业部部长陈公博，军政部部长何应钦，海军部部长陈绍宽，教育部部长朱家骅，铁道部部长叶恭绰，司法部部长罗文幹。

孙内阁困难重重。尤其财政上毫无办法。宋子文为了打击孙科，指使财政部职员全体辞职。孙科本想借重宋子文掌财政，宋当然不干；又想借重孔祥熙，孔也婉言谢绝。以孔、宋与蒋介

宋子文

石的关系，他们当然不会给孙科捧场。孙科无奈只好命黄汉梁署理财长，黄又有什么办法。军饷本来积欠不少，在黄汉梁任财长的半月内，竟有一千多万军饷发不出。1932年1月12日，孙科到上海后发表谈话说：南京政府财政困难，债台高筑。每年收入除还债外，所余不足1000万元。最近每月实收不过600万元，而支出只军费一项，即需1800万元，其他费用需400万元，不敷数目达1600万元[①]。可见其捉襟见肘的窘态。

财政、外交，内外交困，孙科一气之下便跑到上海再不回南京。孙科系的李文范、陈友仁等也联袂出京，孙内阁宣告垮台。对于蒋介石、汪精卫、胡汉民的不捧场，陈铭枢抱怨说："政府虽告成，而我重要领袖（指蒋、汪、胡）犹天各一方，未能荟萃，致使党政最高指导机关提挈无人，失其重心。"[②]

孙内阁就在蒋、汪、胡不合作这样不景气的状况下下台了事。

---

① 《从五四到中华人民共和国的诞生》，第113页。
② 转引自《汪精卫先生传》，第226页。

汪精卫传
· Biography of Wang Jingwei

第十章

汪蒋合作时期对日推行的妥协路线

一　汪精卫的"一面抵抗、一面交涉"方针

孙科内阁下台加快了汪精卫、蒋介石合作的步伐。1932年1月中旬，汪精卫、蒋介石经过杭州烟霞洞的密谈后，联袂入南京，汪精卫出任行政院院长，兼内政部部长，并担任中央政治会议主席，主持政务；蒋介石则专任军事，担任军事委员会委员长，但蒋介石仍抓往行政院中几个有实权的部不放，即军事部、财政部、教育部。汪精卫也瓜分到铁道、实业等部肥缺，并由汪精卫手下大将顾孟馀、陈公博任部长，曾仲鸣、郭春涛任副部长。行政院秘书长则由褚民谊担任。唐有壬、彭学沛、谷正纲、陈树人等或任外交、内政等部次长，或任中央组织委员会、侨务委员会副主任和主任，改组派的头头们弹冠相庆，一时"冠盖满京华"，蒋、汪两派平分秋色。至此，蒋、汪合作形成。

汪精卫上台伊始，即面临处理一·二八事件对日交涉问题。他于2月13日发表"一面抵抗，一面交涉"的对日主张。有趣的是，蒋介石提出的对日方针是"不绝交、不宣战、不讲和、不订约"，看来同汪精卫有异曲同工之妙。汪精卫的"一面抵抗，一面交涉"是什么货色呢？他说："军事上抵抗，

　汪精卫在全国第一个儿童节的开幕式上。

外交上交涉，冀不失领土，不丧主权。在最低限度以下时，我们绝不让步；在最低限度以上时，亦不故作强硬。这是我们共赴国难的方法。

"政府今后的措置，应严格规定最低限度的标准。若在最低限度以上，则政府应顾虑国家人民的力量及军事财政的状况，不惑于一部分人士的一时强硬论，纵使为国民所误解，亦应忍痛签订。若在最低限度以下，则签订固亡国，不签订亦是亡国。……最低限度以上，我们忍受，即是交涉，最低限度以下，我们拒绝，即是抵抗。"①

汪精卫振振有词地在"最低限度"的字眼上大做文章，甚至不指名地批评蒋介石的四不方针说：现在不能听其不和不战。而是应该和，应该战。若在最低限度以上而得忍受者，此即应和。若在最低限度以下而不能忍受者，则仅有毅然拒绝，出之一战。②但事实很快就表明，汪精卫在对日交涉中，只有屈辱求和，绝无抵抗可言。所谓"决不让步"和"不故作强硬"云云，都是妥协求降的同义语。

二 汪精卫与淞沪停战协定、塘沽停战协定

1932年1月20日，在上海的日本浪人纵火烧毁三友实业社。23日，日本大批军舰陆续来沪，企图扩大事态。24日，日本特务机关蓄意放火焚烧日公使重光葵公馆，以此作为进攻上海的借口。27日，日领事馆向上海市市长吴铁城发出最后通牒，限48小时内答复。由蒋介石、汪精卫控制的南京政府，节节退让。1月28日，在日军一再挑衅下，十九路军忍无可忍，奋起抗战，在全国人民大力支援下，打得日军三易主将，侵略军从6000人增至10万人，死伤过万，打击了侵略者不可一世的疯狂气焰。

蒋介石、汪精卫面对抗日热情高涨的民心士气，却畏敌如虎。30日，国民

---

① 雷鸣：《汪精卫先生传》，第229页。
② 同上。

汪精卫与友人同游南岳，左一为陈璧君。

政府宣布迁都。在远离前线的古都洛阳，汪精卫为迁都一事辩解说："政府为避免战祸计，已不恤一再迁就日本之要求，始则对于民众抗日之言论行动稍涉激烈者均予禁止，继且晓谕各种民众团体，自动取消抗日名义，以杜强邻之借口。"①不仅如此，还要在"尽可能范围内，极力忍耐，极力让步，表示我们无意开衅，倘使不幸而终至发生冲突，亦必使衅自彼开，为天下万国公见之事实。"②说来说去，就是要钳制抗日舆论，压制抗日行动。当淞沪抗战打了20多天后，汪精卫于2月22日发表谈话说：过于畏葸，固为不可，徒作壮语，更为不可。须知数十年来，中国军事经济，在物质上着着落后，固不待言；即组织上亦幼稚不完备③。这无异于向抗战军民大泼冷水。

在大造对日妥协的舆论后，汪精卫于2月15日在徐州纪念周讲演中正式提出了他的"一面抵抗，一面交涉"的方针。在这一错误方针指导下，"中日停战会议"于3月10日在上海英国领事馆举行，外交部次长郭泰祺任谈判代表。5月3日，签订停战协定的消息传出，满腔愤怒的上海民众代表赶到郭泰祺的寓所严词诘问，郭泰祺有恃无恐，态度傲慢，更激起人们的愤怒，他们立即将郭泰祺打得头破血流，使签字不得如期举行。汪精卫闻讯电令上海市长张群：迅即查明下手凶徒，递解归案严加讯办，如系出自不法团体指使，当即将该团体解散，并严究主名，以儆效尤④。这种凶残面目与对日本的屈辱求和，如实地反

---

① 林森、汪兆铭：《国府迁洛宣言》（1932年1月30日），《国闻周报》第9卷，第7期。

② 《汪精卫在开封联欢社报告》（1932年1月31日），《国闻周报》第9卷，第7期。

③ 《汪精卫谈抗日》，（1932年2月13日），《国闻周报》第9卷，第7期。

④ 《申报》，1932年5月4日、5日。

映了汪精卫对人民、对敌人的两副面孔。5月，蒋、汪政府与日本侵略者签订屈辱的《淞沪停战协定》。该协定内容计五条，其第二条明确规定上海至苏州、昆山地区中国无驻兵权，承认上海为非武装区；第三条则规定日军可在上述地区驻军。

10月，当李顿为首的国际调查团公开发表为日本侵略者张目的《国际调查书》，鼓吹国际共管东三省，提出什么组织"特殊制度"等方案时，汪精卫对

1933年11月，汪精卫在黄埔第一号机命名典礼上发表致辞。

此竟认为"依赖国联并不错误"，"调查团报告书之观察，明白公允"云云。

1933年2月，日军进犯热河。3月，日军进迫冷口、古北口、喜峰口等处，二十九军冯治安部、王以哲部，在喜峰口、古北口分别与敌人激战。而在南京的蒋介石、汪精卫，却决定"全力剿共"。4月，蒋介石在南昌召集将领，大讲其"安内始能攘外，在匪未剿清之先，绝对不言抗日，违者即予最严厉处罚。"5月，汪精卫则在南京中央党部大讲《抗日与"剿共"》。汪精卫和蒋介石一唱一和地说：抗日必先"剿共"，如诸葛武侯要出兵中原，必先平定南蛮。抗日只能问尽力与否，至于胜败利钝，是不能逆料的。"剿共"则要有最大决心①。很明显，汪精卫是把"剿共"放在第一位，而抗日只是作为应付舆论的口头禅。果然，同月31日。黄郛遵照蒋介石、汪精卫指示命熊斌与日本代表冈村签订停战协定于塘沽，这就是骇人听闻的《塘沽停战协定》。这一协定使中国丧失大片国土，而且把绥东、察北、冀东划为日本侵略者可自由出入的地区。对这样一个协定，汪精卫竟然致电黄郛，为黄郛打气说："倘因此而招

① 《从五四到中华人民共和国的诞生》，第126页。

国人之不谅，反对者之乘间抵隙，弟必奋身以当其冲。"①汪精卫事后为这一丧权辱国的协定辩解说：有人非难过去不抵抗而丧失国土，今日则由抵抗而丧失更多领土；实则以中国现有之国力，最初就知道虽抵抗亦毕竟无胜利之望②。汪精卫的意思很清楚，对日本的侵略，中国是没有抵抗能力的，抵抗也是徒劳的，惟一可行的就只剩下对日交涉，而交涉的结果就是进一步的丧权辱国。汪精卫宣扬的是不折不扣的失败主义。

当冯玉祥、吉鸿昌、方振武等国民党高级将领激于抗日热诚，于1933年成立抗日同盟军，在察哈尔、绥远打击日本侵略者时，汪精卫伙同蒋介石，联名电告冯玉祥，责备他"妨碍中央统一政令"，并对同盟军实行围攻打击。

执行对日妥协政策的汪精卫、蒋介石、黄郛。

1934年，汪精卫为华北通车、通邮、设关三问题，不遗余力地为日寇奔走效力。下面是这一活动的日程表：

4月6日，汪精卫、黄郛赴赣，与蒋介石会晤于南昌。17日，日使有吉与黄郛密谈，接着与汪精卫晤谈。20日，有吉对记者云，华北通车、通邮、设关三问题，中国已大体接受。6月7日，日使有吉赴南京

汪精卫、褚民谊等出席马鸿宾就任西北三省"剿总"司令典礼。

① 罗家伦主编：《革命文献》第38辑，第2132页。
② 《汪精卫先生传》，第239—240页。

会见汪精卫，商谈"中日提携"问题。11月23日，南京政府派外交部亚洲司长高宗武与日人仪我、柴山在北平商谈，决定于1935年1月起关内外实行通邮。12月15日，汪精卫、蒋介石合谋调整中日关系，为此大造舆论，蒋介石授意陈布雷以徐道邻笔名撰《敌乎？友乎？》一文，该文声称："日本人终究不能作我们的敌人，我们中国亦究竟有须与日本携手之必要。"与此同时，汪精卫亦指使林柏生在《中华日报》上发表《对日两条路线》一文，与徐文唱一个调子。汪精卫在蒋，汪合作期间，推行的一条对日妥协路线，激起了全国人民的极大愤慨。

三　在国民党四届六中全会上被刺

汪精卫自蒋、汪合作担任行政院院长以来，加紧推行亲日反共路线。1935年5、6月，他更先后批准满足日本侵华需要的《何梅协定》（何应钦、梅津美治郎）、《秦土协定》（秦德纯、土肥原）①，出卖国家权益。这样，蒋介石、汪精卫就成为中国人民切齿痛恨的对象。1935年11月1日汪精卫的被刺，就是国人这种情绪的集中体现。

1935年11月1日，国民党中央在南京丁家桥中央党部大礼堂召开四届六中全会，为召开国民党全国第五次代

1935年9月，炮骑兵举行联合军事演习，军演人员向汪精卫讲演模型操演。

---

① 《何梅协定》，使国民党军撤出河北；《秦土协定》使日本进一步吞并华北。

汪精卫主持国民党四届六中全会。

混乱的现场。

表大会作准备。汪精卫主持了开幕式，并在会上作了演说。正当开幕典礼告成、全体中央委员摄影完毕之际，一幕惊心动魄的事件发生了。一个身着西装、外罩夹大衣的青年记者跨出人群，突然向站在第一排的头面人物汪精卫，叭！叭！叭！连续开枪，汪精卫应声倒下。会场秩序大乱，国民党的重要人物狼狈不堪。腿不方便的张静江，连爬带滚跌倒在地；身体肥胖的孔祥熙，钻进汽车底下，随从们费了很大工夫才将他拖出来，可是马褂袖子已撕成两半。一时参观摄影和参加典礼的人们，像潮水般涌出，又像波浪般分散。汪精卫的警卫向刺客连放两枪，行刺者身负重伤被擒。

这时的汪精卫，斜睡在地上，脸上许多血，身上的西装和内衣也浸透着血污。他的老婆陈璧君屈一条腿跪在汪精卫的身旁，把着他左手的脉搏。她的声调带着哭音说："四哥，你放心罢，你死后有我照料儿女。革命党反正要横死的，这种事我早已料到。"①似乎在和汪精卫作最后的诀别。蒋介石未参加摄影，这时也闻声赶来，他屈着一条腿把着汪精卫的右手，只说：不要紧，不要多说话②。陈璧君以为蒋介石不参加摄影，事出有因，愤然地对蒋说："蒋先生，用不着这样做的，有话可以慢慢商量，何

刺客孙凤鸣被乱枪打倒。

必如此！"③简直认定蒋介石是主使行刺的幕后人了。蒋介石这时也吃不准刺汪这件事是否他手下特务干的，他气急败坏地召集了特务队的负责人大骂：你们每月花了几十万，就干出这类好事吗？限你们三天之内，把凶手缉获，否则

脸上挂彩的汪精卫。

要你们的头④！事实上这次刺汪确非蒋特所干。

刺客孙凤鸣，安徽人，32岁，曾任十九路军排长、福建第十二师混成团机枪连连长，刺汪精卫前的身份是南京晨光通讯社记者。刺汪案发后不到几天，晨光通讯社总编辑贺坡光即被从镇江提到南京。此外还捉了一些有嫌疑的人，关在监狱，听候判处。

汪精卫身中三枪，两中要害，一在左颊，一在背肋骨间。当时手术中未曾

① 陈公博：《苦笑录》，第216页。
② 陈公博：《苦笑录》，第216页。
③ 朱子家：《汪政权的开场和收场》第4册，第81页。
④ 陈公博：《苦笑录》，第219页。

汪精卫在医院。

取出而留在背肋骨的一弹，成为他日后致命的创伤。

于右任、居正等几位国民党元老对汪精卫、蒋介石这一段时间的合作，说过如下一番话："汪先生这几年在南京的工作，纵然不是养成独裁，也是掩护独裁。"[1]正因为同蒋介石狼狈为奸，同恶相济，因此就成为汪精卫被刺的主要原因之一。

对于汪精卫的被刺和受到责难，"改组派"的大将陈公博愤愤不平地说："最高领袖是养成了，主张妥洽又全是汪先生的罪了，汪先生被刺，怪不得有一部分［人］高兴！"[2]应当说，推行对日妥协路线，汪精卫、蒋介石都有不可推卸的责任；汪精卫的被刺，从一个侧面反映了人们对这条路线的极端憎恨。

四 西安事变

1936年2月19日，汪精卫由上海秘密乘轮船赴欧洲治疗创伤，先后往返于德国、法国、捷克、英国之间；至同年12月12日，因发生西安事变，汪精卫由意大利热那亚港乘轮船启程回国，在国外羁留十个多月。在这段时间内，中国国内抗日形势高涨，国民党内部各派矛盾激化，汪精卫通过陈璧君和改组派的其他头面人物，密切注视着国内时局的动向，函电交驰，表明了他在政治上的不甘寂寞，总想伺机而动。

①②陈公博：《苦笑录》，第234页。

5月14日，汪精卫给陈璧君的电文说："（一）对蒋（介石）保持向来之关系（即保持蒋、汪合作立场）。（二）对西南只取感情联络，不作政治关系。（三）如西南有人来，至多不即不离。若联西南以倒蒋，是尽毁数年来立场，我绝不为。即挟西南以自重，亦所不屑。"①看来汪精卫还是一厢情愿地想保持蒋、汪合作的势头，但蒋介石却不吃这一套。汪精卫出国不久，蒋介石即自兼行政院院长，并大力排挤汪派势力。

6月1日，陈济棠发动了两广事变，并成立"军事委员会"，两广军队改称"抗日救国军"。汪精卫对此举极不以为然。他给陈璧君的复电中表示："对两广以抗日为内争极不谓然。……签名取消两分会无碍。"②由于陈济棠属胡汉民派，汪精卫对胡派始终耿耿于怀，对胡派的行动始终持反对态度，对胡汉民操纵的国民党广州政治分会和国民政府西南政务委员会也必欲去之而后快。因此汪精卫对两广事变采取上述态度，自在意料之中。

形容憔悴的汪精卫辞职出国就医。

1937年1月14日，"西安事变"后，汪精卫返回中国，出任中央政治委员会主席。

---

① 《汪精卫电陈璧君》，（1936年5月14日）《近代史资料》，总60号。
② 《汪精卫电陈璧君》，（1936年7月12日），《近代史资料》，总60号。

汪精卫对总统一席亟思染指，这从陈璧君等致汪精卫电中可以证实。陈璧君在8月24日致汪精卫电说："闻总统权限问题将视人选而定，宪法（指国民党'五·五宪草'）亦将以此为转移。先生（指汪精卫，下同）宜在大选开始前动身回国。10月太早，但不宜在大选后。如大选延期，自应随之展缓。"①陈璧君在另一电中并说："闻军委会及社会传蒋已电汪归，举为总统。"②汪精卫及其一伙，简直是跃跃欲试，似乎总统一席非汪精卫莫属了。

对于汪精卫回国的时机，改组派的头头们也是绞尽脑汁的："先生归期应有两种打算：甲、如在10月、11月回国，即应决心参加国民大会，拿出领袖态度，对于国家大计据理力争，绝不客气。乙、如在闭幕后动身回国，则可表示国家负责有人，对蒋先生及国大会极端信任，态度比较大方，并有回旋余地。……回国即须立行入京，不容在沪徘徊，否则易着痕迹，并失国民同情。"③这就是说，汪精卫回国如果赶得上参加国民大会，就可与蒋介石一决

1937年1月，汪精卫返抵南京，支持者前往车站迎接。

---

① 《陈璧君、谷正纲等电汪精卫》（1936年8月24日），《近代史资料》，总60号。
② 《陈璧君电汪精卫》（1936年9月25日），《近代史资料》，总60号。
③ 《陈璧君、王懋功等电汪精卫》（1936年9月21日），《近代史资料》，总60号。

雌雄，否则也可争取"国民同情"，捞点政治资本。人们从这里也可看出陈璧君的政治能量委实不小，她几乎可以左右汪精卫的行动。

中日交涉，也是汪精卫、陈璧君来往函电中的一项重要内容。10月2日，陈璧君在致汪精卫电中这样说："以华北五省为缓冲区，谅蒋不肯签字。如事实上华北成为缓冲区，蒋亦决不过问。"又说："据意大利主办之《大沪晚报》载，日政府宣称：中日问题，张群无全权，不与交涉，即起用某氏，若无全权亦不与之交涉。某氏意似指先生，故无须与蒋直接交涉云。"①陈璧君对日本垂青汪精卫，甚感得意，暗示汪精卫可以随时待价而沽。

陈璧君等在致汪精卫的另一电中，这样分析中日交涉的形势："本日（高）宗武来见云：日本浪人外交，虽似紧张万分，实则日本不愿决裂，中国亦不能决裂。彼飞粤、飞庐（庐山），一再与蒋磋商，决仍用外交方法解决，惟因环境不能不作打之姿态。"据此，陈璧君等认为："依据现势可知我辈不主张即归，非专为先生打算，实为国家打算，因中日问题已至不能再拖之时。现蒋直接当冲，不能不求解决方法，其对自己力量宜和宜战，估计亦较清楚。如先生归来，蒋必立即避开，且不表示真意，中日僵局永难打开，国家前途危险甚矣。"②在这里，显示了汪、蒋斗法的一个场面，汪精卫想打开中日谈判僵局，却引而不发，把球踢回蒋介石的面前，逼蒋表示真意，让蒋首当其冲。等到中、日问题已到了不能再拖之时，汪精卫的如意算盘则是只有由他出来收拾局面了。

同年12月12日，"西安事变"发生。陈璧君于事变的次日即电告汪精卫说："明后日下讨伐令，以何应钦为总司令"。陈还敦促汪说："兄为朋友、为党，均应即归。"还胡说什么："共匪奸人窥伺甚急，起程时除告我及转中央外，勿为他人言。"③汪精卫于14日即回电称："不问中央有电否，我必

①《陈璧君电汪精卫》，（1936年10月2日），《近代史资料》，总60号。
②《陈璧君电汪精卫》，（1936年10月5日），《近代史资料》，总60号。
③《陈璧君电汪精卫》，（1936年10月13日），《近代史资料》，总60号。

归。"①充分表现了汪精卫想利用形势东山再起的迫切心情。

汪精卫在兼程回国的途中，还发出一则通电，对"西安事变"痛心疾首。他站在讨伐派的立场，大骂张学良、杨虎城两将军逼蒋抗日的正义行动。说什么："乃'西安事变'突然而起，堕国家之纲纪，紊军队之纪律。此逐渐获得之进步，将益陷于纷纭。……中央对于此次'事变'一切决议，已显示吾人以努力之目标。"②明确无误地表明汪精卫多么希望讨伐派的阴谋得逞。

但是汪精卫高兴得未免太早了。正当他兴冲冲地于1937年1月14日赶回上海时，"西安事变"已得到和平解决，蒋介石被释放回南京，汪精卫想取蒋介石而代之的打算完全落空。

---

① 《汪精卫电陈璧君》，（1936年12月14日），《近代史资料》，总60号。
② 《汪精卫通电》，（1936年12月22日），《近代史资料》，总60号。

汪精卫传
· Biography of WangJingwei

第十一章

抗日战争初期的两面人

一 叫嚷继续"根绝赤祸"

汪精卫想利用"西安事变"后的形势，进行反共反蒋，从而取蒋介石地位而代之；但形势的发展，却是在中国共产党和爱国人士的努力下，逼蒋抗日和国共合作已成事实。对此，汪精卫是不甘心的。1937年1月18日，汪精卫回到南京，他在国民党中央党部大礼堂气急败坏地说：现在有人提议要和共产党合作，我听到这个消息，感到无比愤怒！比上次在大门口打我三枪时还要刺激得多。不反共是违反已定国策的，不反共是违反世界潮流的[①]。这个反共顽固派，返国伊始，即一再叫嚣要"坚持反共"和"根绝赤祸"。实际上就是要继续推行"攘外必先安内"的反动方针。他说什么：安内对外是一件事，不是两件事，……因为对外是以胜负来决定生死存亡的，必须本身有对外的能力，方才有对外的把握，断没有本身不健全而可以言对外的[②]。

为了使人相信他的反共谬论，汪精卫煞有介事地回顾历史说：（国民党）当第一次全国代表大会的时候，共产党曾经郑重声明，他们之加入国民党，是为国民革命而来。但是后来，他们所行，不践所言。国民党里头，有些还是相信他们的，有些已经怀疑的；因此之故，国民党内持续不断的起了数年纠纷。事后判断，不是国民党误信，而是共产党失信[③]。他颠倒是非地把第一次国共合作破裂的责任推在共产党身上。

---

① 巫兰溪：《西安事变前后蒋介石、汪精卫分分合合的丑剧》。
② 雷鸣：《汪精卫先生传》，第 282 页
③ 雷鸣：《汪精卫先生传》，第 283 页。

最露骨的是：汪精卫在国民党的五届三中全会的开幕词中提出的三个问题，在其第二个问题中特别强调："西安事变"、反侧初定，隐忧未已，"剿匪"工作，功亏一篑，绝不能中途放弃，云云。在汪精卫的影响和蒋介石的赞同下，国民党的五届三中全会还以"根绝赤祸"的决议形式，发表了宣言，这对于高涨的抗日形势，形成了绝大的讽刺。

二　低调俱乐部

1937年七七事变，对汪精卫来说，不啻晴天霹雳。日本帝国主义为了实现独占中国、变中国为其殖民地的罪恶目的，发动了旨在扩大战争的七七卢沟桥事变，这既是它推行"大陆政策"的预定步骤，也是它转嫁经济危机的一种手段；而中国自"西安事变"后初步形成了抗日民族统一战线，但还需要巩固和发展。这些情况对于日本来说，迫切地需要发动这场侵略战争，妄图扑灭刚刚点燃起来的抗日烽火。继七七事变后，日本帝国主义又于8月13日发动了对上海的猖狂进攻，日本妄图很快占领上海，迫近南京，然后迫使国民党政府作城下之盟，实现其三个月灭亡中国的迷梦。

面对日本帝国主义的步步进逼，在全国人民奋起抗日的形势下，汪精卫在公开场合下，也不能不唱唱高调，否则他在抗日阵营中一天也混不下去。他曾说：

中国今日受日本帝国主义的侵略，穷凶极恶，无所不用其极，惟有抗日才能争取国家民族的生存，惟有全国同胞一致的自动牺牲的精神，从事抗战，才能争取最后的胜利[①]。

他还说：我们誓必继续将所有血汗都榨出来，以前的及现在的所有将士所有人民的血汗，合流一起成为江河，扑灭了侵略者的凶焰，洗涤尽了历史上被

[①] 汪精卫：《继续牺牲加紧生产》，徐达人：《汪精卫写汪兆铭》，岭南出版社1939年版。

侵略的耻辱[①]。汪精卫大声疾呼：

"中途妥协，只有灭亡"，这八个字不是恐吓的话，更不是鼓励的话，而是有深刻的意义所在！中途妥协，除了屈服以外，还能得到什么？绝对得不到和平[②]。

这大概是汪精卫抗战以来发表的最激越的一番话。他进一步慷慨陈词说："我们必定要强制我们的同胞，一齐的牺牲，不留一个傀儡的种子。无论是通都大镇，无论是荒村僻壤，必使人与地俱成灰烬。""所谓抵抗，便是能使整个国家、整个民族为抵抗侵略而牺牲。"[③]但这些话汪精卫只是装装门面而已，事实证明，他丝毫没有准备去"牺牲"，而是时刻准备去投降。

8月3日，汪精卫又发表了《大家说老实话大家要负责任》的讲话。这篇讲话和前面的讲话判若两人，他说：和呢，是会吃亏的，就老实的承认吃亏，并且求于吃亏之后，有所抵偿。战呢，是会打败仗的，就老实的承认打败仗，败了再打，打了再败，败个不已，打个不已，终于打出一个由亡而存的局面来。这种做法，无他巧妙，只是说老实话而已[④]。按照汪精卫的逻辑："败了再打，打了再败，败个不已，打个不已，"这哪里还有一点胜利希望的影子。

汪精卫得的是恐日症，他早被日本帝国主义"三个月灭亡中国"的嚣张气焰所吓倒，除了传播失败主义、投降主义以外，还能干什么呢！

不仅如此，抗日战争爆发，汪精卫、周佛海一伙人肆意散布"和平"和"战必大败和未必大乱"的滥调。周佛海于1932年[⑤]在南京西流湾八号建造住宅时，特造一地下室于花坛下。八一三事件后，有些和周佛海关系密切的人，就先后搬到周家住，武人中高级将领如顾祝同、熊式辉、朱绍良等；文官中则有高宗武、梅思平、罗君强、陶希圣、胡适等，高宗武甚至每日必到。俱乐部

---

① 汪精卫：《救国公债》，《汪精卫先生抗战言论集》，第 19 页。
② 汪精卫：《抗战建国同时进行》《汪副总裁莅湘演讲》，第 74—75 页。
③ 汪精卫：《最后关头》，（1937 年 7 月 29 日）。
④ 汪精卫：《大家说老实话大家要负责任》，（1937 年 8 月 3 日）。
⑤ 据罗君强回忆，西流湾八号住宅系 1934 年所建，而周佛海《往矣集》则作 1932 年，这里从周说。

的主人当然是周佛海，他说：我们这些人，都是主张在相当时期，结束中日事变的。在当时抗战到底的调子高唱入云的时候，谁也不敢唱和平的低调。所以我们主张和平的这一个小集团，便名为"低调俱乐部"①。这个"雅号"是胡适给取的，但应确切地说，"低调俱乐部"的灵魂是汪精卫。周佛海就曾说过：在战必大败、和未必大乱的坚确认识之下，我和几位朋友，就一面设法约人直接间接向蒋先生进言，一面设法传布我们的主张。汪先生的主张，是完全和我们一致的。在南京未陷落以前，汪

周佛海（1897—1948），湖南沅陵县人。1921年加入中国共产党，1924年脱离共产党加入国民党。汪伪政府行政院副院长兼财政部部长。

先生为此事写给蒋先生的信，在十封以上，当面也谈过多次。所以我们当时就无形中以汪先生为中心，酝酿和平运动②。

　　事实正是如此。1937年10月，日本鉴于"三个月灭亡中国"的迷梦在抗日军民英勇抗击下无法实现，为了摆脱困境，就通过德国驻华大使陶德曼，对中国进行"调停"。陶德曼于10月30日会见国民党政府外交次长陈介，转达了德国政府愿为促成中、日直接谈判进行斡旋。次日在德国大使馆安排了汪精卫、何应钦与陶德曼会晤，汪与陶德曼"款款深谈"。11月5日，陶德曼又会见蒋介石，带来了日方的"议和条件"。这些条件是：（一）内蒙设立自治政府；（二）在华北设置非武装地带；（三）扩大上海非武装地带；（四）放弃抗日政策；（五）降低关税；（六）尊重外国权利。次日，蒋介石即向陶德曼表示，可以上述条件为谈判基础。汪精卫从蒋介石的表示中得到鼓舞，他认定

---

① 周佛海：《往矣集》，第83页。
② 周佛海：《回忆与前瞻》，《周佛海先生论文集》，第8页。

孔祥熙。

"和平有望"。

12月6日上午，在汉口中央银行，汪精卫以国防最高会议副主席的身份，主持了国防最高会议第三十四次常务会议，讨论通过了接受日本停战条件的决议。但当日本于12月13日攻下南京后，又追加更为苛刻的条件，这些条件是：扩大华北、内蒙、华中的非武装区，承认内蒙自治和华中特殊政权，保证日本驻军等，并强迫中国政府在年内必须作出答复。蒋介石对此有所顾虑，深恐答应了这样的条件将为抗日舆论所不容而危及他的统治；但汪精卫却认为这些不算亡国条件，鼓动当时任行政院院长的孔祥熙签字认可。孔因未得蒋介石的认可不敢造次，汪精卫就煽惑孔说："假如我是你，一定签字"，"反正国防最高会议大家都同意，你何必一定要问将？他是负军事责任的，不好表态，你签了字他自然得承认。"孔祥熙回敬了汪精卫一句："汪先生，我没有你的胆子，我背部受不起两颗子弹。"[1]当面揭开了汪精卫1935年遇刺的疮疤，弄得汪精卫异常尴尬。陶德曼的调停由于中国政府未如期答复日本的苛刻条件而宣告失败。

汪精卫虽然厕身抗战阵营，从不放过任何向日本乞和的机会。在陶德曼调停失败的一年后，汪精卫在接见海通社记者时就表示：中国在抵抗侵略之际，同时并未关闭调停之门，不过此次调停之能否成功，须视日本提议之内容为断耳[2]。接着汪精卫在接见路透社记者时又表示：如日本提出议和条件，不妨害中国国家的生存，吾人可接受之，为讨论之基础，……吾人愿随时和平，不过

---

① 陈春圃：《汪精卫投敌内幕》，《汪精卫集团投敌》。
② 汪精卫：《对海通社记者的谈话要点》，1938年10月11日。

须有不妨碍中国独立之条件耳①。

当敌人步步深入国土之际，汪精卫一再声称不关闭调停之门，愿同日本商谈议和条件，这不是乞降又是什么。

周佛海身为国民党中央宣传部部长，面对高涨的抗日形势，却只能靠耍两面派过日子。他说：我是相信抗战下去，是要灭亡的，但是宣传上却不能不鼓吹最后胜利。我是主张和平之门不全关的，但是宣传上却要鼓吹抗战到底，反对中途妥协。他把自己迫于抗战形势而讲的一些话，说成"一天到晚的讲鬼话，瞎吹"，是"对不起人民的大罪恶。"②

这伙人的调子低到什么程度？以陈璧君为例，她就曾说过如下的一番话：其实能够从日本手里得回黄河以南地方，已经算满足了。连黄河以北，甚至于东北都想收回，谈何容易！双方（指中国和日本）所提标准相差太远，结果就谈不来。越打时间越长，受苦的还不是老百姓？陈璧君操着一副悲天悯人的腔调，似乎她是在为民请命。陈璧君接着说：其实中国以前何尝有东五省③，奉天本来是满清带来的嫁妆，他们现在不过是把他们自己的嫁妆带回去就是了，有什么理由反对呢？④在这里，陈璧君已明白无误地承认日本制造的伪满洲国的合法性，当然这无疑也是汪精卫的主张。

随着日本侵略的深入，汪精卫这时的调子已经低得不能再低了。他认为：日本军的占领区域日益增大，重要海港和交通路线全部丧失，财政益形匮乏，在战祸中喘息着的4亿国民，沉沦于水深火热的苦难之中⑤。这番话的用意很明显，就是说在日本扩大占领区的情况下，抗战已不能再继续下去，除了投降别无出路。应该说，不是4亿中国人民经受不起战争的锤炼，而是汪精卫对抗战前途完全丧失了信心，陷入了悲观绝望的境地。

---

① 汪精卫：《对路透社记者谈话的要点》，1938年10月21日。
② 周佛海：《回忆与前瞻》，《周佛海先生论文集》。
③ 原文如此，五省不知何指。辽宁、吉林、黑龙江、热河也只有四省。
④ 陈曙风：《汪精卫投日前后侧记》，《广州文史资料》，第2辑。
⑤ ［日］今井武夫：《中国和平派的活动》，《汪精卫集团投敌》，第196页。

三 焦土政策的背后

汪精卫在上海八一三事件后，曾发表了《最后关头》的讲话，他喋喋不休地说："九一八事变后，这样的忍了又忍，让了又让，已经整整的六年了，……这样的不准备不可，欲准备不能，使我们于想些方法一步一步的往后退的时候，不能不划定一个最后关头。……及至到了这最后关头，则我们一齐站着，不能往后再退一步了。……我们当日若不忍耐而孟浪牺牲，则牺牲为无意义，今日若不牺牲而犹言准备，则准备为尤无意义。……因为我们是弱国，我们是弱国之民，我们所谓抵抗，无他内容，其内容只是牺牲。"汪精卫强调说："我们要使每一个人，每一块地，都成为灰烬，不使敌人有一些得到手里。"①这就是汪精卫焦土政策的主要内容。

这篇讲话，貌似慷慨激昂，其实充满了悲观绝望，看不出抗战有丝毫光明前途。因为在汪精卫看来，抗战下去，中国人民只有毫无意义的牺牲和把国土变成灰烬而已，充其量只能与敌人同归于尽罢了。后来他又讲道：中国战下去，日本不免于伤，中国则只有死而已②。这才是汪精卫的真实思想。

汪精卫在1938年4月29日写了一首诗，这首诗反映了他当时失望与消极的情绪，同举国欣欣向荣的抗战形势，成了鲜明对比：

> 黄花岳麓两连绵，此日相望倍惘然。
>
> 百战山河仍破碎，千章树木已风烟。
>
> 国殇为鬼无新旧，世运因人有转旋。

---

① 汪精卫：《最后关头》，《汪精卫集团投敌》，第174—175页。
② 《汪主席和平建国言论选集》，第125页。

少壮相从今白发，可堪揽涕墓门前。

二十七年四月二十九日始至长沙诣岳麓山谒黄

克强先生墓以旧历计之适为三月二十九日也[1]

当爱国华侨陈嘉庚先生针对汪精卫一伙人的投降主义、失败主义的叫嚣而提出"主和即汉奸"的著名论断时，汪精卫无耻地狡辩说：为什么言和就是汉奸？如此说来，宪法上规定国家有媾和的大权，是规定国家有做汉奸的大权了。"忠孝仁爱信义和平"的匾字，其解释应该是"忠孝仁爱信义汉奸"了[2]。汪精卫在这里撇开陈嘉庚先生这个论断的前提，即在敌人大军压境迫中国作城下之盟的情况下，提出"主和即汉奸"的论断，而这个论断对汪精卫之流的确是一个沉重的打击。汪精卫在这里却无理搅三分，使出了政治流氓加无赖的浑身解数，只能说明他作贼心虚，这种徒劳的辩解，中国人民只能嗤之以鼻。

爱国华侨陈嘉庚先生。

---

① 汪精卫：《双照楼诗词稿》，第 132 页。

② 雷鸣：《汪精卫先生传》，第 317 页。

汪精卫传

·Biography of WangJingwei

第十二章

叛国投敌的酝酿

一 日本的侵华政策

武力灭亡中国，是日本帝国主义的既定方针，卢沟桥事变后，随着日本军事上取得了一些暂时胜利后，它的对华方针就是用武力歼灭国民党政权的军事力量，从而迫使中国政府投降。日军占领南京后，日本政府于1938年1月16日发表了第一次近卫声明，公开声称不以国民政府为对手。并强调说："所谓'今后不以国民政府为对手'，较之否认该政府更为强硬。""而期望真能与帝国合作的中国新政权的建立与发展，并将与此新政权调整两国邦交。"①决心推翻蒋介石政权。

在此之前，1937年12月，日本在北平物色扶植了王克敏、齐燮元、王揖唐等汉奸头目，建立所谓"中华民国临时政府"，定国旗为五色旗，以北平为首都，王克敏为行政委员会委员长。1938年3月，日本又策划在上海成立"中华民国维新政府，"以梁鸿志为行政院院长。同年9月，这个伪政府又迁往南京。早在1937年11月，日本侵略者已在张家口将伪晋北、察南、蒙古三个"自治政府"，在日本关东军控制下，合并成立"蒙疆联合委员会"。临时、维新两个伪政权成立后，就分别管辖华北、华中地区的汉奸维持会等伪组织。这些伪组织在日本刺刀的监护下，肆无忌惮地出卖民族利益，改定关税，使中国成为日本的直接市场。日本予取予求，这些民族败类也就无条件地开放产业资源，任日本开发掠夺；还成立"联合准备银行"，发行不兑现的伪钞。1938年9月，

---

　　① ［日］《政府声明——不以国民政府为对手》，1938 年 1 月 16 日。

日本策划"维新"，"临时"两个伪政权的合流，于是在北平建立了"中华民国政府联合委员会"，筹组伪中央政权，日本并提示他们发表反共倒蒋声明，企图破坏抗日民族统一战线。

但是日本想以武力迅速迫使中国屈服的方针，在中国人民坚强抗击下，终究未能得逞。随着抗日战争进入相持阶段，日本侵华政策则由对国

1938年，"维新政府"开会的情形，正坐中央者为梁鸿志，右起四人为"外交部长"夏奇峰、"财政部长"严家炽、"司法行政部长"胡礽泰"行政院秘书长"吴用威，左起为"法制院长"温宗尧、"内政部长"陈群、"绥靖部长"任援道。

民党政权的军事打击为主，转为政治诱降为主；就是说，在施加军事压力的同时，另辟政治外交途径，诱使国民党政府投降，从而摆脱长期陷入中日战争泥淖的困境。

1938年11月3日，日本政府发表第二次近卫声明，大弹日、满、华携手合作，建设东亚新秩序的滥调，引人注目地改变了"不以国民政府为对手"的声明，说什么"如果国民政府抛弃以前的一贯政策，更换人事组织，取得新生的成果，参加新秩序的建设，我们并不予以拒绝。"[1]汪精卫正是适应日本侵华政策的需要，亮出和平反共的黑旗，而卖身投靠日本帝国主义的。

二　董道宁、高宗武秘密赴日

1938年1月16日，日本发表了不以国民政府为谈判对手，即第一次近卫声

① ［日］《政府声明——虽国民政府亦不拒绝》，1938年11月3日。

明后，按理，日本已关闭了和平谈判之门，可是事情竟有出人意料的是：蒋介石、汪精卫并不死心，还想摸一摸日本的虚实，看看近卫声明中，还有没有讨价还价的余地。

就在近卫声明的次日（1938年1月17日），外交部亚洲司的第一科科长董道宁，以不速之客的身份，突然出现于沦陷区的上海南京路口外滩的惠中饭店（今上海和平饭店的一部分）。董道宁敲开了正来上海的日本满铁公司驻南京办事处代表西义显的门，西义显是陆军大臣西义一的胞弟，抗日战争前在华中是一个从事情报活动的特务。西义显又打电话给日本官方通讯社上海支局局长松本重治，商谈安排董道宁到日本的事宜。

松本一到西义显的住宅，董道宁就迫不及待地说明来意：我是在高宗武的指示下来到上海的，想与川樾大使协助，缓和日本方面的要求条件。中国方面认为如果能先停战，对于和平条件是可以商量的①。

松本对董道宁说：我认为你这次访日旅行对两国有重大的意义。……战争如果延长下去，对日本也不利。希望能够早一天停战②。

在西义显、松木重治及另一日本特务分了伊藤芳男③的精心安排下，董道宁赴日后，得以会晤影佐祯昭大佐④。此行虽未取得显著结果，但董道宁却接受影佐的委托，带回影佐送交何应钦、张群的亲笔信。在中、日两国处于交战的状态下，这种举动当然很不寻常。

在董道宁未返国前，高宗武紧跟着于3月赶到上海，他一见到松本，就开门见山地说："我是为了同你会面来的。……'以后不以国民政府为对手'这个日本政府的声明是真心，还是什么问题？"松本回答说："日本政府发出那个声明既然经过那样重要的手续（指内阁作成政府声明），又召回了川樾大使，……这种态度至少非看到继续一年半载不可吧？"高宗武又问："你说日

①［日］松本重治：《董道宁赴日》，《汪精卫集团投敌》，第214页。
②同上。
③时任伪满外交部驻上海办事处主任。
④时任日本参谋本部专办对华问题的第八课课长，与何应钦、张群均系日本士官学校同年级同学。

本'是真心',但并没有下决心永远坚持那种态度吧?"松本不正面回答,却说:"你也读到那个声明中这样的地方吧,今后期望真能与帝国合作的中国新政权的建立与发展,并将与此新政权调整两国邦交,协助建设复兴的新中国。"①

至此,高宗武似乎已摸到一点日本的底牌,他们相约过三四天后再谈。

3月15日,董道宁和伊藤芳男从日本回到上海,董在日本从多田骏和影佐那里,了解到日本军部有尽可能早日"希望招致和平的真意"。次日,在上海华懋饭店(今上海和平饭店的一部分),高宗武、董道宁、伊藤芳男、松本重治聚会。董道宁眉飞色舞地说:我为了影佐大佐送给何应钦和张群的两封信,非到汉口去不可②。但高宗武认为不能那么冒冒失失地干,主张和周佛海商量后再说。3月底,高宗武、董道宁回到汉口,高将影佐的信交给周佛海,经商量后,又交给汪精卫③。汪认为"这可以看做是日本方面的重要意见,也给蒋介石看过为好。"通过陈布雷,蒋介石看到了这个信件,蒋介石对影佐表示"钦佩与感谢"。并要高宗武再去香港,转达他对日方的"和平条件",条件是:东北与内蒙古问题,可留待他日再谈;河北省应即交还中国;长城以南中国的领土与主权之完整,日方须予尊重。

周佛海却从中得到鼓舞,认为不应断绝汉口与通过影佐对东京的联络关系。于是在4月中旬,周佛海又鼓动高宗武再到香港与西义显继续商谈。5月中旬,西义显带来了近卫内阁将要改组的传说。因此5月下旬高宗武回到汉口,向汪精卫、周佛海作了汇报,这时梅思平也参加了他们的讨论。这伙人都是"低调俱乐部"的成员,都具有"战必大败,和未必大乱"的共同思想,现在近卫内阁改组已成事实,他们估计日本的"不以国民政府为对手"的政策可能

---

① [日]松本重治:《与高宗武谈和平》,《汪精卫集团投敌》,第216—217页。
② [日]松本重治:《董道宁访日归来》,《汪精卫集团投敌》,第219页。
③ 有一种说法是:董道宁回武汉后,想得到蒋介石的接见,几次碰壁后,才回头在汉口访问了汪精卫,详细报告了日本的实际情况,汪非常感兴趣,并对董鼓励了一番。这种说法当非事实,因为如不通过周佛海,董直接找到汪,似不大可能。

有所改变，因此周佛海又极力劝说高宗武再到东京去，而高也跃跃欲试。不过蒋介石此时却有反对高宗武去香港的意向。高进退维谷。周佛海却为高宗武打气说："蒋先生方面由我负责，你应该到东京去。"①高宗武于6月中旬再抵香港。

从此，高宗武就改换门庭，由为蒋介石搜集情报转而为汪精卫另辟求降蹊径了。高宗武有一段自白，很能说明他此时的心情：

"关于日中和平的大义，如果从我的信念上来说，我不得不以汪先生为同伙。随着战祸的扩大，国民是不能忍受的，蒋先生冷酷，而汪先生温暖。"②这就是说，从推行对日的妥协投降路线到思想感情，高宗武是认定了汪精卫，而愿追随下去的。

高宗武抵香港后，又受到松本重治的怂恿，决心亲自赴日，向日本再作一次试探。高宗武曾向影佐这样明确表示过，要推出汪精卫作为对日谈判的对手。他说："日本现在不承认蒋政权，为了造成日中之间的和平，也许必须找蒋介石以外的人。而且不管怎样，除汪精卫之外，就不容易找到别人。汪早已痛感有迅速解决日中问题的必要，称道和平论，而国民政府内部终究不能容纳他的主张。为此，不如从政府外部掀起国民运动、开展和平运动，由此造成蒋（蒋介石）听从和平论的时机。这样较为适当。"③

在逗留日本期间，高宗武先后会见过陆军大臣板垣征四郎、参谋次长多田骏，当他了解到日本绝不考虑以蒋介石为中心而收拾局面的情报后，再也不敢回到武汉，担心因私自赴日遭到蒋介石的逮捕监禁，只是向周佛海报告了日本之行，就留在香港养病。

周佛海根据高宗武的报告，了解到日本政府属意于汪精卫出场的信息，在与汪精卫商量后，据实向蒋介石递交了高宗武的报告。蒋介石阅后大发雷霆，

---

① ［日］松本重治：《在香港与高宗武会谈》，《汪精卫集团投敌》，第227页。
② ［日］松木重治：《在香港与高宗武会谈》，《汪精卫集团投敌》，第228页。
③ ［日］影佐祯昭：《曾走路我记》，第二篇，第二章，《汪精卫集团投敌》，第254页。

他叫来陈布雷，大声呵责："高宗武是个混蛋。谁叫他到日本去的？"高宗武由于咳血病倒，对日谈判的工作，就由周佛海改派梅思平接替进行。

松本与梅思平会谈，从8月29日至9月4日，共进行了五次。周隆庠任翻译。他们讨论的中心，一是关于撤兵的声明，与蒋介石下野联系在一起；二是承认伪满洲国的问题。

关于撤兵问题，松本强调：如果撤兵过早，在撤兵区域内一定会发生中央军与八路军、新四军互相争夺的事情。……因此，在华北的一部分地区和蒙疆都有驻扎一部分日军的必要。当然，驻兵是防共的名义，实际上也是为了防共的必要①。日方就是打着"防共"之名，要达到长期驻兵的目的。

关于承认满洲国问题，松本说：日本政府和国民到现在已有7年的时间，一直把"日满华合作"这一口号作为国策的象征。所以作为撤兵以后的条件，日本方面必定主张要中国承认满洲国。对此，梅思平回答得很干脆：东北四省如果"赤化"了，我们也感觉到非常危险②。梅思平就在松本的"反共"和"日满华合作"的诱惑下，全盘同意了日方要求。

松本在和梅思平的第五次会谈中曾这样展望对所谓和平运动的前景，他说："和平运动非汪（兆铭）先生领导不可。周佛海等我们的同志集合在汪先生的旗帜之下。"松本不无自我陶醉地说："与汪先生共同行动的有云南的龙云、四川的将领、广东的张发奎以及其他人，已经秘密取得联络。反对停战、撤兵的人在中国是不会有的。"③汪精卫、周佛海、梅思平以及日本的所谓"和平主义者"如松本等人，错误地估计了形势；事实证明，主张对日妥协投降的只是汪精卫之流一小撮民族败类；而反对对日妥协投降、坚持抗战到底，才是中国人民的真正心声，才是不可抗拒的历史潮流。

---

① ［日］松本重治：《同梅思平会谈五次》，《汪精卫集团投敌》，第239页、第240页。
② 同上。
③ ［日］松本重治：《同梅思平会谈五次》，《汪精卫集团投敌》，第239页、第240页。

三　重光堂密约

在国民党片面抗战的思想指导下，继1937年12月13日南京失守后，1938年国民党战场又是一连串的失败记录：

1月，兖州、济宁、泰安、蚌埠失守。

2月，烟台、新乡、临汾、凤阳等地弃守。

3月，风陵渡、临城、枣庄、南通相继沦陷。

5月，徐州、阜宁等地又告失守。

6月，开封、安庆、潜山等地失守。

9月，武穴、光山、罗山又告弃守。

到同年10月，先是广州于11日落入敌手，25日武汉三镇又告陷落。

与抗战这种形势相适应，日、汪之间的勾结更加频繁和肆无忌惮。汪精卫事后也供认不讳地说：我对于觅得和平（即降日）的意见，在会议里不知说过多少次，到广州丢了，长沙烧了，我的意见更加坚决，更加期其实现①。

高宗武、陶希圣作为汪精卫集团的代表与日方松本重治、伊藤芳男多次洽谈，特别是通过梅思平和松本重治的五次会谈后，日、汪双方进入实质性谈判的时机已经成熟。实际上梅思平已提出了一个关于对日"和平"的方案，松本重治带了这个方案由香港回到上海，并将此方案告知在上海的西义显、伊藤芳男，西、伊两人又告知出差到上海的今井武夫中佐。今井将此方案向陆军中央部作了汇报，日方对梅思平方案则根据大致形成的日华关系方针作了若干修改。这个《日华关系方针》的内容，后来经过1938年11月30日在日本御前会议作出决定，其主要条款如下：

---

① 汪精卫：《复华侨某君书》，《汪精卫先生关于和平之重要言论》，第24页。

（一）制定以互惠为基础的日、满、华一般合作原则，特别要制定善邻友好、防共、共同防卫和经济合作的原则。

（二）在华北和蒙疆划定国防上、经济上（特别是有关资源的开发利用方面）的日华紧密结合地区。

在蒙疆地方，除上述外，特别为了防共，应取得军事上、政治上的特殊地位。

（三）在长江下游地带，划定日华在经济上的紧密结合地区。

（四）在华南沿海的特定岛屿上取得特殊地位。[①]

上述条款实际上也就是后来近卫对华三原则的蓝本。

按照日、汪事先的约定，汪方代表高宗武、梅思平与日方代表影佐祯昭、今井武夫于11月20日在上海东体育会路土肥原公馆（即重光堂）达成了如下的协议：

第一条　缔结日华防共协定。

第二条　中国承认满洲国。

第三条　中国承认日本人在中国国内居住、营业的自由；日本承认废除在华治外法权，并考虑归还日本在华租界。

第四条　在平等互惠的原则基础上，日华经济提携，承认日本的优先权，以达到密切的经济合作。特别是在开发和利用华北资源方面，向日本提供特殊方便。

第五条　中国应补偿因事变而造成在华日本侨民所受的损失，但日本不要求战费。

第六条　本协定规定以外的日本军队，于日华两国恢复和平后，立即开始撤退。

这项协议尽管打着"和平互惠、经济合作"的幌子，但实际情况是：日本

---

① 《调整日华新关系的方针》，（1938年11月30日）。

胁迫汪精卫无条件承认伪满洲国，日方拥有驻军权和经济垄断等特权；如果加上附件《日华协议记录谅解事项》和《日华秘密协议记录》，以及汪精卫不得不同意该协议的全部条款，其卖国性质是一目了然的。

日、汪双方经过讨价还价达成了协议，协议当然充分体现了日本的侵略意图。例如，关于缔结防共协定，汪方虽然要求防共驻军仅限于内蒙古，但还得承认驻兵区域扩大到北平、天津，驻军期限则以防共协定有效期间为规定期限，实际等于无限期延长下去。就连汪方希望在协议中增加"日本尊重中国之领土与主权"等字样，日方则以"在建设东亚新秩序的理想之下，此为当然之举"，根本不予考虑。又如汪方认为"特殊利益"的字眼太刺激，日方同意改为"特殊方便"，反正是换汤不换药，如此等等。

正因为这项密约的卖国性质十分明显，所以汪方代表梅思平的行踪搞得非常诡秘。梅思平于10月21日乘飞机从香港出发，22日到达重庆，11月2日又从重庆出发，7日返回香港，行色匆匆。在重庆逗留的十二天中，他与汪精卫、周佛海等紧张策划，秘密磋商，终于促使汪精卫下了当汉奸的决心，汪精卫命高宗武、梅思平为代表，与日方洽商签订秘密协约事宜。梅思平于11月9日乘法国轮船，高宗武则于11日乘意大利轮船自香港出发，并分别于同月12日夜和13日夜抵达上海。

为使会谈场所得以避人耳目，日方利用了上海新公司北侧东体育会路七号的空房子。这所房子正巧由于战争遭到破坏，无人居住，空在那里。日、汪利用它进行会谈之后，就作为日本特务头子土肥原的公馆，命名重光堂。从此以后，日、汪的会谈就称作重光堂会谈。日、汪签订的这份密约，就称为"重光堂密约"。

汪精卫等原设想在云南、四川、两广地带建立新政权，以便冲淡傀儡色彩。汪方希望日军从背后切断抗日军队，要求日军轰炸中国后方，一俟汪精卫进入昆明则停止轰炸。另外汪方代表提出不愿与北平的临时政府、南京的维新政府处于同等地位资格，也就是说汪精卫不愿和王克敏、梁鸿志平起平坐。汪方代表还提出，在汪精卫采取行动后，希望日方暂时不要过多作支援汪精卫的宣传，因为这样更易被人看成汉奸。真是做贼心虚，不打自招。

由于这项密约的签订，日方将允诺以汪精卫为对手，支持汪精卫建立反蒋介石反共产党的新政权。因此，当梅思平于11月26日将重光堂密约缝在西装马甲里，携返重庆后，通过周佛海、陶希圣向汪精卫、陈璧君表功，怂恿汪充当日本傀儡头目。汪精卫、陈璧君大喜过望，在重庆上清寺汪宅为梅思平设宴饯行，汪精卫、陈璧君在送梅思平出客厅门口时，陈璧君厉声对汪精卫说："梅先生明天要走了，这次你要打定主意，不可反悔！"汪连连点头说："决定了，决定了！"①汪精卫决定的，正是充当民族罪人的可耻决定。

① 罗君强：《伪廷幽影录》。

第十三章

叛国投敌的民族罪人

一 伺机逃出重庆

经过重光堂会议，日、汪双方的代表将《日华协议记录》及其《谅解事项》和《日华秘密协议记录》分别携回东京和重庆，双方并在香港、上海设置联络员，汪方联络员为高宗武、周隆庠，分别驻沪驻港；日方则为伊藤芳男与西义显。现在的问题是，作为汉奸的主角、当时充任国民党副总裁的汪精卫及其同伙如何才能逃出重庆呢？

作为策划汪精卫出马的要角周佛海，时任国民党宣传部代部长，早已处心积虑，做外逃的准备工作。早在武汉陷落前，周佛海就于1938年6月将他的妻子杨淑慧打发到香港。从此杨淑慧犹如"黄鹤一去不复返"了。周佛海也免除了后顾之忧。

1938年8月7日，周佛海离汉飞渝，实际上他早已身在蒋（蒋介石）边心在汪（汪精卫），一门心思扑在日、汪勾结的汉奸勾当上。

10月25日至12月18日，在将近两个月的时间里，周佛海为了日、汪勾结的确是卖足了气力。他在《日记》中尽管语焉不详，但我们仍然从中可以看出此人的反动能量确实不小：

"八时起，思平、希圣来，所谈甚多，关于香港方面宣传讨论尤详。十时半辞去。……三时谒汪先生，对于情势有所报告及陈述，四时辞去。"[①]所谈的是什么？无疑是高宗武、梅思平在香港与日方谈判的情况。

"晚赴汪宅便饭并商谈时局，决议定计，实非易事也。"[②]"思平来谈，……默念凡事均不易照计划顺利进行，故无论何事如生枝节或挫折，不必灰心，意外挫折必须预料，万不可以计划一定，即可成功，世界上决无此种如

---

① 《周佛海日记》（1938年10月25日）。
② 《周佛海日记》（1938年10月30日、31日）。

意算盘也。"①

看来，汪精卫此时还有些彷徨犹豫，举棋不定；周佛海则对此忧心忡忡，但并不灰心。

"阅日本本日所发宣言（指近卫第二次声明），大意日本之目的在建立东亚新秩序及永[久]和平，如国民政府放弃反日亲共政策，彻底改组负责当局，日本不拒绝国府参加此项建立工作。惟言外之意，以国府与平、京（南京）两伪组织相提并论，实可痛也。"②

近卫第二次声明，对汪精卫、周佛海来说，是诱饵、是招降；但汪、周之流却又惴惴不安，深恐落得与南京、北平两伪政府同等的地位，这是他们最担心的事情。

汪精卫的态度，也是周佛海关注的一项工作："八时起，思平由港来略谈，即偕赴汪公馆，报告与宗武赴沪接洽经过，并携来双方签字条件及近卫宣言草稿，商至十二时始散。饭后午睡三时起，八时复至汪公馆。汪忽对过去决定一概推翻，云须商量。余等以冷漠出之，听其自决，不出任何意见。六时半辞出。……返寓后与思平谈及汪之性格，咸甚[认]为无一定主张，容易变更，故十余年屡遭失败也。惟对于此事则断定其虽有反覆，结果必仍如原来计划也。"③

周佛海对汪精卫的态度骤然忽变，大为恼火，说汪无一定主张；但周佛海摸透了汪精卫的性格，断定汪最终还得照他们的计划行事。

"五时偕思平赴汪宅与汪先生及夫人（指陈璧君）商谈，汪先生忽变态度，提出难题甚多，余立即提议前议作罢，一切谈判告一结束。汪又转圜，谓签字部分可以同意，其余留待将来再商。于是照此复电。经数次会谈，抑[益]发现汪先生无担当、无果断，作事反复，且易冲动。惟兹事体大，亦难

---

① 《周佛海日记》（1938 年 10 月 30 日、31 日）。

② 《周佛海日记》（1938 年 11 月 3 日）。

③ 《周佛海日记》（1938 年 11 月 26 日、27 日）。

周佛海。

怪其左思右想，前顾后盼也。"①

周佛海对汪精卫的判断是有根据的，果然汪精卫一度踌躇之后，虽然经过"左思右想，前顾后盼"，还是决心下水。

关于汪精卫的犹豫不决，陈春圃有一段回忆，生动地描述了汪精卫当时的情态：密约交到他（指汪精卫）手的最初一段时间内（约在1938年11月中旬②），他一直心神不定，每天晚饭后总在重庆上清寺寓所的院子中踱来踱去，一言不发，一个人陷入穷思极想的苦海中。陈璧君还关照我们不要打扰他，并且对我说过：周（佛海）、陶（希圣）等曾劝驾说："你兼外交部部长的时候，和日本打过交道的，还可以算是顺手的"；但他（指汪）说：也不尽然，1934年南京日本总领事馆藏本在南京失踪案③明明是他们自己捣的鬼，却向外交部要人，借此寻事，百般恫吓，其时不正是我兼外交部部长首当其冲吗？云云。所以干与不干，得由他自己决定等语。由此可见，尽管他回顾到藏本失踪案不是没有过疑虑没有过思想斗争的④。

汪精卫下了当汉奸的决心后，群丑们分头紧张活动：11月29日，陈公博应汪精卫之召自成都飞渝，与周佛海、梅思平等研究日、汪密约的各项文件，一致同意，并电香港通知高宗武。然后制订行动计划，决定汪精卫于12月8日赴成都，11日赴昆明，周佛海则提前赴昆明。梅思平则于11月30日乘欧亚航空公司

---

① 《周佛海日记》（1938年11月26日、27日）。

② 此处时间有误，应为11月下旬，具体地说为11月26日。

③ 1934年6月8日晚，日本驻南京总领事馆书记生藏本英明只身外出，至次日晨尚未返回。9日下午，日领事馆派人到国民政府外交部，大肆咆哮，要求立即找到下落。日方还蓄意指责藏本失踪，系中国方面有计划行动。事实是藏本自己外出，13日下午才找到。

④ 陈春圃：《重光堂密约之由来》，《汪精卫集团投敌》，第41页。

飞机赶回香港。

12月5日，周佛海利用宣传部代部长的名义，赴昆明"视察"，溜出重庆。当飞机起飞时，周佛海还发了一通感慨："别矣重庆，国家兴亡，个人成败，在此一行，惟因早下牺牲决心，故不辞冒险一行也。岂飞机离地之刹那，即余政治生命断送之时欤。"[1]周佛海简直像输红了眼的赌徒，身败名裂在所不惜。

陈公博。

但是蒋介石这时突然由湖南返回重庆，这一下打乱了汪精卫、周佛海等人的行动计划，他们表现了极大的恐慌，周佛海显得尤其进退维谷，狼狈不堪。他在一则日记中说：

"春圃自渝来，谓布雷（陈布雷）昨已到，蒋先生今日可达，汪先生嘱一切慎重，因将明日之行取消，……并电港嘱缓发。天下事多周折，往往如此，成败真由天定，非人力所能预谋。午睡不能成寐，苦心焦思为平生所未有。其立即脱离现状欤？其返渝暂观形势欤？苦思深想，仍决定不返。原因甚多，最要者有二：一为迟早均须脱离，早则多挨几天骂，迟不过少挨骂几天，但届时恐无法脱身；二则思平两度赴渝，蛛丝马迹，在在可寻，一旦发现，国未得救而身先丧矣。"[2]原来周佛海生怕他们见不得人的阴谋已有败露迹象，害怕没有当成汉奸反将狗命搭上，这样太不合算。

---

① 《周佛海日记》（1938 年 12 月 5 日）。
② 《周佛海日记》（1938 年 12 月 8 日）。

汪精卫在周佛海赴昆明后，命陈春圃①于12月8日飞昆。此前陈春圃的任务是护送汪精卫的幼子汪文悌和幼女汪文恂飞昆明，让他（她）们转飞河内至香港，陈春圃则继续留在昆明与周佛海联络，并专候汪精卫飞昆明日期的电报，以便通知当时任云南省省主席的龙云接待。陈春圃的另一任务是，代定由昆明赴河内的滇越铁路挂车包厢，以便把全部外逃人员运送河内。汪精卫还叮嘱陈春圃要牢记周佛海在昆明的住址（金城银行楼上），到昆明后每天注意收转汪精卫从重庆发给周佛海的密电，为避人耳目，收转机关借用陈璧君的胞弟陈昌祖为经理的中德航空公司的电报挂号。当汪精卫不能按期逃离重庆时，曾发出这样的电报：

　　　　"兰姊因事不能如期来，秀妹出阁佳期不必等候。"

陈春圃据密码译出后，不解其意，一再核对，持以问周佛海，周笑着对陈说："一点不错"。周佛海接着解释说："'兰姊'是汪先生的代号，'秀妹'是对方的代号，'出阁佳期'是指对方（日本）发表文告的日期，意思是说他不能依原定日期离开重庆，要通知对方不要因等他而误了发表文告的日期。周并且说这些代号和隐语在重庆时就口头约定的。并由梅思平回港时通知了高宗武的。"②由于汪精卫一行飞昆明日期一再拖延，后来延期到12月18日，连陈春圃替他代定的滇越铁路挂车包厢也不得不取消。

汪精卫终于等到机会出逃了。12月18日蒋介石召集年轻的国民党中央委员训话，这个会作为国民党的副总裁是可以不参加的，其时云南省主席龙云的参谋长来到重庆，他手里有几张飞往昆明的飞机票，在蒋训话时，汪即趁机溜

---

① 汪精卫是陈春圃的堂姑父，陈追随汪时间很长。1924年汪任国民党宣传部部长时，任陈春圃为该部秘书。1927年汪精卫在武汉政府时期，陈在南京侨务委员会任常委兼教育处处长，一直干了7年之久。1938年汪精卫逃离重庆前，陈春圃受汪命"先期带他们的幼子和幼女飞昆。"是汪精卫、陈璧君手下的干将，所谓"公馆派"分子之一。

② 陈春圃：《汪精卫投敌内幕》，《汪精卫集团投敌》，第43页。

走①。

在汪精卫乘飞机离渝的过程中，还发生了一幕戏剧性的情节：

12月18日上午9时许，陈璧君、曾仲鸣、何文杰、陈常焘等四人，先赴重庆珊瑚坝机场，约定汪精卫在启飞前几分钟赶到。陈璧君等到机场时，刚巧空军司令周至柔也正拟乘这班飞机飞滇，陈璧君即示意曾仲鸣与他周旋，仅含糊地说汪夫人有事赴滇，不过周至柔并未意识到发生了什么情况。陈璧君等都非常焦急，她嘱咐曾仲鸣，如汪精卫迟到，可向机场说明有汪氏乘搭，令飞机延缓起飞。直到开行前数分钟，曾仲鸣才发现珊瑚坝上一辆汽车疾驰而来。不久，汪精卫偕卫士桂连轩及时赶到机场。周至柔照例上前谒见汪精卫，陈璧君这才告诉周至柔说："汪先生是去昆明演讲。"飞机为了加油之故，迟不起飞，汪精卫故作镇静地在机场上散步。

好不容易熬到飞机起飞，航行中却又发生了一个小小的插曲。周至柔因为机内有汪精卫在，为要在副总裁面前显示一下他的飞行本领，走入了操纵室亲自去驾驶飞机，经过了长长一段时间，周至柔兴犹未尽，但陈璧君对周至柔发生了很大的疑虑，她想：是不是蒋介石故意让汪精卫上了飞机，再命周至柔亲自将飞机驶回重庆？她偷偷地问曾仲鸣怎么办？曾仲鸣只好暗中告诉汪精卫的卫士桂连轩戒备。汪精卫家属正在忐忑不宁之际，周至柔却已过足了驾驶瘾；从操纵室出来，回到了自己的座位上。当他经过汪精卫的座位时，还向他致敬，不过那天汪精卫竟连赞美他一句的兴趣也没有了②。汪精卫心有余悸狼狈不堪的情态，简直跃然纸上。

当飞机抵昆明时，以龙云为首的云南省各厅、署、局长都前来迎接，各条街的商店有的还挂起国旗，这使汪精卫更加惴惴不安。他私下对陈春圃说：既然托辞演讲而来，但实际上是借路溜走的，接见的人越多就越难应付，而且

---

① 据金雄白谈汪离渝的情况是："恰巧那时蒋先生离渝出巡去了，汪先生打电话给交通部部长彭学沛，要他预留几个最近飞往昆明的飞机客位，并且把飞机票直接送给汪先生。……汪先生能够顺利离渝，就是得了这一个便利。"金雄白的说法当有所本，但说蒋介石出巡离渝，则非事实。
② 朱子家：《汪政权开场与收场》，第5册，第32页。

待到将来他们晓得我的主张后，一定骂得更凶，所以只好一律不接见①。于是就由曾仲鸣转述汪精卫不能接见的原因，说：汪精卫因在飞机上颠簸太甚，脉搏又间歇，只好改日接见等语，敷衍了事。后来蒋介石也就拿这些话来应付舆论。

虽然溜出了重庆，汪精卫深知，昆明虽好，不是久居之地。所以汪精卫急于向龙云交底。此前陈璧君已窜到昆明做过了龙云工作。汪精卫操着政治无赖的口吻对龙云说：好了，我现在把全盘经过透底告诉了你，你如果不同意，可以马上打电报通知蒋介石，并把我扣留，那你可以立功。接着汪精卫乞求龙云说：如你同意，请替我定飞机，明天就飞河内②。龙云满口答应，汪精卫这才松了一口气。

当陈璧君告诉汪精卫，准备万一天气不好飞机不能起飞，得准备改乘火车走时，汪精卫表示完全赞同说：不管坐的是什么，总之明天非走不可，待下去要出事的③。就这样，以汪精卫为首的一群汉奸，包括陈璧君、周佛海、陶希圣、曾仲鸣、陈君慧、陈国琦、陈常焘等十余人，于1938年12月19日乘坐龙云包乘的专机，从昆明飞抵越南河内，开始了他们的汉奸生涯。

二　《艳电》的出笼

由于汪精卫逃出重庆的时间一再延期，所以日方的招降声明也就不能及时发出。汪精卫最初计划于1938年12月8日离开重庆，10日到达昆明，日方则于12日左右将近卫声明发出；现在汪精卫于19日才到达河内，日本乃于三天后（12月22日）发表《调整对华外交方针》，即近卫第三次对华声明。按近卫的说法，这一声明是想说明"日本出兵之真意，绝无领土野心，并无军费赔偿之要

---

① 陈春圃：《汪精卫投敌内幕》，《汪精卫集团投敌》，第44页。
② 同上。
③ 陈春圃：《由艳电的响应近卫声明，回溯到高宗武奉蒋命秘密东渡的内幕》（未刊）。

求，日本之目的，仅要求中国分担建设东亚新秩序之责任，并对实际履行其任务，能作最小限度之保证。"①话虽说得好听，但是日本要求汪精卫分担什么样的"责任"，履行什么样的"任务"，作出什么样的"保证"，看看近卫声明的原文，就可知道它到底是怎么一回事。《声明》说："日、满、华三国应以建设东亚新秩序为共同目标而联合起来，共谋实现相互善邻友好、共同防共和经济合作。为此，中国方面首先必须清除以往的褊狭观念，放弃抗日的愚蠢举动和对满洲国的成见。换言之，日本直率地希望中国进而同满洲国建立完全正常的外交关系。

"其次，……日本认为，根据日、德、意防共协定一事，实为调整日、华邦交之急务。鉴于中国现实情况，为充分保证达到防共的目的起见，要求中国承认在防共协定继续有效期间，在特定地点驻扎日军进行防共，并以内蒙地方为特殊防共地区。

"在日、华经济关系上，……即要求在日、华平等的原则上，中国承认帝国臣民在中国内地有居住、营业的自由，促进日、华两国国民的经济利益，并且鉴于日、华之间历史上、经济上的关系，特别在华北和内蒙地区在资源的开发利用上积极地向日本提供便利。

"以上是日本对中国所要求的一个大纲。……实际上，日本只要求中国作出必要的最低限度的保证，为履行建设新秩序而分担部分责任。日本不仅尊重中国的主权，而且对中国为完成独立所必要的治外法

被目为亲日派的汪精卫。

① ［日］近卫文麿：《日本政界三十年——近卫手札》，国际文化服务社，1948年版。

权的撤销和租界的归还，也愿进一步予以积极的考虑。"①

简言之，此项声明不外是：（一）承认伪满洲国。（二）反共，以防共的名义，在内蒙日军拥有驻军权。（三）在经济方面实质上拥有垄断权。此外则以不兑现的许诺，允许考虑"撤销"治外法权和归还租界。

当近卫声明发出后，汪精卫、周佛海等人于12月25日已将此宣言全文译出并共同研究响应近卫声明的宣言内容，由汪精卫亲自起草后再行讨论。26日，汪精卫的宣言（即《艳电》已拟就，周佛海、陈公博、陶希圣参加讨论和修改工作。）其修改内容："一为日本须放弃其侵华侮华之传统思想。一为抗战在求民族之独立与生存，即抗战之目的已达。"②也就是在字句上作点粉饰工作。这样，汪精卫的炮制工作总算大体就绪。

12月29日，周佛海、陈公博携汪精卫声明赴香港。在要不要发出这项卖国声明的问题上，周佛海、林柏生与寓居香港的顾孟馀发生了激烈争论。顾孟馀看到汪精卫给他的亲笔信及《艳电》电稿后，大吃一惊，表示反对说：万万不能发表，这是既害国家又毁灭自己的蠢事，我马上去电力争，未得他（指汪精卫）复电之前，千万不要发表，如怕迟误，一切由我负责③。顾孟馀在关键时刻，能坚持民族立场，是难能可贵的；后来因此与汪精卫永远分道扬镳了。不过，他希望汪精卫能悬崖勒马，回头是岸，对汪寄予幻想，就未免书生气十足了。周佛海听后勃然大怒，暴跳如雷地说：秀才造反，三年不成，如果因为顾孟馀一人的反对就不依期发表，那就散伙好了。……打开天窗说亮话，事已至此，还有什么商量的，干就干，不干就拉倒。顾孟馀不过是一个部长，我难道就没有当过部长吗？怎么可以由他一个人反对就推翻一切，连电报也压住不发呢？④林柏生为了争汉奸的头功，干脆说：我不管顾孟馀说什么，由你（指周佛海）交给我的"汪先生"的信，就等于是他的命令，他命令我29日发表，我

---

① ［日］外务省编：《日本外交年表和主要文书（1840—1945）》下卷，1969年再版本。
② 《周佛海日记》（1938年12月26日）。
③ 陈春圃：《汪精卫投敌内幕》，《汪精卫集团投敌》，第45页。
④ 同上。

只知道遵办，如果要改期，除非有他的命令，否则我要执行命令，决定如期发表见报①。陈公博则写信告诉顾孟馀：时间太迫，现在无法来得及于29日以前收到河内复电，那么电报往返磋商就谈不上，因为林柏生坚持非依汪先生命令的日子发表不可，既然他明白表示不接受任何人的命令，就等于无商量余地，只好让电报如期发出，这回只好由我负责了②。31日《艳电》在香港发出。

臭名昭著、与近卫声明互为呼应的《艳电》，就在这样的情况下出笼了。汪精卫、周佛海等人皆大欢喜，以为争得了与日本作"对手"的资格，实际上是迈出了当汉奸决定性的第一步。

"奇文共欣赏，疑义相与析"，《艳电》这份难得的反面教材，极尽了混淆是非、颠倒黑白之能事，也是集汉奸理论之大成，不妨看看它的原文：

"第一点，为善邻友好，并郑重声明日本对于中国无领土之要求，无赔偿军费之要求，日本不但尊重中国之主权，……交还租界，废除治外法权，俾中国能完成其独立。日本政府既有此声明，则吾人依于和平方法，不但北方各省可以保全，即抗战以来沦陷各地亦可收复，而主权及行政之独立完整亦得以保持……

"第二点，为共同防共。……今日本政府既已阐明，当以日、德、意防共协定之精神缔结中日防共协定，则此种顾虑可以消除，防共目的在防止共产国际之扰乱的阴谋，对苏邦交不生影响。中国共产党人既声明愿为三民主义之实现而奋斗，则应即彻底抛弃其组织及宣传，并取消其边区政府及军队之特殊组织，完全遵守中华民国之法律制度……

"第三点，为经济提携。……今日本政府既已郑重阐明尊重中国之主权行政之独立完整，并阐明非欲在中国实行经济上的独占，亦非欲要求中国限制第三国之利益，惟欲按照中日平等之原则，以谋经济提携之实现，则对此主张应在原则上予以赞同，并应本此原则，以商订各种具体方案。

---

① 陈春圃：《汪精卫投敌内幕》，《汪精卫集团投敌》，第46页。
② 同上。

"以上三点，兆铭经熟虑之后，以为国民政府即以此为根据，与日本政府交换诚意，以期恢复和平。日本政府11月3日之声明已改变1月16日声明之态度，如国民政府根据以上三点，为和平之谈判，则交涉之途径已开。

"中国抗战之目的在求国家之生存独立。抗战年余，创巨痛深，倘犹能以合于正义之和平而结束战事，则国家生存独立可保，即抗战之目的已达。

"……其尤要者，日本军队全部由中国撤去，必须普遍而迅速，所谓在防共协定期内、在特定地点允许驻兵，至多以内蒙附近之地点为限。……中日两国壤地相接，善邻友好有其自然与必要，历年以来所以背道而驰，不可不探求其故，而各自明了其责任。今后中国故应以善邻友好为教育方针，日本尤应令其国民放弃其侵华侮华之传统思想，而在教育上确立亲华之方针，以奠定两国永久和平之基础，此为吾人对于东亚幸福应有之努力。"①

如果我们把近卫第三次声明和汪精卫的《艳电》对照，就可以发现，汪精卫不仅为近卫声明涂脂抹粉，美化日本帝国主义的侵华政策，而且把近卫声明中并没有的东西一厢情愿地加以附会，并对中国共产党恶意攻击，甘心充当日寇鹰犬，的确令人发指。

近卫声明中第一条，就是要承认伪满洲国。而《艳电》却侈谈什么"善邻友好"，用和平方法，保全北方各省，实际上默认了伪满洲国的合法存在，断送东北大好河山于不顾，在这样的情况下，"主权及行政独立完整亦得以保持"，还有丝毫价值吗？

所谓共同防共，近卫声明强调要在"特定地区"有驻兵权，并明确以内蒙地方为特殊防共地区。《艳电》却借机大肆反对中国共产党，要求中国共产党"彻底抛弃其组织及宣传，并取消其边区政府，"以及取消共产党领导下的军队，必欲去之而后快，其反共的丑恶嘴脸和媚敌残民的鬼蜮伎俩，昭然若揭。

所谓经济提携，近卫声明中强调说："华北和内蒙地区在资源的开发和利

① 汪精卫：《艳电》，《新闻报》，1939年1月1日。

用上积极地向日本提供便利。"汪精卫却说什么"按照中日平等之原则，以谋经济提携之实现。"原来汪精卫所说的平等原则，不过是同意日本垄断中国经济命脉的代名词而已，所谓"平等"无从谈起。

难怪近卫在回忆这场傀儡闹剧时，不得不承认"汪政府之和平运动成为卖国运动，终乏成效。"①

特别需要指出的是；汪精卫在《艳电》中只字不提日本发动的这场侵略战争，对中华民族、中国人民造成的苦难；反而胡说什么"历年以来所以背道而驰，不可不深求其故，而各自明了其责任。"似乎这次由日本发动的侵华战争，中国至少要负一半的责任，汪精卫采取各打五十大板的态度。他把日本挑起的九一八事变、一·二八事变、七七事变、八一三事件等日本旨在挑起战争的历史一笔抹杀，其认贼作父的汉奸行径和奴颜婢膝的丑态，真是令人叹为观止。

三　河内刺汪

汪精卫逃往河内并发出《艳电》，对重庆国民政府来说，当然是一次政治上的冲击。为此，当时正在河内的国民政府外交部部长王宠惠及国民党内与汪精卫有交情的人们，纷纷前往作汪精卫的工作，劝汪改变主意和就此止步，但遭到汪精卫的断然拒绝。

当汪精卫刚逃走的时候，重庆当局似乎还未意识到问题的严重性，因此报纸上出现了"个人进止绝不影响大局"的调子，但当汪精卫响应近卫声明的《艳电》抛出后，说明汪精卫与日本早有勾结，这就不能等闲视之了。1939年元旦，国民党中央开会研究汪精卫的问题时，群情激愤，在冯玉祥、张继等人的坚决要求下，国民党中央宣布开除汪精卫的党籍。虽然如此，重庆并未放弃

---

① ［日］近卫文麿：《日本政界二十年——近卫手记》，国际文化服务社，1948年初版。

国民政府外交部长王宠惠与日本的广田会晤。

对汪精卫的争取工作。2月上旬，蒋介石派出和汪精卫有渊源的国民党中央委员谷正鼎赴河内，劝汪打消原意，仍回渝供职，汪精卫不仅不听这种劝告，还托谷正鼎带口信说："我不离开重庆，《艳电》不能发出，离重庆已经很痛心了，何况离国？我之所以离国，是表明主张如得蒙采纳，个人都不成问题。"①这是几句软中带硬的话，他的潜台词是重庆政府如不按他的意见行事，他还要走得更远。一个月后，谷正鼎再次到河内，他带来了汪精卫需要的出国护照和一笔可观的旅费，蒋介石让谷正鼎对汪精卫说：如对国事发表主张，写写文章，发发电报，任何时候都很欢迎，如果有病需要赴法国等地疗养，可先送旅费50万元，以后随时筹寄，但不要去上海、南京，不要另搞组织，免得为敌人所利用，造成严重后果②。汪精卫当然听不进去。他不仅不听，还感情冲动地对谷正鼎说："以前我因蒋介石的凶残暴虐自私，我反对他，他用尽各种方式来危害我，中伤我，下流到要绑我及璧君的票。我被他苦迫出国，去来何尝要过他什么护照？！"汪精卫还要谷正鼎转告蒋介石说："他（指蒋介石）如把党国搞得好，我便终身不回国亦得，如搞得不好，我去了，还是要回来。"③

谷正鼎使命失败，蒋介石为了根除后患，就动用了军统特务组织，派了戴笠手下的大将陈恭澍到河内执行刺杀汪精卫的任务。汪精卫这时住在河内高朗街27号，这是一座三层楼的小洋房，四周是小花园。汪精卫夫妇和曾仲鸣夫妇

---

① 朱子家：《汪政权的开场与收场》，第1册，第22页。
② 罗君强：《伪廷幽影录》。
③ 陈璧君：《答〈为何在抗日途中叛变抗日战线〉问》，汪伪档案。

分别住在三楼的两间卧室里。二楼为会客厅及其他随从人员卧室，一楼为汽车房及服务人员、卫士居住。据陈恭澍回忆，他们为了狙击汪精卫，在住宅对过租赁了一幢房子窥察了一个多月才动手的，因此对汪寓的生活起居状况和各个卧室都调查得一清二楚。

1939年3月21日凌晨2时半左右，有六个刺客用斧头砍断了竹篱，爬进了花园，用人梯方法攀上窗门。再用钩索爬上三楼，进入走廊。但是在20日晚上，曾仲鸣的妻子方君璧带着小孩从香港来到河内，汪精卫临时把自己住的大房间让给曾仲鸣夫妇，①汪精卫搬到另一间房内住。刺客们显然不知道这个变化，便冲向曾仲鸣的卧室，砍破房门，枪口集中向曾仲鸣射击。刺客们以为目的已达，立即逃走。随后被当地军警捕获数人。曾仲鸣则因胸部被击中三枪，伤重毙命，成了汪精卫的替死鬼。②曾仲鸣临死前还说过这样的话："国事有汪先生，家事有我妻，我没有什么不放心的。"③表明他对汪精卫的"忠心"。

四　投入敌人的怀抱

在发生了曾仲鸣被袭杀的情况下，此前在1939年1月17日林柏生于香港也遭到袭击，头部受重伤，河内充满了恐怖气氛。使汪精卫感到危机四伏；更使汪感到困惑的是对日本方面的意向也不甚了了。他后来回忆说：在当时，日本方面的意见，我们也不明白。近卫声明是原则，日本方面在具体上将如何，完全不明了。于是我们决定，暂守沉默，静观事态④。

但汪精卫在河内并没有真正沉默，易于冲动的性格，促使他在曾仲鸣被杀一星期后，发表了《举一个例》的文章，列举"国防最高会议第三十四次常

---

① 这是汪精卫收买部下人心的做法，让出大房间，以示对曾仲鸣夫妇的关怀。

② 另据陈春圃：《汪精卫投敌内幕》则说：只是临时由于陈国琦（陈璧君的胞侄）闻警后冲到扶梯口，以迅捷的手势关了楼上全部电灯开关，打手们奔上楼后在漆黑中摸错了方向，集中向曾仲鸣开枪，汪精卫夫妇才得幸免。此说可信与否，待考。

③ 朱子家：《汪政府的开场与收场》，第1册，第24页。

④ 汪精卫：《河内的正月》，转引自雷鸣：《汪精卫先生传》。

务委员会议"情况，用以证明在德国驻华大使陶德曼的调停下，自蒋介石以下与会的许多高级将领都主张对日言和。汪精卫还威胁说：如果国民政府始终不下决心，任局面僵下去，我虽离国，也会回来①。汪精卫口气虽然很强硬，但也担心随时会步曾仲鸣的后尘。他说：我这篇文章发表之后，说不定在什么时候，我会继曾仲鸣先生而死②。

其实，汪精卫在河内感到危机四伏的时候，东京在3月22日即得知曾仲鸣被杀的消息，日本五相会议当即决定派影佐祯昭大佐和议员犬养健并配备有关人员，担任营救汪精卫的工作，并命令影佐使用熟悉航程的北光丸（属山下轮船公司，重五千五百吨），要尽快地把汪精卫转移到安全地点。影佐通过当地领事馆和台湾拓殖公司职员的努力，终于在4月18日安排了和汪精卫初次会见。下面是他们会见时谈话的内容：

影佐："我是奉日本政府的命令，前来帮助先生移往另一安全场所的。……先生打算今后往哪里迁移？"

汪精卫表示了谢意后说：经过多方考虑，现在得到一个结论，以上海对今后的活动最为适宜，此外可作候补地点的有香港和广东。香港的英国官员监视甚严，目前在该地的陈公博和林柏生无法活动；广东对孙中山先生和我自己说来都是关系很深的地区，但现在已在日军占领之下，因此，有可能给中国人民以一种印象，认为我是在日本军队保护下搞和平的。和这些地方相比，上海有租界，行政权还在外国人的手中，而且是世界上数得到的暗杀横行的地方，敢于进入这一危险地区的行动，反而会体谅我的爱国运动的诚意③。

汪精卫充分意识到进入上海实际上就成为在日本刺刀保护下的傀儡，他没有别的选择，只好拿上海租界作为遮羞布。

在离开河内时，汪精卫故作姿态地租用一艘法国小轮船"芳·福林哈芬"

---

① 汪精卫：《举一个例》，原载《汪主席和平建国言论集》。
② 同上。
③ ［日］冈田酉次：《日中战争内幕记》，日本经济新报社，1975年11月25日，第3版。

号①，并解释说："北光丸出来迎接的好意非常感谢，但会发生一些不良影响，说我首次进上海港是由日本轮船照顾的，这对于整个和平运动，恐怕会受到误解。"②

实际上，汪精卫本来是准备直接乘日方的"北光丸"到上海的，因为没有护照，不能出国，后来得到地方当局的谅解和援助，在总督府的同意下，把"芳·福林哈芬"号租用一个月（当时停泊在西贡），然后决定4月25日启航。并事先做好与"北光丸"无线电联络的准备，同"北光丸"保持一定的航距和准备随时接应。

由于"芳·福林哈芬"轮船小，开始风平浪静，还能正常行驶；后来风涛险恶了，船小无法前进，4月29日汪精卫让人使用无线电与影佐、犬养健联络，次日两船在碣石湾相遇，汪精卫坐救生船爬上了"北光丸"，标志着汪精卫已彻底卖身给日本帝国主义了。汪精卫对此次前途未卜之行颇感渺茫，有一首诗表达了他此时的心境：

卧听钟声报夜深，海天残梦渺难寻。

柁楼欹仄风仍恶，灯塔微茫月半阴。

良友渐随千劫尽，神州重见百年沉。

凄然不作零丁叹，检点生平未尽心。

舟夜③

后来汪精卫在《述思》一文中解释这首诗中的背景，并发了一通谬论说：

诗中前面的几句，都是歌咏当时的景象，后面的几句，是那个时候，想到了晋代征西大将军桓温登高以望彼方，慨然而造的文句。他说：唉，神州是陆

① 关于这艘小船，《和运史话》作750吨，汪精卫自己说是400吨，冈田西次则说960吨，而金雄白则说100多吨；金说不确，大约该船在400—900吨之间。
② ［日］冈田西次：《日中战争内幕记》，日本经济新报社，1975年11月25日，第3版。
③ 汪精卫：《双照楼诗词稿·扫叶集》，第135页。

沉了，百姓已没有可归之家，王夷甫①（王衍）那班人是逃不了这个责任的。这次的战争，不是我们的责任，是谁的责任呀？文天祥的诗，有这样的句子："惶恐滩头说惶恐，零丁洋里叹零丁；人生自古谁无死，留取丹心照汗青。"他虽则没有说死是报国最后的一刹那，但是，他也没有说报国是可以一死以了责任的。这一点，是很值得慎重考虑的②。

汪精卫后面的一段话，非常恶毒，一方面装出为民请命的样子，把自己说成桓温式的人物，同时借机攻击坚持抗日的救国者，把他们说成是像王衍那样清谈误国的人，从而为他的"和平运动"（即汉奸活动）辩解；另一方面，大肆曲解文天祥大义凛然的诗句，似乎文天祥不过是一死报国，而他汪精卫的曲线救国的汉奸理论，倒比文天祥高出一筹，借以混淆黑白、颠倒是非。

---

① 王衍，字夷甫，晋朝人，以"清谈"闻名于时。
② 汪精卫：《述思》，转引自《汪精卫先生传》，第373页。

第十四章

汪伪国民党"六大"的召开

一　赴日谈判

1939年5月6日，汪精卫乘日轮"北光丸"抵上海虹江码头。8日，离船上岸，住在上海江湾土肥原公馆。在这几天里，汪和影佐祯昭、犬养健等举行了会谈①。会谈中汪精卫表示：他经过认真考虑，单靠言论使重庆政府转变是非常困难的。因此他强调，不如建立和平政府，用事实证明，日华（汪）提携可以改善到这种程度，那么抗战还有什么意义，这样就可使重庆政府转向和平。汪精卫带着乞求的口吻说："如果贵国政府没有异议，希望变更以前的计划②，改成建立和平政府的计划。"但兹事体大，影佐做不了主，就随口回答："什么时候询问了政府意见再作回答。"

汪精卫进一步提出要求说："如果日本政府同意他建立和平政府开展和平运动，他切望近卫声明不仅仅是日本表面的宣言，而要如实地见诸实行。如果近卫声明不能如实实行时，我就难免受人讥笑，受了日本的欺骗。"汪精卫还忧心忡忡地说："纵然建立和平政府，也不能简单地形成全面和平，其间必然要遇到许多波澜曲折，希望日本用共命运的眼光期待和平政府的发展。"汪精卫一方面担心"受骗"，另一方面又怕日本对他的和平政府期望过高，一旦不合日本的心意就会被一脚踢开。对此，影佐祯昭安抚说："一定会满足你的要

---

① 据今井武夫的回忆，会谈是于5月6日在"北光丸"船中举行的，很可能是会谈在6日开了个头，上岸后继续会谈。

② 汪精卫认为："以前和平运动的展开，是根据这样的方案进行的，组织以国民党员为中心的和平团体，用言论指出重庆抗日理论错误的原因，宣传和平是拯救中国、拯救东亚的唯一方法，逐渐扩大和平阵营，而终于使重庆转变过来。"转引自影佐祯昭：《曾走路我记》。

求。因为近卫声明不单是近卫文麿公爵一个人的心声，而是帝国政府的声明，即使政府有交替，这个声明还有生命。从对中国、对世界的信义来说，日本也要保卫近卫声明，这一点我深信不疑。"至于建立政府不能立刻全面和平，凡是对大局有了解的人都会有深刻的认识。①

汪精卫还向影佐反复表白："我从事这个运动的目的，除了导致和平而外，另[别]无其他。只要达到和平，政权归谁掌握，此事不欲顾[过]问。我从事和平运动的目的在于使重庆政府和我的运动会合时，运动的目的已经达到，我就断然下野，毫不踌躇。这一点要明确说明，希望表明我的心迹。"②影佐听完后，显出受到感动的样子，他寻思：如果汪精卫的行动不是出于爱中国、爱东亚的赤诚，究竟是为什么呢？他的崇高精神、高尚的人格，可以泣鬼神，真是不胜敬服感佩。③这一番表白是真心还是假意？他们之间到底谁受谁的欺骗？只有天晓得。

不过，使汪精卫更感惶恐的是，他的汉奸罪行迟早要受到中国人民的清算，他的汉奸理论也是骗不了人的。他声调低沉地说：在当前战争的形势下，抗日论一般容易听得进去。反之，和平论和卖国论很难分清，难以使一般[人]倾听。……因此在展开和平运动的过程中，会遭到非常的严厉批评，会当做卖国奴、汉奸来批判。然而我甘心接受，毁誉褒贬置之度外，决心向着我所信仰的和平一心一意地迈进。④看来，汪精卫是要孤注一掷蛮干到底了。

同月25日，汪精卫向日本提出《关于收拾时局的具体办法》。其内容为：由汪精卫主持召开伪国民党全国代表大会，然后由大会授权他组织中央政治会议，并负责改组国民政府。在此基础上，召开中央政治会议，实行改组国民政府。然后国民政府还都南京，"维新"、"临时"两政府宣布取消。

在日本政府的允许下，同月31日，汪精卫偕周佛海、梅思平、高宗武、董

---

① [日]影佐祯昭：《曾走路我记》，《汪精卫集团投敌》，第465—467页。
② 同上。
③ 同上。
④ 同上。

道宁、周隆庠等十一人，在矢野征记、影佐祯昭、犬养健、清水董三等陪同下，乘日本海军飞机由上海飞抵东京。

对于汪精卫的到来，及其提出的具体方案，6月5日，日本、陆军省和参谋部联席会议匆忙作出决定：汪精卫在建立中央政府时，应与吴佩孚及临时、维新两政权合作。中央政府的组成及地方自治的程度，不得违反日本的既定方针。换句话说，不得侵犯日本侵略者的既得利益。其次，汪记国民党的大会不得在南京举行。关于采用国民政府名称及青天白日旗的问题，附加条件是在旗的上方需加上一个三角形黄布片，上书"反共救国"字样。这个政府应以日、满、华睦邻结合为最高指导方针。并与日本正式调整邦交，等等。关于日本控制汪伪的方针，今井武夫后来概括为三条：即（一）在国民党（汪伪）最高指导方针中，明确表示日、满、华三国睦邻结合的主旨。（二）国民政府（汪伪）于还都南京时，立即确认调整日华新关系的原则，并发表相应的宣言。（三）国民政府根据上述调整日华新关系的原则，正式调整邦交[1]。实际上，日本打着"调整邦交"之名，行独吞中国之实。

6月6日，日本内阁五相会议决定《建立新中央政府的方针》。《方针》规定：中央政府由汪精卫、吴佩孚和临时、维新两政权以及改组后的重庆政府等方面组成[2]。中央政府根据《调整日华新关系的方针》与日本正式调整国交，其成员应接受上述原则。政府成立日期由日本决定。中央政府与地方政府的关系，以分治合作为原则。关于国民党和三民主义，在不妨碍亲日、满和反共的原则下，可允许其存在。这就表明，日本对于沦陷区已存在和即将成立的伪政权和各种伪组织，就是要采用分而治之的办法，以便于控制和利用。

日方的这些规定，已远远超出汪、日双方在"重光堂会谈"中所制定的《日华协议记录》的范围，因此这个所谓"中央政府"，从人员组成到指导方

---

① ［日］《今井武夫回忆录》。
② 吴佩孚在日方拉拢的过程中，坚持不与日方及汪精卫合作。且在汪政权成立之前即已死去。而这里所说的改组后重庆政府参加伪中央政府，只是日本方面的一厢情愿。

针乃至成立日期，都得由日本点头许可，说明它是一个不折不扣的傀儡政权。

6月10日，汪精卫拜访日本首相平沼骐一郎，平沼向汪宣扬了一通皇室仁爱和平的滥调。说什么：日本上戴万世一统的是皇室。皇室的宗旨，以仁爱之道维持人类和平。……日本是尊重武力的所谓尚武之国，但是武力是达到上述宗旨的，与欧美各国的所谓武力完全不同。……然而要维持世界人类和平，必须首先争取东亚，特别是日、华两国间的永久和平。平沼夸奖汪精卫说：我对于阁下在这次事变时为日、华两国而奋起表示敬意，希望继续努力。

汪精卫毕恭毕敬地回答：日本皇室的精神，我是很谅解的。接着他借机攻击中国共产党，认为共产党是他们实现"和平"的障碍。汪精卫无法否认广大中国人民对日本侵略者的仇恨，他说："今天中国的民众仍然认为日本既然牺牲那么多的武装和财力，恐怕不愿意放弃统治中国的欲望。"汪精卫还认为共产党利用了中国人民对日本的恐惧心，说谈和平就是卖国贼。这是汪精卫无可奈何的供状。根据汪精卫的想法，以国民党（汪记）为中心联合各党各派，放弃容共抗日政策，建立国民政府，是适当的。因为在汪精卫看来：保存国民政府的形式，可以避免使中国国民抱着受日本的压迫而亡国的念头，便于从重庆方面争取许多人过来。①汪精卫急于想充当傀儡政权头目的意识是多么强烈，为日本侵略者的设想又是多么无微不至。

遵照平沼的嘱咐，汪精卫与陆军大臣板垣征四郎、海军大臣米内光政、大藏大臣石渡庄太郎、外务大臣有田八郎、枢密院议长、前首相近卫文麿等举行了一系列会谈，其中尤以对板垣的会谈最为详尽。

6月11日，汪精卫与板垣会谈。一见面汪就表白说：前一阵在河内的时候，接到贵大臣给我的信，其中有反共一语，至今印象极为深刻。其次是论及蒋介石对爆发这次事变的责任。如果说责任问题，我自己也有关系，应该乐于承担责任。至于反共，是我所最为重视的。尽管汪精卫对板垣丑表反共之功，他却

---

① 《汪精卫与平沼会谈内容》，《日本外交档案 S 487 号》。

回避不了这样一个事实。那就是：日本对中国要求共同防共，而一般中国国民中，有很多人往往认为日本想以共同防共之名自由支配中国。板垣却大谈什么"东亚圣战"。鼓吹说这次战争是想为了解放东亚民族，防止外来势力的侵入，而确保东亚永久的和平。板垣还声称："现在在当地作战的日本军队，在战线上勇敢与敌作战，而对善良的民族，则以爱抚之念对待。"①板垣大概忘记了半年前骇人听闻的南京大屠杀及其他日军在华的种种残暴罪行，而这些罪行在板垣之流看来，就是日本对中国人民的"爱抚之念"吧。

接着板垣就提出这样苛刻的条件："在这次事变中，随着军事的进展，在华北、蒙疆、华中等[地]建立了新政权，在这些地方也有很多日本人居住，形成种种关系，这是事实。对此事实，必须相当尊重。"②这就是说，汪精卫想建立"中央政府"，就得承认原有的临时、维新政府，就得承认日本在华北、蒙疆、华中各地的种种特权，否则汪精卫的傀儡梦就作不成。

6月15日，汪精卫与板垣进行了第二次会谈。板垣就上述问题作了进一步的发挥："具体地说，华北可以说成日、中两国国防上和经济上的特殊结合地区，蒙疆是国防上特别为对苏联的防共区域，长江下游地区是日华经济提携的最密切地区。根据各地区的特征，并参照日华关系紧密的程度，有必要把以前临时、维新两政府与日本之间发生的关系以某种组织形式保持下来。华南沿海，必须考虑对南方国防上的需要，主要是海军问题在两国国防上的特殊关系"。③总而言之，板垣认为，华北、内蒙和长江下游地区为日本陆军势力范围，而华南沿海则是日本海军的禁区，不容汪精卫染指。汪精卫神情沮丧地表示，如果只废除临时、维新两政府的名称，而照旧保留其实体，则中央政府成为有名无实；……如果有把两个政府的实体保留的必要，只有延期组织中央政府，国民党在另一个地盘上形成一个政权，准备将来时机的到来，再进行中央

---

① 《汪精卫与板垣会谈内容》，《日本外交档案 S 487 号》。
② 《汪精卫与板垣第二次会谈内容》，《日本外交档案 S 487 号》。
③ 同上。

政府的组织①。但这番话不过是汪精卫在日本主子面前故意作出撒手不干的姿态，岂能瞒得过老奸巨猾的板垣。因为板垣清楚地知道，汪精卫手中无一兵一卒，无拳无勇，要想另外开辟一个局面，谈何容易。

参加会谈的影佐祯昭，似乎显得有点沉不住气，他这时冲着汪精卫毫不客气地嚷道："以前协商时，您说过，为了收拾时局，必须组织中央政府，而今天又说可以把它延期，用延期组织中央政府，国民党另换一个地盘进行工作的方法，毕竟不会具有对抗重庆政府的能力。我想问一下，现在提出这样新的方案用意何在？"②这几句话无异给了汪精卫当头一棒。他忙不迭地解释说："所以说组织中央政府并不急，是由于取消政府（指临时、维新两伪政府）有困难一番话引起的。因此我想，那么，除了延期组织政府而外，别无他法。"③

其实，汪精卫的本意只是想找个立足之地，因此对华北伪政权，压根儿就不敢有非分之想。汪精卫赶忙对影佐解释说：华北由于它的特殊情况，不妨设置政务委员会那样的机构，给予比较大的自治权限，只是华中以何种形式处理现在的维新政府是个大问题。板垣对此表示理解汪精卫的意思，但谈到外交问题时，毫不放松地说："在中央政府成立宣言发表前，国民政府与外国签订的条约和协定等应参照日华新关系及新中央政府的指导方针加以充分研究，对于不适当的部分予以相应的废除或修改。"④汪精卫当然奉命惟谨。

6月12日，汪精卫与日本海军大臣米内光政进行会谈。米内对汪精卫夸奖了一番，对于汪为了"完成东亚大业"，"寄予了莫大期望。"汪精卫则表示与米内谈话后，更加强了信心，他保证"很快消除中国国民对日本的不安之念，为共同目标之下相互提携作一点最善的努力。"

6月13日，汪精卫与日本大藏大臣石渡庄太郎进行会谈。石渡为了给汪精

---

① 《汪精卫与板垣第二次会谈内容》，《日本外交档案 S 487 号》。
② 同上。
③ 同上。
④ 同上。

卫鼓劲，吹嘘日本的战时财政经济"非常健全"，物价稳定，食品几乎没有涨价，产金量也在增加，而且正在调整必要的军备和扩充生产力等。石渡表示对于汪精卫建立政府时"财政经济政策的建立，将充分给以协助"。石渡还说："日本无意要求中国割让领土和赔偿战费，……日本绝对没有独占中国的经济利益，或只图日本一国的利益。总之，日本绝对没有想把中国当做殖民地。"①当然，事实正好相反，日本侵略中国的目的，就是要把中国变成它独占下的殖民地。可是汪精卫决不放弃这次讨好的机会说：大臣的谈话，使我勇气百倍，我要为确立东亚永久和平而努力。②

6月14日，汪精卫与日本外务大臣有田八郎进行会谈。汪在会谈中强调使近卫声明具体化的必要。他说：去年年底，近卫声明中提出了日华的共同目标，对中国国民也给予了一线光明。但是上述的希望果然能够实现否？今后如果不具体化，心情还是不得安定的。③汪精卫进而回顾了他的亲日历程说：1931年九一八事变时，我排斥反对中国与日本直接交涉的主张，而倡导"一面抵抗，一面交涉"论。以后签订上海（即淞沪），塘沽两个停战协定，按［接］着我在广田外相于议会宣布日华经济提携原则时，使中央政治会议通过上述原则的决议，进而决定交换两国大使，以后打算着手解决两国的根本问题，但是志未成［酬］即发生了这次事变④，言下不胜惋惜。

有田对汪精卫的自白，并不感兴趣。对汪只是淡淡地安抚说："'中日关系'为了有个大转变，中国必须奠定牢固的和平基础，对阁下这次挺身而出负责建立中央政府，以总理（指当时日本首相平沼）为首，我们同僚是一致支援的。"当汪精卫谈到他理解近卫声明中所提出的共同目标时，提出"既然赞成共同防共，则不仅要消除国内的共产党，而且当然要与苏联站在对抗的立场。……日华经济提携也要以排除支配中国经济界的英国势力为前

---

① 《汪精卫与石渡会谈内容》，《日本外交档案 S 487 号》。
② 同上。
③ 《汪精卫与有田会谈内容》，《日本外交档案 S 487 号》。
④ 同上。

提条件。"①但有田鉴于当时的国际形势，不愿与苏、英公开决裂，只是说："日本不愿攻击苏联，也不愿进而与英国一战，愿尽可能采取和平共处的方针。"②汪精卫讨了个没趣。

6月14日，汪精卫与日本枢密院议长、前首相近卫文麿会谈。汪精卫对这次能到日本访问怀着感激的心情向近卫诉说："幸而平沼首相基于道义，说明了中日关系；海军大臣阐述了日本不干涉中国内政的意见，大藏大臣说明了日本不希望垄断中国的经济，使我有了很大的希望，这也就使我明白了日本的真意，今后应致力于如何具体实现这一希望。"③汪精卫听了这些日酋的甜言蜜语，他似乎心里有底了。但是，汪精卫没有说和陆军大臣板垣会谈的情况，这不是偶然的疏忽，而是由于板垣的条件太苛刻，使汪精卫的面子太难堪的原因吧。

汪精卫还向近卫诉说他目前的处境，希望近卫能为他解脱困难。他卑躬屈膝地说："中日两国，一方是强大的先进国家，另一方是极其脆弱的国家。而日本动辄指责中国之所不及，而中国则有感受日本压迫的危险，尤其中国国民，一般都抱有今后会不会亡于日本的疑惧。"根据这种情况，汪精卫要求日本能给他一点小小的自由，他才好去欺骗中国人民。他哀求说：我之所以主张政府的名称为国民政府，国旗为青天白日旗，绝不是面子问题，这是为了扫除国民疑惧之念，使其安心地深入考虑问题的缘故。重复地说，中国在军事、外交经济各方面采取与日本一致的方针，提携合作，这不成问题；但是过于限制中国的行动，中国恰像不成国家的状态，……中国要以爱中国的心情提出具体方法，必须使中日两国都安心，两国政府都能对本国人民说得过去④。由于近卫此时已不担任日本首相，他只能一般地安抚汪精卫说："从平沼首相及各大臣的谈话看来，我国朝野都信赖阁下，希望阁下对收拾时局予以最大的努

① 《汪精卫与有田会谈内容》，《日本外交档案 S 487 号》。
② 同上。
③ 《汪精卫与近卫会谈内容》，《日本外交档案 S 487 号》。
④ 同上。

力。"①以空言搪塞过去。

6月16日，日本五相会议对汪精卫提出的《关于收拾时局的具体办法》作出下列决定：

关于中央政府的名称和首都，由中央政治会议决定。关于国旗，在采用青天白日旗的同时，在旗的上角须附以三角形黄布片一块，上书"反共和平"字样。关于废除临时和维新两政府，只能理解为仅取消其名称；而对两政府与日本签订的协定及其他有关决定，则由中央政府继承下来。对于建立中央政府，要特别考虑具有人的因素和基础实力。对于国民党政府与外国签订的条件和协定，中央政府应按日华新关系的方针，宣布予以废除和修改。

以上就是此次汪精卫来日本后，日本政府给汪精卫开的一张要成立伪政府就必须接受的条件。表面上也满足一点汪精卫的所谓继承法统、党统的虚荣心，但对于日方已经取得的权益，则寸步不让。

6月18日，汪精卫结束赴日谈判的活动，由影佐祯昭、犬养健、矢野征记及海军大佐须贺彦次郎、外务省书记官清水董三等陪同下，离开日本返国。汪精卫此次日本之行，可说是空手而归。日本方面开了一张空头支票，汪精卫拿着这张支票和一大堆日方控制汪方的具体条款回来，就急急忙忙地筹建伪府工作。

二 与王克敏、梁鸿志的会谈

从日本回来后，汪精卫就着手筹建伪政府工作，来推进他的"和平"运动。但首先碰到的问题，就是如何处理好"临时"、"维新"两个傀儡政府问题。如论汉奸资格，王克敏、梁鸿志这两个人比汪精卫的资格老，而且背后都有日军高级将领作后台，因此，和他们的会谈是曲折而艰难的。

---

　　① 《汪精卫与近卫会谈内容》，《日本外交档案 S 487 号》。

1939年6月24日，汪精卫
一行由日本抵天津。当即拜访
日本华北派遣军联络部部长喜
多诚一。汪精卫本来准备和吴
佩孚商谈有关合作问题，因吴
要价太高，合作一事告吹。27
日汪精卫到北京，首先会见华
北日军司令官杉山元，接着与
临时政府头头王克敏举行会
谈。王克敏表示：他虽然不是

1939年，伪"维新政府行政院院长"梁鸿志办公的情景。

国民党党员，但对召开汪记国民党全国代表大会还是表示欢迎的，并表示开会
地点以放在北京为适当，从而壮壮"临时政府"的门面。王克敏愿参加由汪精
卫召集的"中央政治会议"，而且说"临时政府"可以参加三四名委员，但他
本人不想担任委员名义。关于新成立政府的名称和国旗等问题，王克敏认为现
可不必讨论，留待将来由"中央政治会议"决定。

王克敏对汪精卫的到来，采取不冷不热的态度。他倚老卖老地向汪精卫表
示：我已风烛残年，因此，在建立中央政府的前夜，拟告老退休。如果汪精卫
要他参加中央政府，可以同意，但希望在北京工作。[1]王克敏的意思很清楚，
就是不离开北京老巢，要当官也不到南京去任徒有虚名的伪职。

6月28日，汪精卫由天津回到上海，次日，与维新政府的头头梁鸿志会谈。
如果说，与王克敏的会谈还算顺利的话，那么汪精卫与梁鸿志会谈则是费尽心
机，因为他们彼此都存有戒心。梁鸿志担心汪精卫在华中建立伪政权会吃掉维
新政府，因而对汪旁敲侧击，汪精卫也小心翼翼，避免谈实质性的问题。他们
的一问一答，都是反映他们这种心意的。

---

① 《汪精卫与王克敏会谈内容》，《日本外交档案 SP 157 号》。

亲日分子王克敏。

1938年9月，日本《同盟社》发出有关中国南北傀儡人物梁鸿志与王克敏会商成立"中华民国联合委员会"的消息。

梁鸿志：阁下在东京会谈时，没有提出排除中国特殊化的问题吗？

汪精卫：所谓中国特殊化是什么意思？

梁鸿志：没有要求取消蒙疆委员会和临时政府吗？这就是说，不仅否定这些名称，而且否定成立政务委员会等，是不是适当？

汪精卫：蒙疆作为防共地区，情况特殊，华北也作为特殊地区。因此，适应特殊情况必须有特殊机构。

梁鸿志：要成立特殊机构，不是影响中国主权吗？①

这一段对话，双方都不直接谈处理维新政府的问题，汪精卫只说华北、蒙疆的特殊性，暗示华中不存在特殊性的问题，因而没有必要成立特殊机构。梁鸿志否认华北和蒙疆的特殊性，他认为如果存在特殊性的话，那么华中、华北应一视同仁，同样处理。从而使汪精卫不能自圆其说。

梁鸿志还问汪精卫，否认重庆政府和第三国签订的条约是否适当？还问到

---

① 《汪精卫与梁鸿志会谈内容》，《日本外交档案 SP 157 号》。

为什么停止和吴佩孚的会谈等问题，汪一一作了回答。汪精卫为了安定梁鸿志的情绪，对临时和维新两个政府，过去所作的一切努力加以称赞，并要求今后一致合作下去。[1]

与此同时，汪精卫与伪维新政府内务部部长陈群、绥靖部长任援道也一一进行了谈话。

和陈群的一番对话，使汪精卫大为困惑，因为陈群当面将了汪精卫一军。

陈群：我是国民党员，但和缪斌的做法不同，缪斌常常攻击蒋介石和重庆政府，我在南京则不这样。

汪精卫：本人离开蒋介石，是因为蒋介石的政策不行。如果蒋介石放弃现在的政策（指抗日联共政策），追随我们，便失去与他分裂的决心[2]。

陈群提出的这个问题，使汪精卫大为恼火，事后他曾向日本人野村说：为什么陈群要这样说？他的意思很难了解。其实，陈群的话并不难理解，他是指桑骂槐，指着缪斌骂汪精卫。因为汪精卫过去不是追求蒋、汪合作和蒋介石打得火热吗？可是一离开重庆就大骂蒋介石，这和缪斌有什么两样？不过这时的汪精卫有苦说不出，只好装糊涂就是了。

这次汪精卫和梁鸿志的会谈虽经日本人的牵引，但没有也不可能谈出什么名堂，当然也就没有任何结论。

7月5日，汪精卫与梁鸿志在南京进行第二轮会谈，汪对这次会谈的印象较第一次好一些，这是由于"维新政府"内部矛盾重重，汪精卫利用了这个矛盾，汪命周佛海、梅思平通过岑德广的关系，拉拢了陈群和任援道这两个实力派人物，使他们转而支持汪精卫的"和平运动"，并向陈、任二人许诺，将来"中央政府"成立后，他们仍可官任原职。这就拆了梁鸿志的台。因此，梁鸿志对维新政府的命运特别关切。梁鸿志质问汪精卫是否要取消临时、维新两政府的名义？他开门见山地说：新中央政府是"合并"还是"改组"维新政府，

---

① 《汪精卫与梁鸿志会谈内容》，《日本外交档案 SP 157 号》。
② 同上。

"合并"则不同意，"改组"是可以的。汪精卫敷衍梁鸿志说，打算使用"废除名称"的办法。

这次会谈中还出现了一点插曲：在聚餐厅，温宗尧附在汪精卫耳边悄悄说："我个人毫无问题，无需考虑。"陈群建议汪精卫建立中央政府时，要坚决主张采用青天白日旗。这些情况表明了以梁鸿志为首的维新政府的离心倾向。

但是，在日本策划汪精卫与临时、维新诸伪组织合流的同时，日本参谋本部还作出了《解决事变秘策》。这个《秘策》概括地说，就是设法使汪精卫和重庆政府合流，导致停战。引诱英国同意日本主张，使英国成为蒋、汪双方的"斡旋人"。这当然是日本帝国主义的一厢情愿。日本对汪精卫的态度则很严厉，决定在停战问题上，如果重庆答应而汪精卫不答应时，则将汪排除。在这种情况下，汪精卫能否建立自己的中央政府，就只能根据日方的眼色行事了。

在日本的策动下，梁鸿志、王克敏为了表示对汪精卫组织所谓中央政府的支持，7月11日，梁鸿志、王克敏在青岛大陆饭店正式接见新闻记者团，他们分别表示对汪精卫"全力协助之重大意志"。

梁鸿志声称："维新政府树立时之施政根本原则即为反蒋、反共、亲日，半年以来，吾人始终努力实现此三原则。……吾人早具决心，拟以全力协助汪氏，而吾人不仅对汪精卫如是，即对国民党员，凡以此三原则来者，均拟加以协助。"

这段话表面上对汪精卫表示协助，骨子里实在是对汪摆"反蒋、反共、亲日"的老资格。就是说，早在半年前，他们就是这样干的。

王克敏则故示清高地说："吾人往昔，对党派观念即薄，凡为复兴中国而崛起者，不论何人，均拟与之协力。此届汪精卫氏，为中、日两国计，振袂而起，临时政府绝不惜加以协力。"[①]

---

　　① 《梁鸿志、王克敏接见记者团赞同汪氏声明》，《南京新报》，1939年7月12日。

由于王克敏知道日本不会放弃华北特殊化的要求，因此对汪精卫组府断定不会危及临时政府的存在，乐得顺水推舟，赞同汪精卫的做法。

影佐祯昭在回顾汪精卫与王克敏、梁鸿志会谈的情况时说："从时间上说，比他们迟出来的汪精卫要组织中央政

1939年12月，陈璧君由任伪中央陆军军官训练团教育长的叶蓬陪同，在出席完开学典礼后走出中央陆军军官训练团的大门。

府，把临时政府降格为政务委员会，维新政府正处在解散的命运，这样一想，两政府要人也不能定下心来，这是理所当然的事情。汪精卫对这些要人的立场似乎也有深刻的同情和理解。"① 上述情况表明，这是汪精卫、王克敏、梁鸿志争当汉奸头目、饱狗与饿狗之间的一场有趣的斗争。

正当汪精卫声称和王克敏、梁鸿志的会谈取得相当成果之际，日本海军特务机关首席武官野村中将却得出悲观的结论。他说："最近汪精卫的活动终于使一般民众失去了对他的信任，失望和怀疑正在深刻化。一般民众对汪精卫派已经失去了信任，所以由衷欢迎和平的人一个也没有。"不仅如此，野村还指责汪精卫说："最近汪派的活动，事实上不仅不能促进全国的和平，而且正在和平运动各派内部制造分裂。"② 野村的观察，从中国人民看清汪精卫的汉奸面目后，对汪精卫表示冷淡和厌恶，这一点无疑是对的；而野村说汪精卫在"和平运动"各派内部制造分裂，换句话说，就是在汉奸内部狗咬狗的斗争也在发展。这个结论对汪精卫来说，真是莫大的讽刺和悲哀。

① ［日］影佐祯昭：《曾走路我记》，《汪精卫国民政府成立》，第 170 页。
② ［日］野村：《在上海汪精卫一派的活动》，《汪精卫国民政府成立》，第 175—176 页。

三　76号特工总部的建立

汪精卫选择上海作为从事汉奸活动场地是要冒一定风险的。他知道仅靠日本侵略军的保护，也非万全之策；他迫切需要一支特务武装来为自己及其同伙保镖。

在日本牵线下，汪精卫汉奸集团很快就和由日本豢养的以丁默邨、李士群为头子的特务组织结合起来。

抗日战争时期，在上海一提起沪西"歹土"——极司非尔路76号（今万航渡路435号），人们无不谈虎色变，这就是汪伪"国民党中央执行委员会特工总部"所在地。这所房子原为军阀陈调元的公馆，上海沦陷后，日本侵略者就用它作为特务活动场所。这是一个以破坏抗战为职志，残酷杀害人民的魔窟，是一个制造罪恶的渊薮。

1938年11月，日军虽然占领上海，不过在苏州河以南英、美、法帝国主义统治下的租界地区，日军还不能直接控制。因此，这个地区在一段时间内形成"孤岛"状态。中国共产党人利用上述条件对日本侵略者及汉奸的卖国活动进行了坚决斗争；国民党的特务机关也用恐怖手段处置了一批投敌汉奸。日本侵略者则力图扫清侵华的障碍，决心打破这种状态，因此扶植、筹组一支汉奸队伍，作为扼杀上海抗日力量的别动队，就成为必要的了。以李士群、丁默邨为头子的特工组织，就是在这样的条件下应运而生。

李士群，浙江遂昌人。大革命时期在革命高潮的席卷下参加了中国共产党。大革命失败后，他在上海以"蜀闻通讯社"记者身份从事党的地下工作，不久被公共租界工部局巡捕房逮捕，李托人走通了青帮"通"字辈大流氓季云卿的门路，由季将他保释出来。李士群于是向季云卿投送了门生帖子，由此拉上了与上海流氓帮会的关系。1932年，李士群被国民党中央组织部"调查科"

逮捕，他很快自首叛变，被委派为"调查科"上海区直属情报员，不久又与国民党特务丁默邨、唐惠民等编辑《社会新闻》，这个刊物由CC特务直接控制，对共产党和进步人士大肆造谣诬蔑、挑拨离间，是个出了名的造谣刊物。一直到1937年，他还是一个默默无闻的国民党小特务。

南京沦陷后，李士群又与日本特务机关搭上关系，从此卖身投靠日本侵略者。他逃到香港后，由日本驻香港总领事中村丰一介绍给在上海的日本大使馆书记官清水董三，为日本驻沪使馆搜集情报。这时上海租界区还在英、美、法帝国主义统治下，生活在这里的中国人民抗日情绪很高，而潜伏在租界的国民党"军统"、"中统"特务，对汉奸、奸商和妥协分子们不时采取暗杀等恐怖活动。日本侵略者对此甚为恼火，就指使汉奸青帮流氓纠集一批亡命之徒组织"黄道会"[1]，以对抗国民党特务和制造破坏抗日活动。李士群在这种情况下，不得不小心从事。但他不满足于仅仅从事情报工作，于是采取拉人下水的办法，先后将唐惠民（"中统"上海区情报员）、章正范（国民党中央宣传部驻沪特派员）等人拉下水。他还通过章正范秘密会见国民党上海市党部委员汪曼云，汪、李一拍即合，互相利用。

李士群还千方百计拉拢杜月笙，他深知要想在上海滩站住脚跟，杜月笙的潜在势力不容忽视。当清水董三转发给李士群一份《杜月笙在上海的势力》的材料时，李士群认为讨好杜月笙的时机到来了，因为这份材料非常详尽地介绍了杜月笙的出身、经历以及与黄金荣、张啸林、虞洽卿、王晓籁、钱新之、杨虎、陈群等人之间的关系，特别是详细

上海闻人杜月笙。

---

① 该会成立于 1938 年 2 月 3 日，专门搞破坏抗日的恐怖活动。

介绍了杜月笙与戴笠的特殊关系。①李于是通过汪曼云将此材料转给杜月笙，既做了顺水人情，又和杜月笙搭上了关系。

李士群虽然是国民党特工出身，但以他的地位和声望，对"中统"和"军统"都不足以资号召。1938年国民党军统第三处撤销，丁默邨的处长也落了空，丁仅在国民党军委会挂了一个少将参议的空头衔，地位一落千丈。李士群得知这一情况后，经过李士群的推荐和日方同意，便派了丁默邨的同乡——已投敌的鄢建午，到昆明向丁默邨说明李士群的相邀诚意，并表示李愿当丁的副手，丁欣然同意。丁默邨到上海后，李奉丁为"老大哥"，丁、李合伙，加快了特务组建的步伐，在日本军方同意下，又很快和汪精卫叛国集团勾结起来。

1939年，汪精卫等由河内到上海时，日方同意他们在上海开展所谓和平运动。但这批汉奸无拳无勇，手无寸铁，时刻担心遭到袭击，只能昼伏夜出，甚感惶恐。于是日方决定让丁默邨、李士群的特务组织首先合流于汪精卫。丁默邨与周佛海原为同乡旧友，又曾同隶"中统"系统，他得知周佛海当了"和运"总军师，喜不自胜，即派湖南人鄢建午前往香港，向周佛海密通款曲。周佛海认为这是一笔很好的政治资本，遂向汪精卫进言，要好好地利用这班人来搞"和运"。汪精卫因过去丁默邨主办《社会新闻》，专以共产党及"改组派"为攻击对象，旧恨难以冰释，但又无法拒绝日寇的合流计划，所以汪精卫一到上海，经过日本方面撮合，汪即全盘接收丁、李的特务组织。②

日本既然对汪精卫、周佛海和丁默邨、李士群的合流那么感兴趣，就不遗余力地提供实际援助。1939年2月，丁默邨、李士群在清水董三引荐下，在上海重光堂（土肥原公馆）拜会日本大特务头子土肥原贤二，丁、李谈了他们对特工行动的设想。丁默邨向土肥原献计说，要消弭重庆的恐怖活动，打垮他们在上海的特工组织，必须建立一支庞大的特工队伍。土肥原当即问道：中国的特工如何才能发达呢？丁默邨趁机表示：我们知道敌人的力量所在，也知道它的

---

① 杜月笙与戴笠是把兄弟。
② 罗君强：《特务支配一切——魔窟76号》，《伪廷幽影录》。

弱点所在，我们一定能取胜。如果可能
的话，请你们给我们以援助和指导。①
果然在第二天，另一日本特务晴气庆
胤②来找丁默邨、李士群，丁、李向晴
气交上一张《上海抗日团体一览表》。
丁默邨神气活现地说：上海恐怖活动的
元凶是重庆的特务工作队、蓝衣社的地
下组织。日本军警可以逮捕现场的犯
人，但是如果不破获蓝衣社的地下组
织，那是没有用的。去年以来，日本军

土肥原贤二。

警抓住了不少恐怖分子，可是恐怖活动仍然没有减少，就是这个原因。晴气听
后，连连点头称是。丁接着说：我们要先干掉国民党上海市党部和蓝衣社。如
果收拾了这两个，其他自然云消雾散，使上海的形势为之大变。市党部委员中
有不少是我的老部下，现在它内部派系斗争激烈，纲纪紊乱，缺少统一领导，
如果巧妙地利用这些弱点，可能原封不动地把它拿到手。蓝衣社是最强的对
手，但它的情报人员因生活困苦而动摇，这就是它最大的弱点，我们准备从争
取它的情报员开始，逐步寻出它的情报网，尽可能接近它的上层人物，说服他
们，并使他们的组织为我们所用，最终搞垮蓝衣社。③

　　丁默邨这一番话，既是向日本侵略者邀功，同时也是显示自己的反动
能量。

　　接着丁默邨、李士群又献出他们炮制的《上海特工计划》，这个计划详细
说明了特工组织的方针、工作要领、组织机构，工作据点的设置、行动队的组
成、经费的使用、兵器的保管和修理、反谍报的方法，等等。李士群为了获得

① ［日］晴气庆胤：《上海恐怖机关——76号》，日本每日新闻社，1980年版。
② 晴气庆胤，系汪伪76号特工总部的后台，后来任汪伪政府的军事顾问。
③ ［日］晴气庆胤：《上海恐怖机关——76号》，日本每日新闻社，1980年版。

日方的信任，甚至提出要把自己的儿子作为人质交给晴气，晴气、土肥原终于相信了丁、李的诚意，接受了他们的计划。晴气根据土肥原命令回东京向大本营请示，引起日本陆军部军务课课长影佐祯昭的极大重视，这时他正策划汪精卫的"和平运动"，于是就把丁默邨、李士群的特工计划作为一项重要内容，列入了"汪工作"的一部分。2月10日，日本大本营参谋总长向晴气发出了《援助丁默邨一派特务工作的训令》。

《训令》规定：

（一）大本营确定，将援助丁默邨一派的特务工作，作为对付上海恐怖活动对策的一个环节。

（二）晴气在上海应与丁默邨联络，援助其特务工作，协助华中派遣军推行其对付租界的诸项政策，并须处理土肥原机关所遗留的各项工作，任命塚本诚宪兵大尉和中岛信一少尉，作为晴气的部属。

（三）在援助特务工作时，应对丁默邨提出以下要求：

1. 制止在租界进行的反日活动，但注意不要和工部局发生摩擦。

2. 不得逮捕和日方有关系的中国人。

3. 和汪精卫和平运动合流。

4. 三月份以后，每月给予经费30万日元，并给予手枪500支，子弹5万发及500公斤炸药。[①]

这个训令的下达，标志着汪精卫与丁默邨、李士群特工组织的正式合流，也标志着作为日本侵华的工具——汪伪特务组织的正式建立。这个特务组织在土肥原调任他职后，则由晴气庆胤负责，并且属日本大本营领导；同年8月"梅机关"[②]成立后，这个组织又由"梅机关"领导。

在日本侵略者支持下，丁默邨、李士群很快就组成了一支特工队伍，其

---

① ［日］晴气庆胤：《上海恐怖机关——76号》，日本每日新闻社，1980年版。
② 1939年8月22日"梅机关"正式成立，影佐祯昭负责其事，其主要任务为监督保护汪精卫汉奸集团，并策划汪伪政权的建立。

重要成员有丁默邨、李士群、唐惠民、茅子明、李志云、杨杰、张鲁等人。不久，陆续参加的有蔡洪田、黄香谷、顾继武、王天木、马啸天、林之江、袁君牧、田为霖、谢文达等人。这些人大部分是国民党上海市党部的委员们，这样，使国民党"军统"在上海的组织，遭到了很大的摧残和破坏。

为了壮大特务组织的声势，李士群从上海的流氓群中物色对象，青帮头子季云卿向李士群介绍了一批流氓如朱顺林、许福宝、吴四宝等。特别是吴四宝，是个凶神恶煞、满脸横肉、杀人不眨眼的家伙，他率领一批流氓如张国震、顾宝林、赵嘉猷、夏殿元等，率先组成一支30余人的警卫大队，也是最早的一支武装行动队。吴四宝等为非作歹，无恶不作。"他（指吴四宝）生成粗鲁野蛮的性格，但知道怎样对上司恭顺，只要能博得他上司的欢心，他毫不考虑、毫不迟疑去执行，别的行动大队所不肯做或不敢做的事，他奋勇当先，做得彻底，做得干净。什么江苏农民银行职工宿舍的集体枪杀事件，中国银行的定时炸弹惨案，都是他的'杰作'。凡是给76号所拘捕的人，只要撞在他手里，没有问一句话，先给他一顿皮鞭打得血淋淋的。他的妻子佘爱珍，……能够亲自审讯女犯人，也能够携了枪械出去行动。当时人们对76号的畏惧，并不下于日本的宪兵队。"[1]

一个汪伪政权的成员对76号特工总部的评价是：76号是一个庞大的组织，丁默邨、李士群是特工中的老手，他们搜尽了三山五岳的人物，……六年中在上海制造出不少令人震悚的血腥事件。假如汪政权六年中的措施，最值得令人诉责的话，76号的所作所为，至少应该负起很大的责任[2]。汪伪政权的罪恶擢发难数，76号特工总部的建立本身，就是一种罪恶。但汪精卫也只能依靠这种组织及其主子——日本帝国主义者，来维持自己的存在。而76号对汪精卫来说，确实起到了保镖的作用。依靠76号的武装保护，汪精卫召开了伪国民党第六次全国代表大会。

---

① 朱子家：《汪政权的开场与收场》第1册，第37页。
② 朱子家：《汪政权的开场与收场》第1册，第36页。

四 汪伪国民党"六大"的召开

汪精卫自1939年6月底自日本回上海后，七八两月就是忙着为伪国民党"六全大会"的召开做准备工作。这也是汪精卫不同于其他傀儡组织的地方。因为他是一个大党棍，特别强调"党统"，他搞"和平运动"（即投降活动），也要打着"合法"旗号，即打着国民党的旗帜，以便迷惑群众和拉人下水。除了拉拢国民党人士外，还要拼凑所谓各党各派人士。所谓各党各派，主要是老牌汉奸临时、维新两个伪政府的头面人物，还有所谓"国家社会党"和"青年党"。但是"临时"、"维新"两个伪政府并不买汪精卫的账：王克敏以具体情况没有听到日方说起为理由，谈话推进不下去。维新政府也采取同样见解，陷于会谈无法促进的状态。①

在日本主子的指使和撮合下，从6月以来，临时、维新两政府以外的各党各派、无党无派的人物聚集到汪精卫的阵营里来的逐渐增多。其中有真正对"和平"具有热情而参加的，也有为了求职而希望参加的，很是复杂。以求职为目的的人，如果约定给予地位，立刻成为"和平主义者"；如果没有给他适当职位，有不少人立刻改变，采取对汪精卫诽谤的态度②。这是一幕在日本主子导演下一群奴才争抢残羹剩饭的闹剧。在没有基层组织的情况下，汪精卫召开伪国民党六大，首先碰到的就是如何拼凑代表的问题。汪精卫密遣周化人（旧改组派）潜赴重庆想拉几个人来凑数，但只拉来了刘仰山、金家凤、胡泽吾等数人。再遣周化人北上拉人，应者更少，乃不得不让CC系的周佛海、梅思平、丁默邨从江、浙就地取材，充实数字。适逢上海CC系市党部、市区各级委员等36

①［日］影佐祯昭：《汪精卫访问广东，对国民党的措施，拉拢各党各派》，《汪精卫国民政府成立》，第359页。

②［日］影佐祯昭：《汪精卫访问广东，对国民党的措施，拉拢各党各派》，《汪精卫国民政府成立》，第359—360页。

名联名发表反蒋拥汪宣言，老CC系就在党务方面又占了优势。丁默邨在周佛海支持下包办了上海市、江苏省两个党部人选，还想染指南京及安徽、浙江三省市。汪精卫急起抵制。陈璧君让弟弟陈耀祖、陈昌祖，侄儿陈春圃、陈国琦、陈国强、陈国丰一齐与会，李圣五把老婆、妻舅、表弟、表侄同时带进；林柏生则发动《南华日报》、《中华日报》伙计参加。结果在二百多名大会代表中，与周佛海、梅思平、丁默邨有关系的人仍占多数①据当事人回忆，委员名单如下：

陈璧君	陈公博	周佛海	梅思平	丁默邨	曾醒（女）
李士群	焦 莹	刘仰山	金家凤	林柏生	陈春圃
周化人	陈昌祖	陈耀祖	夏奇峰	胡兰成	苏成德
马啸天	杨惺华	金雄白	汪曼云	罗君强	沈尔乔
戴英夫	巫兰溪	马典如	张永福	王敏中	朱朴之
林之江	王天木	蔡洪田	任援道	陈 群	胡泽吾
叶 蓬	杨揆一	张仲环	章正范	顾继武	凌宪文
黄香谷	褚民谊	戴 策	周学昌	周隆庠	陈君慧
何炳贤	陈之硕	李文滨	萧叔宣	鲍文樾	陈次溥
溥 侗	茅子明	李志云	陈允文	蒯建午	恩克巴图
卢 英	唐蟒	彭 年	陈济成	颜加保	傅式说
凌 霄	李讴一	樊仲云	李凯臣	李圣五	徐苏中
林汝珩	顾忠琛	奚则文	张克昌	孙鸣歧	黄庆中
吴颂皋②					

---

① 罗君强：《汪记国民党第六次全国代表大会》，《伪廷幽影录》。
② 此名单系据罗君强回忆，另据陈春圃回忆，尚有梅哲之、徐天深、唐惠民、刘郁芬、郑大章、李浩驹、曹宗荫、刘云、韩清健、李景武、武仙卿等人。

这次汪记"六全大会"的基调是："反共、反蒋、亲日"。为了寻找"党统"根据，"六全大会"引用了国民党1938年4月所开临时全国代表大会的宣言片断，断章取义并加以歪曲说："吾人之本愿在和平，吾人之最终希望仍在和平，惟吾人所谓和平，乃合乎正义之和平，必如是，然后对内得以自立，对外得以共存。"还说什么："必使日本了然于中国之目的，知中国终不可以暴力屈服，幡然变计，放弃其侵略主义，更与中国谋合于正义之和平，然后中日共存之希望始达，太平洋之危机始息，世界和平始得到真实之保障。"汪精卫口念和平经，在引用此宣言时，毫不顾及起码的事实。事实是日本侵略者直到所谓汪记"六全大会"召开时，没有一丝一毫放弃其侵略野心，何以能"谋合乎正义之和平"呢！

1939年9月28日至30日，汪精卫打着国民党的旗号，在上海极司非尔路76号召开汪记"六全大会"。9月28日举行了开幕典礼及预备会议。

为了表示汪记"六全大会"是继承了国民党的"党统"而又区别于在重庆的国民党起见，9月29日上午举行了第一次大会，由周佛海主持通过整理党务案，其主要内容有：修改党章，废除总裁制，设中央执行委员会主席一人。由本届大会增选中央执行委员38人，候补中央执行委员20人，中央监察委员26人。候补中央监察委员16人。

会议进行过程中，由代表84人提出临时动议两件，肉麻地吹捧汪精卫，说什么："（一）汪副总裁倡导和平，艰苦奋斗，挽救危亡，解民倒悬，大会全体应致敬意，以示尊崇。当由主席团及全体代表起立向汪副总裁鞠躬致敬。（二）依据整理党务案之决议，推选汪兆铭同志为中央执行委员会主席。当经全体一致通过，掌声雷动。"①汪精卫梦寐以求的伪国民党主席欲望，总算如愿以偿了。

9月29日下午，举行第二次大会，汪精卫走马上任，担任会议主席，通过如

---

　　① 梅思平：《中国国民党在沪举行第六次代表大会》，《时代文选》第7期。

下要案：（一）修订国民党政纲案；（二）决定以反共为国民党基本政策案；（三）根本调整中日关系并尽速恢复邦交案；（四）授权中央执行委员会主席，指派中央执、监委员，连同党外人士，组织中央政治委员会案；（五）尽速召集国民大会实施宪政案等。30日上午，举行第三次大会，选举伪中央执、监委员，并通过大会宣言。

汪记"六全大会"宣言不遗余力地攻击中国共产党，胡说什么共产党"假借抗战，以削弱国民政府之力量，使之继续不断丧师失地，以促成其崩溃之势；假借抗战，以实行愚民政策，剥夺所谓智识阶级之一切自由，使全国陷于精神破产，不识不知随而盲动；假借抗战，以扩大边区政府之势力，谋于相当时机取国民政府而代之，夷中华民国为中华苏维埃，使永为苏联之附庸；假借抗战，……使中、日兵连祸结，苏联得安坐而乘其敝"。

汪精卫一派反苏反共的谰言，把中国共产党制定的抗日民族统一战线政策，中华民族在抗日旗帜下团结抗日的大好形势，描绘得一团漆黑，说得一无是处，离间抗日力量间的关系，挑拨中国共产党和知识分子的关系，等等，是毫不奇怪的，因为中国共产党是汪精卫们媚日降日的最大障碍。可笑的是，汪精卫把国民党军队的丧师失地，也归咎于共产党的坚持抗战；其实，正是由于国民党的逐渐消极抗战，积极反共，才导致丧师失地的恶果。

汪精卫对蒋介石被迫实行联共抗日政策余恨未消地说："所可怪者，蒋同志（蒋介石）阳则受其（指中国共产党）拥护，阴则供其利用，……当此国家存亡系于一发之际，置一切同志之忠言于不听，惟共匪之所左右，一切同志不见容于共匪者，即不见容于蒋同志。驯至关系国家存亡之和战问题，不取决于大会所明示之方针，不取决于同志之建议，而取决于共匪之颐指气使，以是之故，使和平运动横受挫折，战争依然继续。"[1]

实际上，蒋介石在"西安事变"后之所以被迫抗日，是因为不这样他将被

---

[1]《中国国民党第六次全国代表大会宣言》，汪伪宣传部编：《和平反共建国文献》第1辑，《中国之部》。

淹没在人民抗日的怒潮中。不过，人们在这里倒是看到汪精卫这个汉奸头子、反共老手，是如何的颠倒黑白和对坚持抗日的中国共产党的切齿痛恨。

至此，汪精卫继续自拉自唱地说：本届大会以一致之决议，解除蒋同志总裁之职权，并废除总裁制，更授权汪同志，使本于上届及本届大会所定方针，领导同志积极进行①。

决定以反共为基本政策，修订国民党党纲，将国民党的联共抗日政策改为媚日降日政策；改国民党的总裁制为主席制，从而使汪精卫"合法"地登上伪国民党主席的宝座，是汪记"六全大会"的既定方针。从此，汪精卫更可以"合法"身份放手卖国了。下午举行闭幕典礼，这出上演的汪记国民党"六大"丑剧，才算收场。

这次"大会"是在极端保密的情况下举行的，会议内容对"代表"都严密封锁。丁默邨、李士群为了汪精卫的安全，作了精心安排：为了迷惑外人起见，特在"76号"的大门外，高高搭起一座彩牌坊，中间缀了一个用电灯组成的寿字，伪装这房子里有人在做寿。……在开会的那天，"76号"的大门始终紧闭着，代表的出入分两路：有汽车的绕开纳路（即现在的武定路）进极司非尔路口，而入"76号"后门；没有汽车的，则由"76号"西首华邨②，转入"76号"，也可不经过大门③。

汪精卫住在愚园路1136弄一座花园式洋房，与"76号"距离很近，丁默邨、李士群认为汪精卫的目标太大，生怕出问题；要汪早一天到"76号"，迟一天回1136弄，汪精卫只好迁就应允。开会前一天他偕陈春圃住进李士群的房里。汪精卫对李士群也并不那么信任，为了防止意外，汪就让陈春圃临时搭起铺位，与陈睡在一起，还带去了几个保镖，睡在门外，以防万一。汪精卫就是

---

① 《中国国民党第六次全国代表大会宣言》，汪伪宣传部编：《和平反共建国文献》第1辑，《中国之部》。

② 华邨是条死胡同，开会前夕，丁默邨、李士群派特务胁迫十几户居民迁出，并把华邨与"76号"花园相隔的一垛墙，挖了一个洞，代表就从这里钻进"76号"。

③ 马啸天、汪曼云：《七十六号的一出开锣丑戏》，《汪精卫国民政府成立》，第362页。

这样鼠窃狗偷地演出了这幕丑剧。

会议过程中还发生一件趣闻。有人在职员名单中看到了卢英的名字，于是在中午休息时，推出代表蔡洪田、汪曼云、沈尔乔、王敏中、章正范、戴策等，要求面见汪精卫，由周佛海代为接见。有人提出：为什么在这样一个大会中，于职员名单里竟会列入一个汉奸卢英？周佛海厉声地说：卢英是否汉奸，后世自有定论，可是汪先生到了上海，最先响应和平运动的就是卢英。且卢英为迎接汪先生翻了车，几乎连性命都丢掉，他对和平运动，可说比谁多［都］热心。再说现在汪先生的警卫人员，都是卢英派来的，万一因此而发生误会，汪先生的安全谁负责任？①

周佛海这番话妙不可言，那意思清楚不过地说，论起汉奸资格，你们比卢英还差一大截呢？凭什么瞧不起卢英。而且周佛海还提出汪精卫的安全问题，其意思无非是说你们谁负得起这个责任。弄得这几个代表面面相觑，无话可说。

事情并未到此为止，当天下午当汪精卫介绍中央委员名单时，不仅卢英当了候补中央委员，连老牌汉奸温宗尧、陈群、任援道等，竟都是中央委员的成员，而且名列前茅，赫然在目。于是会场引起了一阵骚动，有一个名叫胡志宁的代表，站起来准备发言，这时李士群身挂手枪，带着荷枪实弹的张国震、顾宝林等，站到胡志宁身边，丁默邨也朝胡志宁使眼色，让他识相些，弄得胡志宁张口结舌，坐也不是站也不是。汪精卫见此尴尬情景，马上站起来打圆场说：代表们有什么意见，会后可与我个人来谈，现在宣读大会宣言。接着汪精卫致了闭幕词，在闭幕词中汪还打肿脸充胖子说：外面有人对我们造谣污蔑，说我们是日本人的傀儡，请大家看看，我们今天会场里有没有日本人。②真是"此地无银三百两"，这幕汉奸群中狗咬狗的把戏，使人们大开眼界，汪精卫不愧是演傀儡戏的一把好手。

① 马啸天、汪曼云：《76号的一出开锣丑戏》，《汪精卫国民政府成立》，第363—364页。
② 马啸天、汪曼云：《76号的一出开锣丑戏》，《汪精卫国民政府成立》，第363—364页。

会后，汪精卫于9月1日在《致海内外诸同志东电》中强调说：综括宣言所示，非根绝赤祸，无以维持国内和平；非与日本协力，无以维持东亚之和平；非与各国增进友谊，无以维持东亚之和平。说来说去，还是反共降日的旧调重弹。汪精卫深知这次大会尽管表面上热热闹闹，但不会发生实际影响，他居心险恶地想拉走一部分抗日武装力量，来为他支撑门面。他说："惟有一比较简易可行之方法，如前方之武装同志能揭示和平反共建国之主张，则既可保其原有之兵力与未失之土地，又可外与吾人之和平运动相呼应，内以促独裁势力与共产势力之没落，为效之捷，莫逾于此。"① 汪精卫搞的是一石二鸟之计，以为这样既打击了蒋介石政权，同时又削弱了共产党的势力，但当人们看清了汪精卫的所作所为，完全是日寇卵翼下的这一套傀儡把戏时，无不嗤之以鼻。

汪精卫进而为日本帝国主义涂脂抹粉说："兆铭六月间曾赴东京，与日本当局交换意见。平沼首相为兆铭言，……日本此次对于和平条件，则以道义观念代功利思想，对于中国不惟无胜败之成见，且具有同忧患共安乐之诚意；必如是，东亚永久之和平始能巩固其基础，云云。其言至诚恳而真挚。自近卫声明以来，内阁虽屡有更迭，而已定之国策不因之而变易，此实有其必然性。"②

当然，日本的确有其既定的国策，不因内阁更迭而改变，这就是永远奴役剥削中国人民，把中国变成日本的殖民地。只是汪精卫不愿看到或不敢正视这个铁的事实，把豺狼成性的日本帝国主义美化成爱好和平的天使罢了。

汪记"六全大会"草草终场，建立伪政权的工作已逐渐提上日程，但是汪精卫和王克敏、梁鸿志的谈判却不怎么顺利。

---

　　①② 汪精卫：《致海内外诸同志东电》，汪伪宣传部编：《汪主席和平建国言论集》。

第十五章

汪伪国民政府的成立

一　南京三巨奸会议

汪记"六全大会"开过后，汪精卫认为在此基础上由他来组织"国民政府"，于法有据了。在日本梅机关机关长影佐祯昭的怂恿下，在日军的戒备下，汪精卫率周佛海、梅思平、高宗武，陶希圣等，由上海到南京与梁鸿志、王克敏就组织"国民政府"问题进行磋商。1939年9月21日，汪精卫发表声明，对梁鸿志、王克敏着实夸奖了一番，他说：王叔鲁、梁众异①诸先生等挺身乱离之际，相继组织政权，以与日本为和平的周旋，使人民于流离颠沛之余，得所喘息，苦心孤诣，世多共见。接着汪精卫板着国民党正统的面孔说：最近中国国民党第六届全国代表大会（指汪伪国民党六大）宣言，以"和平反共建国"昭示国人，并郑重声明，"本党愿以至诚联合全国有志之士，不分派别，共同担负收拾时局之责任"。本党为完成此重大使命计，对于既成政权，消除成见，更谋群策群力，共济艰难，实为事理所当然。而既成政权，如王叔鲁先

王克敏（1973—1945），浙江杭县人。曾任中国银行总裁，北京政府财政总长。汪伪政府华北政务委员会委员长兼内政总署督办。

---

　　①王克敏字叔鲁，梁鸿志字众异。

生等，从前曾服官国民政府，投艰遗大，休戚相关；如梁众异先生等，从前虽处于超然在野地位，然以段芝泉[①]先生对于中华民国之勋劳，及对于国民政府之爱护，知必能继其遗志，使国家民族得以转危为安[②]。

虽然汪精卫对梁鸿志、王克敏极力拉拢，但王、梁等态度却十分冷漠。王克敏干脆对汪说：这件事（指组成统一伪政府）我们三个人商量没有用。这件事要他们协商好了，也就可以做了。梁鸿志说得稍为客气一点：这件事要让我们商量之后，才能答复[③]。原来王、梁所说的"他们"，即他们背后的日本主子，那就是汪精卫背后的影佐梅机关，梁鸿志背后的原田机关和王克敏背后的喜多机关。事后，陶希圣和周佛海、梅思平等闲谈时，说到一个比喻：好比四个人打麻将牌，每一人的背后有一参谋。打到两圈以后，四个参谋都伸出手来，直接地打了起来，那座位上的四个打牌者反而无事可做。这个比喻生动地反映了一个基本事实，即汪精卫、王克敏、梁鸿志都同样是日本侵略者手中的傀儡。

在影佐、原田、喜多等人幕后协商后，汪精卫、王克敏、梁鸿志终于作出如下的决定事项：

（一）首先召开中央政治会议，负责筹备建立政府。

（二）建立政府后，设中央政治委员会负责议政。

中央政治委员会以汪精卫准备的条例为草案，竭力使王克敏和梁鸿志在中央政治会议中同意原案通过。

（三）中央政治会议人员的分配，国民党占1/3，临时和维新政府占1/3，余下的1/3分配给蒙疆政府及其他各党各派和无党无派人士。

（四）中央政治会议的议决方法，重要的事项，须经全体或3/4以上委员决定。

（五）在中央政治会议中应讨论事项，是政府的名称、首都的位置、国旗

---

① 段祺瑞字芝泉。
② 汪精卫：《声明》，汪伪宣传部编：《和平反共建国文献》第1辑，《中国之部》。
③ 陶希圣：《南京之行》，《潮流与点滴》，《乱流》，台湾传记文学杂志社，1970年版。

等重要事项。因此，事前须充分协商，以便会议中全体一致通过。①

这次汪精卫、王克敏、梁鸿志会晤的唯一结果，是他们各自发表了一通声明，表面上赞成汪精卫成立所谓中央政府的工作。

于是，临时、维新政府联合委员会发表声明说：中华民国政府联合委员会，根据本会成立之使命，此时愿以全力协助汪精卫先生成立中央政府。②

维新政府的声明则谓："曩者汪精卫先生脱身渝府，一再发表和平救国之宣言，且愿与海内贤达，不分派别，共济艰危，披沥至诚，商榷国是，四方响应，翕然同风。……同人等本救国之初衷，声应气求，未敢稍后，努力协进，以完成中国复兴之大业，不特吾人年来披荆斩棘之苦心，得以稍慰，即维新政府揭橥和平之素志，亦如愿以偿矣。特此宣言，敬告有众。维新政府行政院长梁鸿志、立法院长温宗尧、外交部长夏奇峰、内政部长陈群、财政部长严家炽、绥靖部长任援道、司法行政部长胡祁泰、教育部长顾澄、实业部长廉隅、交通部长江洪杰。"③

临时政府的声明则说："兹读汪精卫先生发表大文，④对本政府奖饰过多，惭惶无似，但于国事民生有所裨益，定当追随先生之后，以底于成。……同人等忧患余年，倘得重见和平，于愿已足，决无异议。用布心腹。临时政府委员王克敏、汤尔和、董康、王揖唐、齐燮元、朱深、余晋龢、江朝宗、高凌蔚、潘毓桂、王荫泰、汪时璟、马良、苏体仁、赵琪。"⑤

这两个伪政府的声明，虽都是官样文章，表面上都答应替汪精卫捧场，骨子里却在那里向汪精卫摆汉奸的老资格。维新政府把群奸的官衔都一一列上，临时政府也把全体委员名单摆出来，这个架势就是准备在将来组织伪中央政府时，向汪精卫讨价还价，多争得几个席位。

---

① 杨凡译：《日本外交档案 UD51 号》。
② 汪伪宣传部编：《和平反共建国文献》第 1 辑，《中国之部》。
③ 《维新政府声明》，《中华日报》，1939 年 9 月 24 日。
④ 指汪精卫 9 月 21 日声明。
⑤ 《临时政府声明》，《中华日报》，1939 年 9 月 24 日。

当然，汪精卫能否组成伪国民政府，主要还要取决于日本的态度，因此"日华密约"的谈判，就成为汪精卫汉奸集团面临的首要任务。

二 "日华关系"密约的谈判

1938年12月近卫第三次声明和1939年8月汪精卫赴日谈判，还仅是停留在一些原则性的声明上，日、汪双方都感到需要调整"国交"，特别是日方更有使其具体化的必要，从而为独占中国披上"合法"的外衣。为此，双方派出代表于1939年11月1日至11月12日举行了七次会议。汪方代表为周佛海、梅思平，陶希圣、周隆庠，后加派林柏生；日方代表为影佐少将、须贺大佐、犬养健、谷荻大佐、矢野书记官、清水书记官。稍后，须贺与陈公博又单独就厦门及海南岛问题举行了六次会谈。

在日、汪双方会谈之前，日本兴亚院已为此定下基调，从内政、军事、经济等方面提出相当苛刻的条件。其口吻的严厉和态度的蛮横，使汪方代表只能俯首帖耳，连讨价还价的勇气也消失了。日本"兴亚院联络委员会"的决定直截了当地说："日本希望日、满、中三国以在东亚建设新秩序，结成善邻友好、保持东亚和平为共同目标。"这就是说，日本要使汪精卫即将建立的伪政权，与伪满置于同等地位。

关于内政方面，日本强调从伪中央政府到地方基层政府设置政治顾问、技术顾问或日本职员，以便日本的

1940年11月，汪精卫与阿部信行在《中日国家调整条约》上的签字。

211

监督控制。

"日本在政治方面需要和中央政府商议的事项，通过日本驻中华民国大使馆，根据本协议精神，考虑在中央政府设置政治顾问，同时也考虑在中央政府各院、部采用日本职员。"

"关于日中互相帮助，不仅在自然科学技术方面，就在财政、经济方面，中央政府亦应聘请日本专家当顾问。同时中央政府直属机关可任用日本教授、教官、关税官吏及技术员等。"

"各省政府、特别市政府（直辖市）所属的各厅局以及各县也可考虑设置日本政治顾问。日中两国特别需要加强合作的地带或其他特别区域，需要两国密切合作和协商。在该区域所必要的机关内，也应任用日本顾问或职员。"

"为了与日本军队协商有关事项，中国方面在各当地政府内，应设置交涉专员。"

"县政府及普通市政府不采用日本职员，……但是在事变中特殊区域或遇特殊情况时，中国方面似乎也应考虑任用日本职员。"①

由此可见，日本侵略者的魔爪，不仅伸向伪中央政府、省政府，甚至连县政府和普通市政府这样的基层组织，也要以"特殊情况"为口实，毫不放松地加以控制。

关于军事方面："为适应日中两国新关系的调整，商议有关两国军事合作事项，应设置日本军事顾问。关于中日军事合作，不得使第三国介入。"

"为了日中军事合作，特别是在必要的地区，特殊的军队，有必要配备日本军事专家。"②

在汪精卫手中无一兵一卒的情况下，所谓军事合作和设置军事顾问，只是日本实行军事占领的又一说法而已。

关于经济方面，"为适应日中新关系调整的原则，主要应体现加强日中经

212

---

①② 《日本方面回答要旨》，1939 年 10 月 30 日，《日本外交档案 S 493 号》。

济合作地区，尤其对该地区与国防有关事业，需要采取特别措施。"①

所谓"经济合作""特别措施"云云，即都是日本独占的代名词。

汪精卫希望日本解决财政方面的有关问题，对此，日本兴亚院对于关税收入、统税、盐税等都作了回答。

这些回答表明，日本对关税、统税，盐税等收入，无不以"保管"或"战争中的特殊情况"为理由，牢牢控制在自己手里。在汪伪政府成立前借款4000万元，日方还是以"最大的诚意"通融的。而关税的一部分，还得分给"蒙疆和华北"。

对于汪精卫要求"开放长江"的问题，日本以"按现在的情况，尚非其时"，干脆加以拒绝。

至于"发给京沪铁路通行证及首都（南京）车站检查等事项"，日本也以"鉴于实际情况，为整顿秩序，维护治安，应适合当地客观实际"为理由，以"协商处理"推脱了事。

如果说，兴亚院联络委员会的决定，还带有某些原则性条文的话；那么《日支新关系调整要纲》则是赤裸裸地暴露日本侵略者妄图永远奴役中国的狼子野心。

这份《要纲》及附件一、二，强烈地反映了日本侵略者妄图独占中国，使中国永远沦为殖民地，成为日本军事、政治、经济上的附庸的野心，从而陷中国于万劫不复的悲惨境地。

用陶希圣的话说：这一《要纲》，无异于一个大蓝图之内的小蓝图，……小蓝图是日本把中国的东北、华北、华中、华南和海南岛划分为五种"地带"，也可以说是五层。最深的一层是伪"满洲国"，第二层是伪"蒙疆自治政府"，第三层是华北，第四层是华中，第五层是华南。而海南岛是和台湾一样的日本的军事基地。②

---

① 《日本方面回答要旨》，1939 年 10 月 30 日，《日本外交档案 S 493 号》。
② 陶希圣：《潮流与点滴》，《乱流》，台湾传记文学杂志社，1970 年版。

实际上，这个《要纲》赋予日本以种种特权，如所谓既成事实，蒙疆的完全独立自治，就是不能变更的特殊事实，华北政务委员会，情况亦大致相同。

又如所谓驻兵，防共的部队是永不撤退的，所谓撤兵的条件是"随治安之确立，两年之内撤兵"。而判断治安的确立与否，日本可作随心所欲的解释。还有所谓治安驻兵，驻兵地域为华北及扬子江下游。此外还有扬子江舰队、东南沿海及特定岛屿的海军驻兵，事实上都已成为永久性的驻兵。

所谓"强度结合"或"紧密结合"地带，即陶希圣所谓的小蓝图，日本在这些地带内，拥有驻兵权、资源开发权、通信及成立特别行政机构等特权。

所谓"特殊便利"，就是让日本不受任何约束，使伪政权的一切"政策法令"，根据日本的意向，完全适合日本军事上、政治上、经济上的需要，日本不仅有优先权，而且凡是日方所需要的，汪伪就得协助完成。如此等等。

难怪当日、汪密约的谈判刚一结束，周佛海、陶希圣把《要纲》带给汪精卫，汪看过《要纲》后，流着泪对陈璧君说：日本如能征服中国，就来征服好了。他们征服中国不了，要我签一个字在他的计划上面，这种文件说不上什么卖国契。中国不是我卖得了的。我若签字，就不过是我的卖身契吧。[1]

的确，中国是永远不会被侵略者征服的，中国也不是汪精卫之流所能出卖得了的；但是汪精卫等卖国贼的丑恶行径，在中国人民看来，对他们的憎恶度绝不下于憎恶日本侵略者。

让我们看看会谈过程中的一些情况，日、汪之间的主奴关系，就看得更清楚了。

在第一次会议纪要中，当梅思平提到"如能告知有关共同防卫项中的军队驻扎地，则不胜荣幸之至"。影佐轻蔑地回答："事关机密，暂时保密，请耐心等待公布时间的到来。"当梅思平提出：今后讨论要以近卫第三次声明、重

---

[1] 陶希圣：《未说出的一句话》，《潮流与点滴》，《乱流》，台湾传记文学杂志社，1970年版。

光堂会谈签订的《日华协议记录》和1939年6月在东京日、汪会谈的规定为基础，很难接受上述三个文件中所没有的东西时，影佐轻蔑地回答四个字"多蒙指教"。不屑置答的神情，溢于言表。当陶希圣提到：我们感谢日本方面援助中国，帮助成立新中央政府，但是希望能给新政府有充分活动余地，就是说，虽然承认小孩的生存，但依旧让他处于病状之中，这样是不会起任何作用的。影佐反唇相讥地说：陶先生仅仅把结束战争招致和平作为目的，但仅仅以此为目的，岂不是要恢复事变前的状态吗？影佐在这里自己揭开了"中日亲善"的面纱，毫不掩饰地说出了日本发动侵略战争的目的。陶希圣的近乎哀求和影佐的倨傲骄横神态，适成鲜明对照。

在11月4日第二次会议纪要中，周佛海谈到：对我们来说，最为难的是把驻军作广范围的解释。这是掌握民心上的一个妨碍。影佐直截了当地回答：在这里所记载的，一切均属极密，可以不让人民知道。这无异于说，这种鼠窃狗偷的事，本来是见不得人的。当梅思平提到"驻军如果涉及到内政，那就被认为是干涉内政"时，影佐训斥说：贵方以避免干涉内政为理由而要求我们马上撤军，从原则上看，我们究竟为什么而流血呢？当梅思平提出"中国（指汪伪）能依靠自己的军队维持治安"时，影佐嘲笑道：和平恢复后，汪先生手中能有多少军队，这是将来考虑的问题。影佐的意思非常清楚，就是汪精卫现在根本没有资格谈这个问题。

顾问问题是日、汪双方争执较多的问题。周佛海开门见山地说：顾问问题，坦率地说，一般人看见华北的喜多中将和华中的原田中将两人就感到头痛。周佛海还谈到他讨厌顾问的原因：在于临时、维新两政府中，顾问采取长官的态度，没有顾问签字，命令发不出去。……影佐针锋相对地说：日本方面也很重视顾问问题。这就是新中央政府用哪一国的顾问用到什么程度。……而绝不是贵方所担心的派遣顾问是有意胡闹。影佐还补充说："捉住个别坏例子，破坏一般的感情，我认为是可以避免的。"影佐最后就顾问问题作出总结说："总之，是既成事实，不应把它当作无理看待。这只是说初生婴儿不能脱离奶水。"这俨然是把汪伪当做儿子看待了。

当谈到把晋北十三县划归"蒙疆"问题时，周佛海向影佐诉苦说：如果把它划给蒙古，河北门户洞开，这样，就没有任何理由向中国民众解释。只有以长城线为汉人所有为理由，聊以保持体面，以示苦衷。①一语道破天机，原来汪方与日方谈判，讨价还价，无非是为了"保持体面"，以便于欺骗中国人民。大抵日、汪双方的谈判，从汪方的动机和企图达到的效果来说，都可作如是观。

日、汪双方经过七次会议，虽然还有些枝节问题尚待解决，作为汪方的首席代表周佛海即表示："可以作为同志而签字，当然作为未定稿，仍然要经过会议后，再汇集于会谈记录中，写成主文、谅解事项等议事录，作为将来签订条约的资料。从而可以在此签字。"周佛海还带着急迫的心情央求说：我们是根据中央政治会议探讨今后的问题。所以，如果现在不能解决的各个问题，便无法召开中央政治会议。例如，联合银行的问题，华兴商业银行及军需的问题等，都必须一下子加以解决。看来，周佛海的着眼点放在急于召开伪中央政治会议，为了解决筹组伪中央政府的财政问题而急于表态。但影佐却不即不离地回答："我们尽可能致力于问题的决定。但是，对无论如何也解决不了的问题，我们也无可奈何。如果认为由于急于建立政府，不确定细目，就无法召开中央政治会议，对政府建立将发生障碍，就会造成了为了使孩子活着，结果母亲死了。"②影佐对汪方的曲意讨好尚未完全满意。他说："凡是确定的，双方可以签字，我们保留的提案尚有十七件。"③ 就这样，日、汪密约以汪方几乎全盘接受而告结束。

---

①②《关于日华国交调整原则的协议会》，《日本外交档案 S 493 号》。
③ 所谓日方保留的十七件，即：1. 附录第四项第二、第三款及附本。2. 蒙疆与华北的境界，使长城线划入华北之件。3. 华北政务委员会的管区，大致包括长城以南的河北省、山东省、山西省之件。4. 在华北政务委员会机构内设置军事处理机关之件。5. 关于关税、盐税、统税的征收办法及华北和中央分配比例之件。6. 关于航空、铁路、通讯、海（水）运港沪之件。7. 防共驻兵地区之件。8. 治安（保障）驻兵之件。9. 撤兵之件。10. 顾问及职员的聘请和派遣之件。11. 关于新上海之件。12. 华中经济协议之件。13. 海南岛之件。14. 联银卷、华兴卷军票之件。15. 给予华北与蒙疆交涉之件。16. 在高度结合地带以外的其他地区资源的开发和利用之件。17. 对军队、晋察供给武器之件。

三　高、陶事件

日、汪密约经过1939年11月周佛海等与影佐祯昭的七次会谈后，汪精卫为了迎合侵略者的政治需要，大造投降舆论。就在11月12日第七次会谈结束的当天，汪精卫发表讲话，说什么日本没有亡中国之意，因此，中国应该随时准备收拾战争，恢复和平。妄图瓦解抗战阵营。同月19日，汪精卫又发表了《所望于产业界诸君》一文，鼓其如簧之舌，引诱上海资产阶级投敌。汪精卫声称：产业界应用具体行动实现与日本的经济合作，以奠定中日永久和平的基础，云云。

另一汉奸头目周佛海则于12月9日发表《关于组织中央政府》的文章说：组织中央政府是为担负和平的使命，中央政府的成立，不是时间的问题，乃是条件的问题。现在正在和日本谈判条件，只要条件全部谈判完成，就可立即组织起来。周佛海的文章反映了汪精卫汉奸集团急于组织伪中央政府的迫切心情。但是日本对汪精卫汉奸集团显然不想急于满足他们的要求。日本首相阿部信行于同月14日在日本国民精神总动员中央联盟干部与政府恳谈会上发表的讲话，等于给汪精卫当头泼了凉水。阿部说：关于处理中国事变，成立新政权问题，由于日、汪双方对具体内容尚未获得一致意见，成立时间需要推迟。这一方面表明日本对日、汪谈判稍感不快，其目的是要迫使汪精卫完

汪伪政府成立时，周佛海在国民政府大楼前留影。

陈公博。

全就范；另一方面日本对重庆国民政府的诱降工作从未停止，还想最后迫使重庆政府与日本谈判，从而可以从中国战场上拔出泥足。

汪精卫对此心领神会，于是在这年的12月18日至24日，由陈公博代表汪精卫与日本海军须贺少将进行了六次会谈，解决有关厦门及矿山资源利用等问题。陈公博完全满足了日方的要求。当第三次会谈进行到进午餐的时候，一个目击者说：看来陈（公博）对于日本海军真意的了解有了很大进展，他也敞开胸怀谈话，反复强调日本海军的合作。他反复说自己在日本方面没有知己，此次叩问海军真意，得到相互了解，非常满意，欣喜于获得了知己。[1]在会谈结束时，陈公博讨好日本海军说："日本一向是陆海军分别担当国策的，请海军务必以其公正的意见，向陆军作出充分劝告。"[2]陈公博看到日本海、陆军在中国问题上为争夺权益而产生的矛盾，寄望于日本海军方面去作陆军的工作，真是"饥不择食"。其媚日丑态，较之汪精卫亦不逊色。

经过了上述公开的、秘密的紧张活动后，1939年12月30日，汪精卫和日本梅机关终于在上海秘密签订了《日华新关系调整要纲》及《秘密谅解事项》。《要纲》明确规定：（一）中国承认满洲国。（二）在新国交恢复以前，维新、临时两政府经办事项，由中央政府（汪伪）加以继承。（三）确保日本在中央政府外交、教育、宣传、文化以及军事等各方面的权力和合作关系。（四）承认日本在内蒙、华北、长江下游、厦门、海南岛及其附近岛屿的政

　　①②引自张荫桐译：《日中战争》5（《现代史资料》13），1964年版。

治，经济以及对地下资源开发利用的权利；承认在以上地区的防共和治安的驻兵权，以及与驻兵地区有关的铁路、航空、通讯、港湾和水路在军事上的要求。（五）在中央政府及各级机构中聘请日本军事、财政、经济、技术顾问，以确保上述条款的执行。①

当时间跨入20世纪40年代的第一天（1940年1月1日），汪精卫兴冲冲地又是发表文章，又是广播讲话。在题为《共同前进》的文章中，汪精卫强调：共同防共和经济提携，是中日的共同目标。因此，必须在外交上、在国防上，与日本争取同一方针；在经济上，实行有无相通，短长相补。②周佛海也于次日发表题为《和平运动的发展和途径》的广播讲话，叫嚷：其目前一切努力，就是要集中于中央政府的产生，组织、充实、健全中央政府，是今后努力的途径。③看来他们的傀儡戏就要出场了。

但是晴天一声霹雳，1940年1月3日，汪精卫汉奸集团的重要成员高宗武、陶希圣秘密离开上海，前往香港。同月22日，香港《大公报》引人注目地刊登了高宗武、陶希圣《致大公报信》和《中日新关系调整要纲》及《附件》（即日汪密约），高、陶在信中揭露了汪、日谈判签订密约的经过，以及密约中的主要条款。

高宗武、陶希圣在信中说：去年之夏，武（高宗武）承汪（汪精卫）相约，同赴东京，即见彼国（指日本）意见庞杂，军阀恣横，罕能望其觉悟。由日返沪以后，仍忍痛与闻敌汪双方磋商之进行，以期从中补救于万一，凡有要件，随时记录。11月5日影佐祯昭在六三园④亲交周佛海、梅思平及陶希圣等以《日支新关系调整要纲》之件，当由汪提交其最高干部会议，武亦与焉。益知其中条件之苛酷，不但甚于民国四年之二十一条者，不止倍蓰；即与所谓近卫声明，亦复大不相同。直欲夷我国于附庸，制我国之死命，殊足令人痛心疾

---

① 《汪精卫伪国民政府纪事》，第35—36页。
②③ 《汪精卫伪国民政府纪事》，第37页。
④ 即上海江湾六三花园，日、汪双方谈判所在地。

首，掩耳而却走。力争不得，遂密为摄影存储，以观其后。其间敌方武人，颐指气使，迫令承受，或花言巧语，涕泪纵横。汪迷途已深，竟亦迁就允诺，即于十二月三十日签字。武、圣认为国家安亡生死之所关，未可再与含糊，乃携各件，乘间赴港。……除将摄存及抄录各件，送呈国民政府外，兹送上《日支新关系调整要纲》暨附件之原文摄影（译文另附），又汪方提出"新政府成立前所急望于日本者"之去文，及同件日方复文各一份，敬请贵报即予披露，俾世人皆得周知，勿使真相长此淹没，以至于不可挽救。[①]

高宗武、陶希圣这封信，揭露了日、汪勾结和签订密约的经过，及日方的软硬兼施，以及汪精卫的俯首求降、听从日方摆布的丑态，等等。当然，高宗武、陶希圣在信中不可避免地有自我表白和辩解之处，但日、汪密约的的确确是汪精卫卖国的铁证，并从此真相大白于天下，这对于汪精卫汉奸集团来说，真是个致命的打击。

汪精卫对这个突如其来的消息，弄得手足无措，涕泗滂沱，他自怨自艾地说："脱党（指高宗武、陶希圣脱离汪记伪国民党）的事件，还可以忍耐，不过，这卑劣的背叛行为是不可恕的。……这是我的不德，完全是不德所致的，以这样的不德来计议国是的将来，是不可能的。商谈建立东亚和平也不能自信了。惟一洁身的方法只有置政治于度外。"

"汪氏仰胸号叹，为这一背德的污辱而哭泣。这是汪氏和平运动史中，最悲痛的一页。也是汪氏最大危机的时候。"[②]

不过汪精卫并没有就此止步，洗手不干了。他恼羞成怒地对高宗武、陶希圣破口大骂，说他们"自丧人格，实属卑鄙，殊堪痛恨"。[③]

汪精卫虽然遭此沉重打击，他还在强打精神，因其时汪伪群奸及王克敏、梁鸿志等老牌汉奸正准备在青岛举行合流会议，筹组傀儡政权事宜。汪精卫于

---

① 香港《大公报》，1940年1月22日。
② 《和运史话》，新中国报社1943年7月再版本（原载1940年12月7日东京《朝日新闻》）。
③ 汪精卫：《在青岛会谈各次谈话》，转引自雷鸣：《汪精卫先生传》，第398页。

事件发生后的第三天（1月24日），在青岛接见路透社特派员时，说了如下的一番话：

"陶希圣、高宗武两人，均系自始即参加和平运动者，然自去年3月21日曾仲鸣同志在河内被暗杀之后，二人即怀极度戒惧心理，……又陶希圣亦系一优柔寡断之人，毫无坚强决心，此与高氏如出一辙。然余因彼等两人，均系颇早即已加入和平运动者，故对彼等两人，亦竭力以尽量之宽大态度待遇之。迨至去年11月左右，因对于彼等二人之态度，发现可疑形迹，故此后遇有重要交涉，即不复使彼等二人参加，二人乃竟窃去年十二月五日①日本方面该地当局一部分人士之和案，居为奇货，向重庆方面告发。此种行为，不仅怯弱，且适足以表现其蒙受诱惑，自堕人格矣。卑劣至此，实堪浩叹。"

汪精卫还故作镇静地说："抑不论何种运动，其内部发生此类腐败分子，盖为趋势所难免，而其结果，则此等分子归于自己淘汰，对于大局，则毫末损也。……然余深信中国自和平外，复别无解救之道，且深信和平运动，刻已逐日发展，离成功之期不远。际此国家续绝存亡非常之秋，若欲救国，则非抱有牺牲自己之决心不可。苟抗战血战而失败，则抗战者负其责，苟和平运动失败，则从事和平运动者负其责，如其首鼠两端，持骑墙主义，则断不可也。

余之同志莫不具有坚强决心，勇往直前，以新秩序建设为目标而迈进，故高、陶二人之退却，转足使吾人之团结益趋纯洁强固耳……故高、陶两人所发表者，完全出于向壁虚造，事实必有可证明之耳。"②

这番话就汪精卫来说，可算当面撒谎，煞费苦心。照汪精卫看来：似乎中国除了投降之外，别无出路，而且他搞的"和平运动"，眼看就要成功了。但这番谎言本质上却是反映汉奸群中的互相倾轧，钩心斗角；更多的则是高宗武、陶希圣揭露日汪密约后，汪精卫处境狼狈，如坐针毡，不得不编造谎言，来为自己的卖国丑行作徒劳的辩解，同时也为他的汉奸同伙打气。另一目的，

① 当系十一月五日之误。
② 《南京新报》，1940 年 1 月 26 日。

则是通过高、陶事件，作为向日方讨价还价的理由，那意思是说，你日本的条件太苛刻，我汪精卫就更无法欺骗中国人民了。从而可以乞求日方多少缓和一点苛酷条件。

关于汉奸群中的矛盾倾轧情况，我们从周佛海的几则日记中，可以概见其大略：

"闻宗武、希圣失踪，大约系赴香港，因忆一号与宗武所谈，恍然大悟，余虽觉中国不能不统一，因之重庆不能不联络，但万不料其离沪如此之速也；其事前早有接洽可知，感触万端。"①

"晚赴汪先生处便饭，汪先生因宗武及陶希圣不告而别，颇为愤慨，当劝慰之。希圣为人阴险，较高尤甚，亦未可恕也。"②

"四时出席扩大干部会议，由汪先生报告高、陶离沪情形及善后问题，汪先生力为陶希圣开脱，余殊不愿，陶某阴险成性，实无可恕也。"③

由于陶希圣是老牌改组派，汪精卫极力为之开脱，周佛海则坚决不予谅解。

"接上海无线电，高、陶两败类，在港将全部条件发表，愤慨之至。影佐来，谓与大局无关，劝余并转陈汪先生安心，其意在劝余，而其内心亦焦灼万状也。……晚与思平谈高、陶之事，愤极之余，彻夜未睡。拟回沪发表长篇声明，说明内容及吾辈态度，以正国人视听，高、陶两动物，今后誓当杀之也。"④

周佛海作为汉奸集团的参谋长，杀机毕露，大有与高宗武，陶希圣不共戴天之势；而作为汪精卫后台的影佐祯昭，也感到棘手而焦灼万状。

"下午接香港拍来高、陶二败类致《大公报》缄，不禁发指，因赴海光

---

① 《周佛海日记》（1940年1月4日）。
② 《周佛海日记》（1940年1月5日）。
③ 《周佛海日记》（1940年1月8日）。
④ 《周佛海日记》（1940年1月22日）。

亭，晤清水、犬养①等。谈及此事，余愤极之余，不禁泪下。"②

日本帝国主义侵略分子今井武夫也不得不承认，高、陶的出走，对汪精卫为首的汉奸集团是一次沉重的打击："他们内心受到的冲击是难以掩盖的，无可争辩，这对和平运动的前途投下了阴影。……最伤心的是周佛海，他认为高、陶的逃走毫不值得追究，但愤慨地说暴露密约完全是背叛行为，他泪下如雨，也不擦掉，惟有长叹而已。"③

周佛海对高宗武、陶希圣暴露了日、汪密约如此痛心疾首，在他的日本主子面前泪下如雨，其奴颜媚骨和卑鄙无耻，与汪精卫如出一辙。

不过，在汉奸群中，也有对高、陶事件表示幸灾乐祸的，罗君强就是如此。罗承认：陶、高出奔对汉奸方面当然是一大冲击。汪精卫乃再在自宅召集一次干部会议，特务李士群还在会上建议派人到港，再去找他们回来。我和陶希圣积有私怨，……这次他走了，我想走了也好。我在会上说：陶希圣反复无常，人所共知，滚了也好，可免后祸，我代表青年同志反对再找陶希圣回来。汪精卫连搓两手，嘟着嘴说："这也是我的不好。"④

这里反映出老CC派周佛海等与改组派陶希圣之间的矛盾，又反映出是维护汉奸集团利益还是让这个集团任其分崩离析的矛盾，弄得汪精卫只好自认晦气。

在汉奸集团面临风雨飘摇之际，汪精卫的老搭档陈公博却甘冒天下之大不韪，于1940年3月11日由香港赶到上海，重入汉奸集团，⑤为汪精卫撑腰打气。周佛海对此，悲喜交集。他在日记中写道：本日公博到沪，相见之下，悲喜交集。渠谓高、陶实非人类，吾人因政策不同而离渝，从未对蒋先生（蒋介石）

---

① 即清水董三、犬养健。
② 《周佛海日记》（1940 年 1 月 23 日）。
③ 《今井武夫回忆录》，上海译文出版社，1978 年版。
④ 罗君强：《伪廷幽影录》。
⑤ 据罗君强说："陈公博既不能深明大义，拒绝落水当汉奸，又感到自己对'和运'无功，将来即使搞出一个局面，个人难免冷落，于是就采取以退为进的策略，……一味以老母病重希望在香港终养为推脱。"这次高、陶事件发生后，加上陈璧君到港催促他入伙，陈就顺水推舟地由港到沪。

有一恶语相加，未宣布其秘密，高、陶如此，实人类所不能作之事也。①物以类聚，人以群分。陈公博昧于民族大义，甘心附逆，盲目追随汪精卫，最后落得个枪毙的下场，实属罪有应得。

高、陶事件是汉奸集团中的一次内讧，是争权夺利达到白热化的尖锐表现，是分赃不均的必然结果。

按照罗君强的说法：陶希圣这次为汪精卫运筹帷幄，自念功不在周佛海之下，自己仅得一席常委兼个党的宣传部长，听说周佛海又将掌握伪府财经大权，更是因羡生妒。自命一介书生，当个冷门的教育部长总是差强人意的，因此向汪精卫有所表示。哪知汪已将教育部长许给了当时所谓无党派人士赵正平，陶心怀抑郁，恰好重庆中统②特务又来勾引、吓他，他感到当汉奸也当不出一个名堂来，只好再动别的脑筋吧！高宗武在伪府成立前，一心想当外交部长。……汪精卫因高的年纪才三十挂零，年轻资浅，……拟自兼外长名义，以高为次长，让他代行部务。……高宗武觉得卖了这样大的气力，竟然仅能屈任次长，十分愤愤不平。③

上述情况表明，高、陶出走的原因是：高宗武想当外交部长不曾到手，陶希圣则希望就教育部长不能如愿，因此愤而出走，这当然是原因之一。

陈春圃的说法则是：高、陶相约一起走，除因陶后来也住在租界同样经受不起军统的威胁以外，主要还有一个内因，就是人事摩擦严重。记得在高、陶离开以后。在是年（1940年）1月，汪精卫和周佛海有一次在愚园路汪的寓所谈话时，周佛海提到：陶希圣对梅思平的猜忌成性，一再挑拨他和我的感情也伤透脑筋，几次三番当面或者书面诉苦，后来简直极度愤怒，虽经屡次解释，终未释嫌，这对于他之离开也是重要因素，云云。汪精卫对周佛海也说：陶希圣对林柏生也有问题，总认为柏生不买他的账，不把他这个中宣部长放在眼

① 《周佛海日记》（1940年3月11日）。
② 从高宗武、陶希圣出走的情况看，杜月笙起了相当大的作用，杜与戴笠关系密切，似主要应为军统活动所致。
③ 罗君强：《伪廷幽影录》。

内。……这样一来，汪记集团这几个所谓"骨干"平素极不相容，互相攻讦到你死我活的程度，碰到旁人的怂恿威胁，自然容易走上公开拆伙之一途。①

实际上，围绕着高、陶事件，既呈现了CC派与改组派的矛盾，又表现出改组派与公馆派②的对立。

看来群奸争夺伪政权肥缺的分配，确实使汪精卫感到是个很头痛的问题。

平心而论，高、陶事件对于日本侵略者特别是汪精卫汉奸集团，确实是一次巨大的冲击，它使傀儡登场戏几乎开不了场；另外，就高宗武、陶希圣而论，不论他们的主观动机如何（如争当伪府部长不成），客观形势的变化如何（如军统的威胁和杜月笙等的策反等），他们毕竟从日寇占领下的上海，投奔到抗战时的陪都重庆来了（高宗武则直接避居美国）。高宗武、陶希圣追随汪精卫当了半截子汉奸，有其共同思想基础和叛国事实，这是应当受到批判的；说他们凛于民族大义，这是替他们涂脂抹粉，但他们确实感到汉奸这顶帽子的分量，充当千古的民族罪人这种滋味也是不好受的，因此"迷途知返""反戈一击"，重新回到抗战阵营，就这点而论，还是应予以适当肯定。

另外，高宗武、陶希圣带回日汪密约，公之于世，使人们从这个反面教材中看到日本帝国主义妄图永远奴役中国变中国为其殖民地的狼子野心，使人擦亮眼睛，从而对汪精卫汉奸集团为虎作伥的罪恶行径产生极大的憎恶和仇恨，汉奸们再想抵赖和掩饰其卖国真面目，都是无济于事的。他们的卖国形象在中国人民心目中再也无法改变了。这也是在评价高、陶事件时，应该注意到的事实。

紧接着高、陶事件后，蒋介石在1940年1月23日发表《为日汪密约告全国军民书》和《告友邦人士书》，蒋在上述声明中强调指出：日本军阀一面在中国努力制造傀儡政权，一面与尚在制造之傀儡政权签订协定，以组成所谓"日支

① 陈春圃：《高宗武、陶希圣出走香港》，《汪精卫国民政府成立》，第635页。
② 所谓公馆派即围绕汪精卫、陈璧君身边的一伙汉奸，如褚民谊、林柏生、陈春圃等均是。

满"三国经济集团，并以中国之政治、经济、军事、外交、文化等，统由日本统治，俾其他各国之一切活动，均受日本国策之打击，且以此《中日新关系调整纲领》之日汪协定，而根本取消各国在东亚之地位矣！蒋介石在这里明显地暴露出依赖英、美、法等国干预中日战争的想法，但谈到的一些情况，则基本接近事实。

于是英、美，法等国家，对中日之战的态度，渐趋积极，他们纷纷发表声明：决心维护"九国公约"，否认汪伪政权。2月13日，美国国会通过对华贷款2000万美元。英、美、法等国甚至在欧战爆发前后，抽调兵力，增强远东地区的防务。[①]不能不看到，日、汪密约的揭露，对上述情况确实发生了直接间接的影响。

汪精卫虽然遭到沉重打击，但仍继续与王克敏、梁鸿志等举行青岛会议，作筹组伪中央政府的最后准备。

四　青岛会议

青岛会议按照汪精卫汉奸集团的说法是："主要即在根据国民党第六次全国代表大会宣言，容纳各党各派、无党无派志士的精神，联络各既存政权并各方和平势力，共商国府还都大计。"[②]说穿了，这是一次汪精卫、王克敏、梁鸿志等汉奸们之间的分赃会议。

早在青岛会议前，1940年1月7日，梅机关为会议定下了基调——《青岛会谈要领》。要领规定：（一）青岛会谈是中央政治会议的准备会议。（二）会期三天。（三）会议内容：通过及决定中央政府建立大纲、政府机构、名称、首都、国旗、中央政治会议组织纲要及条例、中央政治委员会组织条例、华北政务委员会组织条例等。（四）由汪精卫向王克敏、梁鸿志分别说明《调整要

---

① 章君榖：《杜月笙传》，第3册。
② 雷鸣：《汪精卫先生传》，第396页。

1940年1月，汪精卫与梁鸿志、王克敏在青岛会谈后举行国际记者会。

纲》的部分内容及中日关系情况，决定以后中日关系由汪精卫负责处理。换句话说，由日本策划的群奸合流组织起来的伪中央政府，得承认汪精卫的主导地位。

1月15日，汪精卫电邀王克敏、梁鸿志等赴青岛会谈，原电如下：

"去年九月在南京会晤之际，屡蒙指教，拜聆高见，感荷莫名。数月以来，各事折冲结果，渐见端倪。兹为组织中央政治会议，促进和平，实现宪政，作进一步检讨而期实行计，定于本月下旬，在青岛举行会谈，以便讨论国家大计，尚乞赏临为幸。"①表明汪精卫是这次会议的召集人。

出席会谈的除汪精卫、王克敏、梁鸿志外，代表汪记伪国民党的有：秘书长褚民谊，中央执委常委周佛海，组织部长梅思平，代宣传部长林柏生。代表

①《南京新报》，1940年1月19日。

临时政府的有：内政部长王揖唐，司法部长朱深，治安部长齐燮元。代表维新政府的有：立法院长温宗尧，内政部长陈群，绥靖部长任援道。

李守信作为伪蒙古联合自治政府德王的代表也来到青岛，李与汪精卫的代表周佛海举行了会谈，达成如下协议：汪精卫方面承认蒙疆地区实行高度防共是必要的；交换的条件是，蒙古联合自治政府方面对即将成立的新中央政府给予协助。

青岛会议自1月24日至26日共会谈三次。第一次会谈于1月24日上午举行，汪精卫主持了这次会谈，他在会上侈谈什么"三民主义真谛"，胡诌什么"以民族解放言之，则为民族主义；以政治解放言之，则为民权主义；以经济解放言之，则为民生主义。三民主义为救国主义者如此。"然后话头一转说：三民主义"与东亚主义世界主义并不相违。盖其基本精神，以中国固有道德出发，以和平为信条，不以侵略为能事，故谓之王道，而非霸道。中国必得到自己之自由平等，乃能为东亚之一员，此即修身齐家治国平天下之义也。"①

关于汪精卫的汉奸理论，将在以后的专章中加以剖析和批判；这里需要指出的是：他把孙中山革命的三民主义简直糟蹋得不成样子。他一会儿把三民主义和法西斯的东亚主义、世界主义相提并论，这明明是挂羊头卖狗肉，为日本的侵略政策寻找理论根据。一会儿说什么"以中国固有道德出发，以和平为信条"，然后又扯到"王道""霸道"问题，又是什么"齐家修身治国平天下之义"等。汪精卫真是数典忘祖，忘记了一个基本事实，即中国人民是酷爱和平的，但绝不能忍受黑暗的统治，绝不能忍受侵略者的压迫。

汪精卫在会上还大谈"法统"问题，说明他是主张继承旧法统的。理由是："盖中国如欲树立全国统一之中央政府，其方法有二：其一废弃旧法统而另建新法统。……此次事变，由于过去国民政府政策之失当，并非由于政制之不良。……政制即有未尽善之处，亦只需适当改正而已足，因吾人并无根本推

---

　　　① 汪精卫：《在青岛会议各次谈话》。

翻原来法统，徒使惹起混乱之必要也。其二即承袭旧法统而略事修正之。……去年中国国民党召开第六次全国代表大会时，有鉴于斯（指国民党一党专政），对斯制度特议加以改善，在大会宣言中，已表明此旨。由是今后中央政治委员会，已非国民党一党独占，凡各合法政党及全国贤能之士，均能依法参加，协力商议政治，此即实现宪政之初步，同时矫正过去政制缺点者也。"[①]

汪精卫不赞成废除旧法统的同时，又开了一大堆政治药方，如在短期内召开国民大会、制定宪法，实施宪政等。汪精卫是个大党棍，即使当了汉奸头目，他还要祭起"法统"这个法宝，以适合他推行汉奸政治的需要，用以自欺欺人，这是汪精卫和其他汉奸头目如王克敏、梁鸿志之流所不同的地方。不过，国民党的一党专政，虽然不得人心；而汪精卫以国民党副总裁身份卖国投敌，尤为国人痛恨。他利用"法统"的招牌招摇过市，理所当然地遭到人们唾弃，这大概是汪精卫始料所不及吧！

会上，汪精卫还大念和平经说：

其一，和平运动乃是从东亚大局着想，确有见于中日两国非和平不能共存共荣，并非以战败之故，避难苟安也。

其二，和平运动乃中日两国百年大计，应从共存共荣之见地，深植其基础，并非求一时之宁息也。

其三，和平运动乃是从一种主义、一种信仰出发，确有见于中日两国，战争则两败俱伤，和平则共存共荣，故不避艰难，不惜牺牲以赴之，并非出于权谋术数之观念也。[②]

在这里，汪精卫俨然成了日本侵略者的鼓吹手，和侵略者唱一个调子。什么"共存共荣"？侵略者与被侵略者之间的关系是生死斗争关系，被侵略者只有在斗争中奋起，绝不能向敌人屈辱求存。什么"和平运动，乃中日两国百年大计"，中日两国人民是要世世代代友好下去的，但这只能在打倒共同敌

[①②] 汪精卫：《在青岛会议各次谈话》，汪伪宣传部编：《和平反共建国文献》第1辑，《中国之部》。

人——发动侵略战争的日本法西斯狂人之后，而不是乞求侵略者发善心放下屠刀，更不是汪精卫之流的投降活动就能制止战争的，恰恰相反，投降活动只能更助长敌人的嚣张气焰和战争狂热。什么"战争则两败俱伤，和平则共存共荣"！中国人民反对战争，但是日本侵略者既然将战争强加在中国人民头上，中国人民只有和敌人周旋到底，即使付出巨大的牺牲，最终胜利当然是属于正义的中国人民。

在青岛会议前，汪精卫还遵照日本主子的意旨，向蒋介石发出劝降电。电文说：

"一年以来，殚尽心力，谋扫除过去之纠纷，实现将来之光明。……以今日之国内情形、国际环境，抗战到底必无最后胜利之望，先生所知，无待赘言。全国人民倾向和平，亦先生所知，更无待赘言。惟和平之实现，必须全国一致，乃能迅速普遍。"汪精卫强调说："兆铭绝不能以此有所顾虑，势必先以全力，从事于局部的和。惟先生苟能以国计民生为重，及今毅然决定大计，声明愿与日本停战言和，根据近卫声明之原则，以求其具体的实现，则兆铭与诸同志必能与先生同心戮力，使全国和平早日实现。质而言之，国家民族之存亡祸福，系于此举。现在先生在重庆，集大权于一身，和战大计，惟先生一言可决，所责于先生者重，故所望于先生者厚，不避冒渎，布此腹心，惟垂察之，幸甚。"①

在这封劝降电中，汪精卫承认一年来所进行的投降活动，困难重重。但他仍把日本的诱降条件说成即使这样也不算亡国条件。然后汪精卫向蒋介石软硬兼施地说，坚持抗战是没有希望胜利的，只要蒋介石主张停止抗战，他愿与蒋携起手来，重温汪蒋合作的旧梦。而且说蒋介石是集军政大权于一身的，只要蒋表明态度，他们的合流很快就可以实现。实际上，汪精卫在这里喋喋不休地表述，已经不是什么新鲜玩意儿，日本侵略者早就不停地策划宁、渝合流，

230　　① 汪精卫：《铣电》，汪伪宣传部编：《和平反共建国文献》第 1 辑，《中国之部》。

以便日本从中国战场上拔出泥足。但蒋介石此时的抗战态度，不曾被日、汪的恐吓拉拢而有所改变，汪精卫劝降的伎俩又一次宣告破产。尽管如此，汪精卫还是下决心要在日本刺刀保护下充当傀儡角色。所谓"兆铭绝不能以此有所顾虑，势必以全力从事于局部的和"。就是这个意思。汪精卫明知当汉奸不一定有好下场，但还是决心要当儿皇帝。

当谈到青岛会议所要达到的目标时，汪精卫说：吾人拟成立一名副其实之中央政府，俾得负担足以答复近卫声明之责任。此次吾人之所以前往青岛者，非为讨论和平之条件等，而系欲使国内一致团结耳。①

所谓"国内一致团结"，就是汪精卫要把王克敏的临时政府和梁鸿志的维新政府拉在一起，按日本的意旨冶于一炉，为将来成立的伪中央政府点缀门面。

关于这一点，1月26日（即青岛会议的最后一天），临时、维新政府发表联名声明，算是对这个问题的交代。声明说：

"事变以来，临时、维新两政府先后成立，应时势之要望〔求〕，倡导和平，作战败之善后，图秩序之恢复，努力从焦土之间，拯救民众。……去年夏秋之顷，汪精卫先生贲临北京、南京，互商时局，其勇敢赴难精神，令人钦佩，不胜铭感。今经青岛会议，进而将见中央政治会议之召集。关于内外政策，汪先生谈话所发表者，悉为吾人所冀求望其实现者，全国贤达之士，亦必深谅其苦心，而冀助成此大业也。复兴在望，不胜翘望。"②王克敏、梁鸿志答应捧场，青岛会议的目的也就算达到了。

对于青岛会议的结果，日本侵略者的头头们是满意的。日本总参谋长板垣征四郎说：青岛会议之结果，使中央政府之组成及调整中日关系之前途，更见有浓厚之希望，为东亚尤为中日两国，至堪欣慰。③

---

① 汪精卫：《答日记者问》，《中华日报》，1940年1月21日。
② 《临时维新两当局联名声明》，汪伪宣传部编：《和平反共建国文献》第1辑，《中国之部》。
③ 《板垣总参谋长谈话》，汪伪宣传部编：《和平反共建国文献》第1辑，《日本之部》。

梅机关机关长影佐祯昭也说：大致可以预测，由于秘密条约的决定，使日本方面的意见完全一致。同时，临时、维新两政府的人们也表示这样的态度，逐渐理解汪的运动，并有诚意协助这个运动。因此可以预料到青岛会谈能够顺利发展，大概可以达到目的。……这次会谈的结果，决定在汪政府委任范围内具有处理局部问题的权限；维新政府取消，其人员原则上吸收到汪政府中来①。

影佐在这里强调了"由于秘密条约的决定，使日本方面的意见完全一致"，就是说秘密条约完全满足了日本方面侵略的要求，因此青岛会议才得以顺利召开。在这里表明青岛会议的操纵者明白无误地是日本侵略者，汪精卫、王克敏、梁鸿志之流，只是充当无足轻重的配角。

日本派遣军报道部长也为青岛会议捧场说："青岛会议之结果，行将促进新中央政府之成立；对于中、日国交调整前途，亦投下一种光明；为中、日两国之将来计，殊足庆幸！"②

这次青岛会议，汪精卫、王克敏、梁鸿志实际上各怀鬼胎，各有打算，只是在日本主子的裁决下，汪精卫凭借其在国民党内的历史、声望、具有一定的欺骗性等条件，为日本特别垂青，跃居于汉奸班底的首位，使王克敏、梁鸿志屈居其下。

青岛会议历时三天，第一天（24日）在汪精卫大放厥词之后，汪与王克敏、梁鸿志就伪中央政府成立大纲及政府的名称、首都、国旗等问题举行会议，达成了一致的意见。第二天（25日），汪精卫与王克敏、梁鸿志进行第二轮会谈，他们就伪中央政府成立大纲及伪中央政府的内容进行了具体讨论。接着，汪精卫就1939年12月30日达成的所谓《新政府成立后的中日国交调整方针》及谈判情况作了说明。既然是日方的意旨，王克敏、梁鸿志自未便表示异议。于是汪精卫提议就下列问题进行讨论。这些问题是：（一）关于"中央政

① ［日］影佐祯昭：《青岛会谈》，《曾走路我记》，第二篇，第十三章。
② 《论目下中日之根本问题》，汪伪宣传部编：《和平反共建国文献》第1辑，《日本之部》。

治会议组织文件”；（二）关于“中央政治委员会组织文件”；（三）关于“华北政务委员会组织文件”；（四）关于“国民政府之机构的各种问题”。对于上述问题，汪精卫、王克敏、梁鸿志达成了下述谅解：

（1）中央政治会议由重组的国民党，临时、维新两政府及其他各党各派、无党无派的30乃至40名人员组成。

（2）新政府的最高领导机关中央政治委员会的组织权限等，大致继承以前国民政府的组织权限。

（3）随着新政府的成立，临时、维新两政府皆予以解散。同时组织华北政务委员会。

（4）关于国民政府的机构，依据第一次会议所决定的中央政府成立大纲。政府的政纲则根据原国民政府的旧法统。[①]

在取得王克敏、梁鸿志同意后，汪精卫又很快将这些方针转告临时、维新两伪政权以外的所谓各党各派、无党无派人士，并征得了他们的同意。“随后，正式决定在适当的时候召集中央政治会议，并将诸问题递交该会议审议。此外，还决定中央政府成立后立即设置有关实施宪政的委员会，以促进训政期向宪政期过渡。”[②]

在汪精卫看来，只有完成上述法定程序，他将要成立的“中央政府”，才算于法有据，才算名正言顺。至于“实施宪政”，“促进训政期向宪政期过渡”云云，汪精卫也清楚知道那不过是骗人的鬼话，“无关宏旨”。日本人既不予理会，王克敏、梁鸿志等也就乐得听汪精卫信口雌黄，胡说八道。

1月26日，即青岛会议的最后一天，汪精卫、王克敏、梁鸿志就中央政治会议的各种问题进行协商，并就具体细目取得了一致意见。他们着重讨论了由汪精卫提出的中央政治会议组织法，实际上就是他们将在新成立的伪中央政府中各占什么样的地位以及具体将分得多少席位的问题。“中央政治会议一反以往

[①] 钟恒、孙志民译自《国民政府要览》，第2章，新武汉社，1942年版。
[②] 同上。

国民党一党专制的情况，网罗了各党各派、无党无派，在全民的基础上向实施宪政迈进。对于汪精卫氏的这种方针，两代表皆甚表满意。"①

他们所说的"全民基础"是些什么人呢？就是北洋余孽，政客官僚、无耻文人、教育败类、失意军人等社会渣滓，一股脑儿由汪精卫网罗在汉奸政权这面黑旗下，因此这帮人也就皆大欢喜。

五　汪伪国民政府粉墨登场

青岛会议后，汪伪政府即择吉开张。不过伪政权登场前，首先碰到的是人事安排问题；以梁鸿志为头子的维新政府，是日本侵略者一手扶植起来的。汪精卫纵想排除他们，无奈他们后面"自有日人撑腰，形格势禁，于是把无足轻重的监察、司法两院位置'维新'的巨头，划清界限，等于各立门户。"②伪行政院各部长中，只有陈群任内政部长，任援道则因手中握有伪军实力，汪精卫不得不任他为军事参议院院长，稍后又调任为海军部长。其他次长中，内政部因陈群当部长，当然由他推荐。邓祖禹由于和周佛海、李士群关系密切，得任为警政部次长，孔宪铿原为维新政府的宣传局长，由于日本人的坚持而为宣传部次长。周佛海对此深为困扰："预计维新政府结束，国民政府接收之前后，人事上事务上必繁剧异常。"③周佛海对陈群深具戒心，他在日记中写道："晚访陈人鹤，谈中央政府组织三步骤及办法甚详。此人将来必须设法拉拢，否则阻碍必多。"④周佛海谈到维新政府的人事安排时甚至表示："汪先生所交名单为最大限度。如再要求退让，即汪先生承认，余亦不干。"⑤可见两个汉奸集团因利害冲突，势成水火。

① 钟恒、孙志民译自《国民政府要览》，第2章，新武汉社，1942年版。
② 朱子家：《汪政权的开场与收场》第1册，第104页。
③ 《周佛海日记》（1940年1月11日）。
④ 《周佛海日记》（1940年1月8日）。
⑤ 《周佛海日记》（1940年2月27日）。

至于以王克敏为首的临时政府，实际上处于独立状态，对于汪伪中央政府大员的席位，大多不甚感兴趣，乐得唱高调故示"清高"，因为这批北洋余孽不愿离开华北老巢。但汪精卫为了华北名义上也在他的"中央政府"管辖下，仍极力表示拉拢。王克敏趁机高抬身价，他在致汪精卫的信中说：遵照阁下前于南京所谈，推荐内政部王揖唐总长为考试院长一事，早已奉告。上月杨毓珣君北上之际，携来书函，已分致各位。据杨君所言，王揖唐君已予允诺，而司法部之朱深君及实业部（或分为工商、农工两部）之王荫泰君，均以老母在堂不易远离，有不便之处。因此我方同人等重新协商，照阁下所示务必临时政府方面参加，决定推荐现任总检察长张孝移君为司法部长，前农商次长周家彦君为实业部长。……治安部齐燮元君，曾与我共事两年有余，现华北军事皆由其一手负责，似极不欲离开华北。如阁下认为中央需要此人，当然较在华北一隅更属重要，亦不能仅仅考虑自身之方便也。总之，希阁下斟酌之后予以决定。至于个人之问题，则行年六十有五，勉力支持已有两年，处于精力不继之状态，惟当中央政府新成立之际，如遽然提出辞职。恐将为局外人借此散布谣言，因此拟照以前所陈，于成立两个月后引退，一年半载以后再行效劳。真心实意，出自衷心，务请先物色可以替代之人选。"[1]

这封信写得很妙，实际情况是王揖唐、齐燮元和王克敏的关系不甚融洽。

1940年，汪精卫兼任海军部部长。

---

① 《王克敏致汪精卫之函件》，转引自《今井武夫回忆录》，上海译文出版社，1978年版。

特别是王揖唐，当汪精卫按照王克敏的意图提出让王揖唐南下就任伪考试院长时，王克敏当然顺水推舟，满口答应。因此王克敏乐得把这两人排出华北政务委员会。朱深、王荫泰不愿离开华北，则另派两人挤进汪伪政府，而且指名要充任司法、实业部长，这当然是汪精卫所不能同意的，反而给汪出了难题。王克敏明知他在华北傀儡政权的地位是汪精卫所不能动摇的，进而向汪摆老资格。所谓"一年半载之后再行效劳"云云，是明知汪精卫派到华北的任何人，都代替不了他这个角色，而且日本侵略者也是绝不会同意换马的。

汪精卫汉奸集团的情况又是怎样呢？同样是矛盾重重，争权夺利，闹得不可开交。接着高宗武、陶希圣脱离汉奸阵营事件后，又发生了丁默邨、李士群的互相火并。丁默邨、李士群的结合，本来是互相利用，由于丁默邨是老牌CC特务，李士群开始把丁当老大哥和挡箭牌，以便得到日本的支持，拉起特工队伍；丁默邨则利用李士群为跳板，充当日本人的鹰犬。后来丁默邨又与汪精卫、周佛海搭上关系，李士群当了个副手，于心不甘。汪伪政权成立前夕，汪精卫本来内定丁默邨为警政部长，经李士群的反对，丁的警政部长落了空，周佛海趁机以特务委员会主任委员身份而兼警政部长，丁因此闹起情绪，不愿担任没有什么实权的社会部长。

周佛海在其日记中谈

褚民谊（1884—1946）浙江吴兴人。早年获法国医院博士学位，混迹于国民党各元老之间。汪伪政府成立后，出任行政院副院长兼外交部部长。

到人事问题时，感到异常烦恼："一周来为人事问题，尝尽人生未有之痛苦，前途茫茫，更不知如何收拾！"①周佛海还牢骚满腹地说："前有高、陶之出走，后有丁、李之争执；面子丢尽，气亦受够矣！"②可见其狼狈情状。

褚民谊在这次争权中，大出洋相。因为他与汪精卫、陈璧君有裙带关系（褚民谊的老婆陈舜贞是陈璧君的堂妹），汪精卫本打算要安排他为海军部长，但此人"过去唱大花脸、打太极拳、拉马车、踢毽子、放风筝，以大官而有此行径，已显得滑稽，如再由他出任'海军部长'，更将为世人所耻笑，陈（公博）、周（佛海）向汪（精卫）再三力争？始改任为'外交部长'"③据说褚民谊为了要过海军部长的瘾，特地定做了一套大礼服，当得知做不成海军部长时，大呼晦气不止。周佛海为此事曾写道："接汪先生缄，仍拟以民谊为海军部长，此事余与公博极反对，而汪先生必欲为之，殊使人难堪，椒房之害也。"④周佛海在日记中还说："七时半起，偕公博谒汪先生，仍反对民谊为海军部长，结果为敷衍其面子计，暂以之为外交部长。此举当然不甚适宜，然较之海军部，则比较不甚滑稽也。"⑤

具有讽刺意味的是：汪精卫在即将成立的伪政权中特设"边疆委员会"。连汉奸们也不讳言："汪政权的边疆，即为南京的城门，盖讽其号令不出城外也。"在决定边疆委员长人选时，虽属特任官阶，但觊觎此职者不多，初拟以蔡洪田充任，蔡不屑就，再属意于汪曼云，汪回答得更妙："边疆委员会的委员长是个'特任官'，也就是前清的所谓'一品大员'，那时的'一品大员'大多是胡须雪白，长到肚脐眼，饱经阅历的大官僚。汪先生还都，大家都要睁着眼睛看看这批还都的大员是些什么人物。连我这样一个黄毛未退、乳臭未干的年轻小伙子，也挤于'一品大员'之列，这岂不是让人说汪先生手下没有

①《周佛海日记》（1940年2月19日、2月20日）。
②同上。
③朱子家：《汪政权的开场与收场》第1册，第105页。
④《周佛海日记》（1940年3月21日、3月22日）。
⑤同上。

人。这是我不愿意干的理由之一。再说我只是做事，不想做官，还都后的政府，哪里会有边疆？当然无事可做，对我一个想做事的青年来说，这个'官儿'无异是对我的一种虐待，要是我从这个'官儿'下来以后，我还能做什么事？不做事，待在家里等死吧，我年纪既轻，离死还远，那你们简直要我的好看，所以这傻事我不干。"①汪曼云这一番连讽刺带挖苦的话，倒也从一个侧面描绘了一幅汪伪因人设事和滥竽充数的官场现形图。

汪曼云虽不愿干，罗君强却只要官大，投其所好，倒是乐意干了。罗后来见到汪曼云时还乐不可支地说：老弟，你不要的东西我拿来了。②罗君强为什么能当上汪伪这个特任官？据说还有这样一个过程：一次，在上海愚园路1136号汪邸开干部会议时，对于未来新政权的人事，也有所讨论。周佛海的心理，以其嫡系部下"十人组织"③初步一律分任为各部次长，表面上并不偏袒大用，而实际上能收到明了各部真实情形的效果。……那天的干部会议中，周佛海提出以罗君强任"军委会政治训练部次长"，俾驾轻就熟，当陈公博的副手。陈公博当场笑着说：罗君强那么坏的脾气，我不能要他，你为他另谋高就吧！④陈璧君也对罗君强的桀骜不驯久感不快，那天却站起来说：谁也不能与罗君强共事，"边疆委员会"人选未定，不如让罗君强去，"边疆委员会"与各部无关联，就让罗君强去关门做皇帝吧！就凭陈璧君这几句话，决定了罗君强以后的出处。人弃我取，罗君强听到这个消息，却沾沾自喜，以为虽无事可做，官阶到底是"特任"，以后他的得［能］为"司法行政部长"、为"安徽省长"，也无不由此而来。⑤罗君强算是拣来了一个"特任官"。

除了汪方诸汉奸为了争夺权位闹得乌烟瘴气外，如何安排所谓"国社党""青年党"及"无党无派"人士也是个棘手的问题。赵正平、傅式说两人

---

① 马啸天、汪曼云：《76 号两个特务头子的火并》，《汪精卫国民政府成立》，第 709 页。
② 同上。
③ 所谓"十人组织"，即周佛海结成的私党，其中重要分子如罗君强、蔡洪田、汪曼云等均是。
④ 朱子家：《汪政权的开场与收场》第 1 册，第 106 页。
⑤ 朱子家：《汪政权的开场与收场》第 1 册，第 106—107 页、第 104—105 页。

算是无党无派人士。所谓国社与青年两党，居然也大唱双簧。本来，国社党由诸青来、陆鼎揆两人为代表；青年党以张英华、赵毓崧为代表，他们都说得到各该党的承认而以党代表身份参加。……在汪政权建立之前，两党还均发宣言，表示拥护。周佛海本拟以司法行政部长一席与国社党的陆鼎揆，适逢陆病死，乃改以诸青来出任交通部长，交通部长一席原已答应给青年党的赵毓崧，转给诸青来后，征得赵的同意，以农矿部长一席相酬①。

就这样，汪伪政权的组成人员，包括了除汪记国民党外，还包括"维新""临时"两个地方伪政权，以及所谓"国社党""青年党""无党无派人士"，真可谓"形形色色，百戏杂陈"，各种沉渣泛起，冶诸奸于一炉。这群丑类也都乐得"笑骂由人笑骂"，伪官他自为之，沐猴而冠，弹冠相庆。汪精卫的汉奸政权班底，总算拼凑起来了。

接着就是召开伪中央政治会议。此会是汪伪政权正式登场前的一次预备会议。虽然这次会议是在1940年3月22日才召开，其实早在1939年10月，日本就为这个会议定下了基调，从方针到要领都规定得清清楚楚。统观日本所规定的方针和要领，已不是汪精卫自己召开"中央政治会议"，而是日方命令他如何开这个会议，以及要达到什么目的，才能符合日本的意愿。不过有些要求只是日方的一厢情愿，无法实现。这不是由于汪精卫不听话，而是情况发生了变化：例如"瓦解重庆各派势力，使其归来，并以汪为核心，结成汪、吴联合政权"，就是如此。前者因日方诱降和汪精卫劝降均无结果；后者则因吴佩孚突然死亡（一说被日本人害死），所谓汪、吴联合政权，也就不了了之。

值得注意的是，在日方关于《中央政治会议指导要领》中还包含四个附件，通过这些附件有关条款，使即将成立的伪政权牢牢控制在日方手中，从而使汪精卫只能俯首帖耳听命于日方，不得稍有拂逆日方意旨。

附件一规定："新中央政府由国民党、既成政府、其他党派及弃旧图新的

---

① 朱子家：《汪政权的开场与收场》第1册，第106—107页、第104—105页。

重庆政府等各方面人员组成。"同时要求"新中央政府放弃重庆政府的抗日容共政策"。这两点在汪精卫看来，无疑是理所当然的，特别是推行反共政策，更是汪精卫求之不得的。此件还强调："关于成立新中央政府，应首先调整日中新关系，进而调整两国邦交。为此，中国方面应组成代表团，就调整中日新关系的原则事项，在新中央政府成立前，与日本协议后决定。"①这就是说，汪精卫必须按日方的条件调整好日、汪双方的关系，否则休想成立中央政府。

第二个附件则是规定调整好汪伪中央政权和其他傀儡政权的关系：包括汪方同蒙古联合自治政府、汪方和华北临时政府、汪方和维新政府等相互关系。这些也必须按日方要求调整好。

关于附件三，日方特别注明，它是"关于处理问题的参照备考"，是"关于新中国地方政治体制的指导腹稿"。并强调这个"腹稿"是将来日、中两国在缔约时，作为日方的要求事项，也是中国方面作为内政问题应该自觉采取的措施，可谓是"定型的指导腹稿"。换句话说，汪精卫将来在与日本缔结卖国条约时，只有签字画押的义务，丝毫没有讨价还价的余地。

根据附件三有关规定，华北政务委员会拥有公债发行权、官吏任免权和铁路管理权，所谓华北政务委员会归汪伪管辖，真是绝妙的讽刺。

附件三关于华中（指上海及长江下游区域）方面的规定：由于此时上海还有租界问题，因此日方采取驻屯日本军的措施，并要求汪方协助办理航空、海运、长江水运及通讯事项。在长江下游地带，"为实现日、中经济密切合作，设置中日经济协议机构"。在厦门，汪方应承认其为特别行政区域的事实。在海南岛，日本根据其特殊地位驻屯日本军队，并确保特殊资源。

如果说，前面三个附件，日方对汪方的要求多少还有点商量口吻的话，那么，附件四的条款，则简直是主子对奴才的呵斥了。日方直截了当地说：新中央政府的主要组成人员，要对日本方面提出保证。要保证些什么呢？

---

　　　① 《日本外交档案 S 493 号》。

（一）保证承认满洲国。（二）确保外交、教育、宣传及文化等方面的合作。（三）保证军事以外的共同防共。（四）掌握包括蒙疆的实权。（五）掌握华北国防上及重要经济上的实权。（六）确保上海特别市及厦门特别市。（七）确保海南岛及附近诸岛屿的军事上的实权及资源开发权。（八）确保防共驻兵权。（九）确保治安驻兵权。（十）日本军驻屯区域及其与此有关区域的铁路、航空、通讯、主要港湾及水路等的要求，得保证供应。（十一）确保军事顾问及教官对中国军队内部的指导权。（十二）确保对航空的支配权。（十三）对国防上必要的特定资源，具有开发利用的企业权。（十四）确保关于参加中国沿海主要海运的权限。（十五）关于关税及通关手续，保证实行亲日政策。（十六）通过中央政府聘请日本人做财政经济技术顾问，确保日本政策的执行与完成。（十七）对于蒙疆的全部经济获得指导权及参与权。（十八）掌握华北铁道的实权；关于通讯，获得日中共同经营权（日本优先）；特殊资源，尤其国防上重要的地下资源确保开发利用权；关于国防上重要的特殊事业，确保参与合办权（日本优先）。（十九）对于华北政务委员会的政治经济，确保有内部指导权。（二十）长江下游地带，设立日中经济协商会，对于贸易、金融、产业及交通等，确保日中有共同协商权。（二十一）关于在上海特别市建设新市区，得聘请日本技术顾问及技术员，以确保其指导权。[1]

从上述内容看来，日本要变中国为其殖民地，实行军事占领的狂妄野心和狰狞面目，确实暴露无遗。简言之，日本对于中国，就是要"并吞满蒙，独占华北，封锁华中，控制华南。换句话说，日本对中国全部的希望，就是北由黑龙江，南至海南岛，上达天空的气象，下抵地里的矿藏，中则由东南以至西北，由领海以至内河，无不占有，无不控制。由一方面看，日本要以内蒙控制华北，以华北控制华中，以华中控制华南；由他方面看，他要化华南为华中，化华中为华北，化华北为内蒙，化内蒙为满洲，化满洲为朝鲜。"[2]陶希圣的

① 《日本外交档案 S 493 号》。
② 陶希圣：《汪记舞台内幕》，第 1 页。战地图书出版社，1940 年版。

这一概括，虽不十分确切，倒也大致勾画了一个轮廓。

1940年2月12日，汪精卫在上海愚园路召开伪中央政治会议的筹备会议，参加者有"各合法政党领袖，及社会上负重望之人士"。会议确认了青岛会议时各方所同意的所谓"国民政府政纲、法统、机构、名称、国旗、首都、中央政治会议组织纲要及条例"。对于伪中央政治委员会组织条例等项，"亦得全体一致赞同"。至此，汪精卫声称伪中央政治会议的筹备工作宣告完成。

为了给汪精卫捧场，日本米内首相、陆军省板垣征四郎大臣先后发表谈话。米内声称：于今中国方面体会帝国真意，揭示反共和平方针，以汪精卫为中心的中央政府行将成立，帝国政府决定从速承认，并予以全力援助。[①]

板垣征四郎则大唱"大东亚圣战"的滥调，把侵略中国、扶植汪伪政权的事实，说成这是为了"建设东亚新秩序"的需要。他说：日本依旧尊重中国的独立主权，援助其兴隆发展，并希望其成为建设东亚新秩序强有力的一翼；故欣然将广大的占领区域，都交给行将诞生的新中央政权统辖。板垣深信新中央政府的成立，必能为中、日事变处理划一阶段。[②]

汪精卫对日本主子明确表示支持他建立傀儡政权沾沾自喜：他在3月12日发表的《和平宣言》中，回顾了1938年底近卫第三次声明发表及1939年初汪记国民党六次代表大会的历程后，煞有介事地宣布：自今以后，易抗战建国的口号为和平建国，并郑重宣布以反共为和平建国的必要工作。然后汪精卫着重强调"中央政治会议"的重要性，认为这是他组织伪中央政府的合法根据。汪精卫不无得意地说："数月以来，与日本朝野披沥诚意，根据善邻友好、共同防共、经济提携之原则，使之为具体的实现，务期两方交受其益。复与国内各已成政权，各已成政党暨贤智之士，悉心讨论收拾时局之办法，以一致之决意，为共同之努力，由是有中央政治会议之组织，中央政府领导之下，对外调整邦交，对内实施宪政，扫除历年来之纠争与战祸，而实现和

---

① 汪伪宣传部：《和平反共建国文献》第 1 辑，《日本之部》。
② 同上。

平与幸福之新天地矣。"①

汪精卫把组织伪中央政治会议这件事，吹得神乎其神，似乎经过他们这一伙汉奸的折腾，疮痍满目的沦陷区，一下子就变成"人间乐园"了。

汪精卫还神气活现地说：兹因中央政治会议组织询谋佥同，成立有期，爰以和平运动之真意及和平方案之要旨，昭告海内：自此以后，中央政府必以实心实力谋和平方案的实现，以底和平运动于成功，所望全国同胞，咸喻此旨，同心同德，荷此艰巨。②

在日方示意下，所谓"中国国家社会党""中国青年党"于3月14日同时发表宣言，支持汪精卫组织伪中央政府的工作。

1940年3月20日，伪中央政治会议正式开场，至3月22日收场，历时三天。汪精卫在开幕词中说：这次会议是"基于和平建国之目的"，"在此会议中，对于实现和平、实现宪政两大方针，作种种讨论、种种决议，以期完全贯彻调整中日关系，确保东亚之安宁与秩序，实系于此。"③

其实，不论"和平建国之目的"也好，"实现和平、实现宪政两大方针"也好，汪精卫的任务只有一个，那就是"完全贯彻调整中日关系"。也就是按照侵略者的意愿，把关系"调整"到完全符合侵略者的胃口为止。当然为此目的，就要组成让日本侵略者满意的汉奸班底。这个班底是些什么人呢？照汪精卫的说法："与会同人，或为中国国民党之同志，曾服务于国民政府，深感收拾时局之重大责任；或为事变以来尽瘁于国脉民命之维持，先后成立政府之诸当局；或为国内有悠久历史曾参加国民参政会之诸党员；或为海内贤达，有忧时先识。今兹相聚一堂，实具有共同之理想，共同之抱负，期于共同担负起和平建国之时代的使命。"④总而言之，这是一批国民党、国社党、青年党的少数败类，北洋余孽老牌汉奸王克敏、梁鸿志等人。如果说，这些人有什么共同理想，那就是媚日降日思想；有什么共同抱负，那就是争当日寇卵翼下的汉奸

---

①② 汪精卫：《和平宣言》，《中华日报》，1940年3月13日。
③④ 汪精卫：《中央政治会议开幕词》，《中华日报》，1940年3月21日。

抱负。

关于所谓各党各派、无党无派，到底是怎么一回事？陶希圣讲了一个故事，足资佐证：

"去年（1939年）六月下旬，汪（精卫）、周（佛海）、梅 （思平）由东京归上海，他们一边和所谓'既成政权'交涉，一边到处寻求'各党各派无党无派'。

"九月下旬，王克敏问汪：'你们找的各党各派无党无派，是哪些人'？汪答道：'各党各派如陆鼎揆，无党无派如赵叔雍'。王笑道：'这些孩子我也找得着，不过我不找他们'。汪闻言也大窘了一下。

"由此问题可见得所谓'各党各派无党无派'也贫乏得很，然而寻找的运动，也活动过一番。周佛海是预定的'中央政治会议'秘书长①，他的寻找尤其努力，他常常着急说道：'国社党有了如陆鼎揆、诸青来，无党无派也有了如赵厚生、赵叔雍，现在要找中国青年党。'

"声应气求的结果，北平有新民会指导部宣传科科长陶某者，自称是中国青年党，又有赵某者， 自称中国青年党的代表，另有一位张英华，每日奔走吴子玉（吴佩孚）之门，吴将军一日逝世，他立刻自称中国青年党而遄返上海，与赵、陶同见汪（精卫）、周（佛海）。"②这个故事真实地反映了汪伪的所谓各党各派、无党无派是怎样乌七八糟的一伙人。

在会议的第一天，报告事项有三：即召集中央政治会议经过、中央政治会议组织纲要、中央政治会议组织条例。讨论和决议了如下事项：

1. 中日新关系调整方针，应如何决定案。

（决议） 授权汪主席负责办理。

2. 中央政府树立大纲案。

---

① 伪"中央政治会议"开会时，秘书长为褚民谊。
② 陶希圣：《汪记舞台内幕》，第31—32页，战地图书出版社，1940年版。

（决议） 名称国民政府。

首都 南京

国旗 青天白日满地红。

为宣传反共建国之意义起见，暂行另附标帜。

3. 国民政府成立日期案。

（决议） 国民政府定于三月三十日还都南京。①

从上述讨论和决议的情况看，汪精卫取得了和日本打交道的"合法资格"，从政府名称、首都、国旗等问题来看，似乎也得到相应的解决。汪精卫仍盗用国民政府的名义、旗帜，用以欺骗沦陷区的广大人民。而在"国旗"问题上，日、汪双方还煞有介事地讨价还价一番。日方要求在"国旗"上附加三角形黄布片，上写"和平反共建国"字样。3月13日，汪精卫与影佐、犬养健谈判，要求去掉这个三角形黄布片；18日，汪精卫会见西尾和板垣，再次提出这个要求，又遭到拒绝，汪亦无可奈何。尽管如此，汪精卫在事后举行记者招待会时，撇开"国旗"问题不谈，故作姿态地声称："由于中央政治会议的召开，和平运动已确立稳固基础。"当天，西尾设宴招待出席"中央政治会议"人员，当西尾谈到，要求与会者"努力与日本睦邻，树立东亚和平"时，汪精卫即表示："对日本和平的诚意，十分感动，并决心努力致力与日本合作。"②

同日，公布了伪《中央政治会议组织纲要》，其实这个纲要也就是一次群奸分赃的记录。

汪精卫理所当然地担任中央政治会议的主席，议员30人，其分配方案是：汪记国民党中央执行委员、中央监察委员共10人。临时政府代表5人。维新政府代表5人。蒙古联合自治政府代表2人。在野各"合法"政党代表共4人。社会上负有"众望"人士4人。

———————

① 《中华日报》，1940年3月21日。
② 《汪精卫伪国民政府纪事》，第51页。

就这个名单而论，当然有利于汪精卫，因为他的嫡系就占了1/3的名额，加上"社会上负有众望之人士由汪精卫延请"这一有利条件，汪系几乎占掉全部名额的一半，似乎伪中央政府的实权就可由汪精卫左右了。

3月21日，伪中央政治会议举行第二次会议，通过《国民政府政纲》《中央政治委员会组织条例》《修正国民政府组织法第十五条》及《国民政府组织系统表》，并决定废止临时政府及维新政府名称，设置华北政务委员会，成立中央政治委员会 （关于中央政治委员会后面还要谈到）等案。《修正国民政府组织法第十五条》，原条文为"宪法未颁布以前，行政、立法、司法、监察、考试各院各自对中国国民党中央执行委员会负责"。现修正为"宪法未颁布以前，行政、立法、司法、监察、考试各院各自对中央政治委员会负责"。①这样一来，汪精卫一向标榜的"党统"，就由他自己一手破坏了。因为新成立的中央政治委员会，它不是清一色的汪记伪国民党员，而只是新、老汉奸合流的杂拌。

关于临时、维新政府取消后的善后办法规定：华北设置华北政务委员会，临时政府已办政务，由中央政府令饬华北政务委员会接收并遵照中央法令从速调整，维新政府已办政务，由中央政府直接接收，并从速调整。临时政府公务人员由华北政务委员会尽量任用，维新政府公务人员由中央政府尽量任用。②

事实上，华北的王克敏原封不动地继续搞他的华北特殊化；而在华中则由汪精卫取代了梁鸿志，这样，"千呼万唤始出来"的所谓中央政府，亦不过是维新政府的翻版而已。

作为"中央政府"的决策机构"中央政治委员会"，到底是什么货色？让我们看看它的组织条例，条例规定：

中央政治委员会为全国最高的指导机关，它可以决议下列事项：立法原则、施政方针、军事及外交大计、财政及经济计划。国民政府主席及委员、各院长、副院长及各政务官的人选。中央政治委员会主席认为应交会议的事项。

---

　①②《中华日报》，1940年3月22日。

中央政治委员会设主席一人，在宪政准备时期内由中国国民党（汪记）中央执行委员会主席任命。设委员24人至30人。设常务委员6人至8人，由主席就委员中指定。

中央政治委员会不直接发布命令及处理政务，其决议交由国民政府执行。决议提交国民政府及各院暨军事最高机关讨论或执行时，由各该项长官负责办理。这个条例所规定的立法、施政、军事、外交等事项，如因事机紧迫，可由主席便宜处置，交由国民政府执行。

中央政治委员会设法制、内政、外交、军事、财政、经济、教育及其他专门委员会，各委员会设主任委员、副主任委员各1人，委员9人至13人，其人选由主席指定。设秘书厅，秘书长1人，副秘书长1人至2人，秘书及办事人员若干人，由主席任命并指挥。

上述条款，几乎都与政治委员会的主席有密切关系，汪精卫当然是该会的主席，是不是说汪就可以大权独揽呢？其实不然。周佛海的几则日记为我们提供了这样一种印象，即汉奸集团随着汪精卫转，而汪精卫又跟着周佛海转。周在日记中写道：

"八时起，赴汪先生处。九时，筹备半载之中央政治会议竟举行矣。余所预定廿日开会之计划亦实现矣。"[1] "七时半起。忽想及推定人选时，推定主席须特别有一提案，不能与各院部长同一名单。当即赴汪先生处陈述。旋开中政会（即伪中央政治会议），第二次会议通过政纲。政府组织：交通分为交通、铁路二部；实业分为工商、农矿两部。均照余意通过。"[2] "九时开第三次中政会，通过中央各院部会人选，余所预拟者，大体均照样通过。"人们说周佛海是汉奸集团的参谋长，这是有道理的。当然，不论是周佛海还是汪精卫，最后还得根据日本主子的意旨行事。

3月22日，伪中央政治会议的第三天，该讨论的讨论了，该决议的决议了，

---

① 《周佛海日记》（1940年3月20日、21日、22日）。
② 同上。

过场已经走完，汪精卫宣布闭幕。他在闭幕词中说："会议同人在此三日中，对于实现和平、实施宪政有重大之决议，其关于实现和平者，则已决议根据善邻友好、共同防共、经济提携之基本原则，以调整中日关系，务使在国家主权上得到独立自由，在经济上得到互惠平等，庶几东亚之和平秩序得以确立。其关于实施宪政者，则已决议成立实施委员会，务于最短时期召集国民大会，制定宪法，颁布施行，并已决议国民政府还都南京，俾此两大方针，得以统一进行，此诚和平建国运动之一大进步也。"①

汪精卫到这时还念念不忘近卫三原则，而近卫三原则的具体体现就是日、汪密约，这项密约对汪精卫来说，则是不折不扣的卖国条约；汪精卫侈谈什么根据近卫声明的三原则，"务使在国家主权上得到独立自由，在经济上得到互惠平等"。岂非痴人说梦，纯属自欺欺人之谈。其实早在同年1月末，高宗武、陶希圣在香港《大公报》上披露日、汪密约后，汪精卫的汉奸面目业已充分暴露，他再百般狡赖，也是无济于事的。

现在再让我们看看伪中央政治会议的成员是些什么人，更有助于看清汪伪政权的构成：

陈公博：广东南海人。曾任国民党中央民众运动指导委员会主任委员，实业部部长。时任汪记国民党执行委员、常务委员。

周佛海，湖南沅陵人，曾任国民党中央宣传部代部长。时任汪记国民党中央执行委员会常务委员。

褚民谊，字重行，浙江吴兴人。曾任国民政府行政院秘书长。时任汪记国民党中央监察委员，秘书长，还都筹备委员会主任委员。

林柏生，广东信宜人。曾任香港《南华日报》社长，上海《中华日报》社长，国民政府立法委员。时任汪记国民党中央执行委员、常务委员兼中央宣传部长。

---

　　① 汪精卫：《闭幕词》，《中华日报》，1940年3月23日。

梅思平，浙江永嘉人。历任中央大学教授，江宁实验县长。时任汪记国民党中央执行委员、常务委员兼组织部长。

丁默邨，湖南人。曾任国民党军事委员会的处长，时任汪记国民党中央社会部部长，苏浙皖肃委会副主任。

曾醒，福州人。曾长期任执信学校校长。时任汪记国民党中央监察委员。

刘郁芬，字兰江，河北清苑人。曾任甘肃省政府主席，陕西省政府主席，陕、甘、青、宁四省剿"匪"总司令。

李圣五，山东人。曾任复旦、暨南大学教授。《东方杂志》主编。《中央日报》主笔。外交部司长，国民参政会参政员等职。

叶蓬，字勃勃，湖北黄陂人。曾任武汉警备司令，国民党中央监察委员会候补委员。现任汪记中央军官训练团团长。

王克敏，字叔鲁，浙江杭县人。曾任中国实业银行行长，财政总长兼盐务署长，北平政务委员会委员。

王揖唐，字逸塘，安徽合肥人。1919年曾任上海南北和议首席代表，北平政务委员、冀察政务委员。伪临时政府成立后，任行政委员。

齐燮元，字抚万，河北宁河人。曾任江苏军务督办、苏皖赣巡阅副使。1938年出任伪临时政府治安部厅长。

朱深，字博渊，河北永清人。民国成立后曾任京师高等检查厅厅长、大理院检察官。其后一度任财政总长。伪临时政府成立后，任法部总长。

殷同，江苏江阴人。曾任行政院驻平政务整理委员会顾问兼华北战区接收委员，北宁铁路管理局局长。伪临时政府成立后，任建设总署署长。

梁鸿志，字众异，福建长乐人。曾任参议院议员。执政府秘书长。1927年任安国军政治讨论会员。伪维新政府成立，任行政院院长。

温宗尧，字钦甫，广东台山人。74岁。历任外务部参议、驻藏大臣参赞、驻沪交涉使、广东肇庆总司令部外交使、西南军政府外交部长。伪维新政府成立，任立法院长，兼任高等文官惩戒委员会委员长。

陈群，字人鹤，福建闽侯人。曾任北伐军东路总指挥部政治部主任。上海军法处长，国民党中央执行委员。1933年任内务次长。维新政府内政部长。

任援道，江苏宜兴人。曾任冀察政务委员会外交委员。伪维新政府绥靖部长。

高冠吾，江苏崇明人。曾任第十军副军长，江左军左翼指挥官，徐州警备司令。伪维新政府绥靖部次长、南京特别市长。

诸青来，上海人。曾任《时事新报》《银行周报》主笔。时任国家社会党政治委员。

李祖虞，字梦驹，江苏武进人。1933年福建民政厅厅长。时任国家社会党政务特别委员会委员。

赵毓松，贵州黎平人。曾任川康甘青边政设计委员会委员。时任中国青年党中央政治行动委员会委员长、检审委员会委员长。《新中国日报》总主笔。

张英华，河北衡县人。1922年任财政次长兼盐务署长，同年调任币制局总裁。1926年任全国烟酒督办，1927年任河南省省长。

赵正平，字厚生，江苏宝山人。曾任暨南大学校长。1928年后，曾任北京社会局局长及青岛教育局局长。又曾主编《复兴月刊》。

杨毓珣，安徽泗县人。曾任陆军次长、代理军事总长、善后会议议员。国民政府曾授予陆军中将。

岑德广，广西西林人。曾任广西梧州关监督、广西交涉员，滇桂联军总司令部总参议、善后会议代表。

赵尊岳，字叔雍，江苏武进人。曾任行政院驻平政务整理委员会参议、铁道部参事、国务会议议员。

卓特巴札布，察哈尔盟安旗人。1937年任蒙古联合自治政府参议兼察哈盟长、蒙疆自治委员。1939年9月任蒙古联合自治政府政务院长。

陈玉铭，辽宁沈阳人。1937年9月，任察南自治政府察南政务长官。

从这个汉奸班底看，有的是反共老手，如陈公博，周佛海、陈群、丁默邺等；有的是失意军人，如刘郁芬，叶蓬、任援道、高冠吾等；有的是北洋余孽，如王克敏、梁鸿志、王揖唐、齐燮元等；有的是打着国家社会党、青年党的招牌，如诸青来、李祖虞、赵毓松等；有的是所谓社会名流即教育界、新闻界败类，如赵正平、岑德广、赵尊岳等；有的则是民族败类，如卓特巴扎布等。汪精卫更是集"反共老手""无聊政客""民族败类"于一身的群奸之首。就是这样，在一段时间内，沦陷区内群魔乱舞，沉渣泛起，竞相投靠日本侵略者，博取侵略者的欢心。所谓中央政治会议的议员们，就是以汪精卫为首的一批七拼八凑的汉奸卖国贼。

汪记国民政府粉墨登场。在汉奸班底组成后，标志着汪伪国民政府即将粉墨登场了。汪精卫在《国民政府还都的重大使命》一文中强调说：从今天以后，和平运动已到了一个新的阶段了。因为以前和平运动是各地方做的，现在是统一起来，在国民政府领导之下做的，可以说是一个新的阶段。从今以后我们看见国里头，所有主张和平的人，都在一块了。剩下少数反对和平的人，这种反对和平的人，我们希望他〔们〕将来一样加入这个和平运动。①

汪精卫显然有些自我陶醉，以为他的伪国民政府一旦成立，就会登高一呼，群起响应，步着他的后尘，充当日寇鹰犬，从而瓦解抗日阵营。

但在3月30日汪伪政权成立的这一天，中国人民回答这个大汉奸、大卖国贼的，却是掀起声讨汉奸的巨大浪潮！沦陷区上海租界的中国学生罢课游行，举着"打倒汪精卫傀儡组织"的标语牌，散发了讨汪传单；敌后的重庆国民党政府公布了以汪精卫为首的一百多名汉奸名单。4月15日，八路军、新四军发出《讨汪救国通电》，通电痛斥汪精卫鼓吹的"和平"就是投降，叫嚷"反共"就是灭华。通电充分表达了中国人民的抗敌意志："誓率全军为祖国流最后一滴血，驱逐敌伪，还我河山，虽赴汤蹈火在所不敢辞。"②

汪精卫利令智昏，他面对抗日阵营对这伙汉奸的口诛笔伐，徒劳地辩解

①汪精卫：《国民政府还都的重大使命》，《中华日报》，1940年3月24日。
②《解放日报》，1940年4月15日。

1940年3月30日，汪伪政府在南京成立，汪在典礼上发表还都宣言。

说：他们的反对论调，说来说去，总是说我们如果在日本军队没撤去的地方来组织政府，是没有用的，是不会有力量的，这一句说话，好像是对的，实在是不对的。我们不能等到和平已经实现之后才来组织政府。因为和平能否实现，要看我们能不能努力于和平运动，能不能努力调整中日关系，能不能大家走上新的光明的大路。[①]透过汪精卫闪烁其辞的讲话，看出其逻辑竟是这样：和平运动（即汉奸活动）能否实现，在于汉奸们搞不搞"和平运动"和能不能调整好中日关系；而只有组织政府，才能实现"和平"。实际上，汪精卫及其组织伪政府的命运，是掌握在日本侵略者手里的。当然，汪精卫也知道其前途并不美妙，便发出这样的哀叹说：我们的前途，一定还有种种困难，我们知道，我们一定还有种种不能十分顺手的事情。但是这种困难，这种不能顺手，是哪一个给我

①汪精卫：《国民政府还都的重大使命》，《中华日报》，1940 年 3 月 24 日。

们的呢？就是这些反对和平的人给我们的。如果他们能了解和平运动的意义，能接受国民政府的命令，而受其领导，则全面的和平，自然可以实现。①

为了实现全面投降，汪精卫要求抗日人民接受他的政府命令，服从他的领导；汪精卫深知民心不可侮，他的幻梦不可能实现，但还是准备一意孤行。汪精卫说：我们绝不能说全面的和平没有实现，我们就不去做和平运动。这句话是不通的，做了和平运动，全面的和平才可以实现。不是全面和平运动实现之后，再去做和平运动。②他喋喋不休地说：我们相信和平运动一定能够发展，并且一定能够普遍。没有什么人可以妨碍我们的。国民政府所要做的事情，就是我们老百姓心里头所盼望要做的，国民政府的心事，就是老百姓的心事，国民政府的使命，就是要把老百姓所盼望的事情，能够实现出来。③

汪精卫打着"为命请命"的幌子，强奸民意，干着出卖国家民族利益的罪恶勾当。

汪精卫最后总结他的讲话为四点："国民政府还都的使命，在实现和平实施宪政。""盼望这和平赶快普遍于全国。""说明组织机关的理由，要有这种机关，才能够担任这个使命。"最后，汪还要求"在机关服务的人应该拿廉洁勇敢任劳任怨与老百姓同甘共苦、同生共死的精神做下去，才能够担起国民政府还都的重大使命"。④

其实，汪精卫自己完全明白，这番话是骗不了任何人的；因为第一、第二点已鼓噪了不少时日，然而应者寥寥，说明只要是有点爱国心的中国人都不会上他的当。至于组织机关，那是因人设事，满足汉奸们当官的欲望，明眼人是一看便知的。至于要求汉奸们"廉洁勇敢任劳任怨"，和老百姓同甘共苦，那更是不可思议的事，因为汉奸们包括汪精卫在内如果真有一点点这样的品德，他们也不会"见利忘义"，落水当汉奸了。

---

① 汪精卫：《国民政府还都的重大使命》，《中华日报》，1940年3月24日。
② 同上。
③ 同上。
④ 同上。

伪中央政治会议虽然宣告闭幕，网罗汉奸的工作虽已大体就绪，但这些人在即将成立的伪中央政府中居何位置，并未明确规定，因为参加伪中央政治会议的这些人只是以"议员"的身份参加。为此，伪中央政治委员会应运而生。汪精卫对此曾有所说明：

"中央政治委员会组织条例，在中央政治会议决议通过后，中央政治委员会因以成立。"①

根据这个条例：伪国民政府主席，五院院长，军事委员会委员长为当然委员，华北政务委员长亦为当然委员。五院副院长列席会议，为列席委员。政务人员经主席的许可得随时列席。"此次中央政治委员与前不同者，其最大之点，在延聘党外人士。以前中央政治委员会人选，无一国民党以外之人，今则为放弃一党专政之故，……其中有在中央政治会议，则为延聘之议员，而在中央政治委员会，则为指定之委员者；以前此为现成政权之关系，今则为议员之关系也。……今以临时、维新之名义，已经决定废止，……照实际上，则以其他名义延请加入；共谋国事。至于国民党人选，有久任中央政治委员会委员历届蝉联者，如陈璧君、陈公博、褚民谊、周佛海诸同志皆是。陈公博以立法院长之故，为当然委员，固无问题。褚民谊虽以行政院副院长之故，得列席会议，但仍指定为委员，职是故也。"②

这里引人注目的是：汪精卫对临时、维新政府解散后人士的曲意笼络，那就是以其他名义延请加入，而对于汪记国民党的骨干分子如陈公博、周佛海、陈璧君、褚民谊等，则以过去曾任国民党中央政治委员会委员之故，得以"蝉联"的名义为当然委员，使他们皆可充斥伪廷，可谓用心良苦。

汪伪中央政治委员会的名单分配情况如下：当然委员6名，列席委员4名，指定委员由汪精卫指定19名汪记伪国民党中央执行、监察委员充任；11名延聘委员由汪精卫指定"合法选举人士"及"社会知名人士"充任。从这里，人们

---

① 汪精卫：《释中政会委员资格》，《中华日报》，1940年3月26日。
② 同上。

很自然地会联想到汪精卫曾反对蒋介石在国民党三全大会上指派代表包办大会的往事，他当时是何等振振有词，义形于色；不过，汪精卫现在演的是汉奸傀儡戏，他当然更可以不择手段，人们也就不屑于置理了。

当然委员　汪精卫　陈公博　温宗尧　梁鸿志

　　　　　王揖唐　王克敏

列席委员　褚民谊　朱履龢　顾忠琛　江亢虎

指定委员　周佛海　褚民谊　陈璧君　梅思平

　　　　　陈　群　林柏生　刘郁芬　任援道

　　　　　焦　莹　陈君慧　陈耀祖　李圣五

　　　　　叶　蓬　丁默邨　傅式说　鲍文樾

　　　　　萧叔萱　〔杨揆一〕

延聘委员　齐燮元　朱　深　赵毓松　赵叔雍

　　　　　诸青来　岑德广　赵正平　缪　斌

　　　　　卓特巴札布　　〔殷同〕　〔高冠吾〕

为配备班子，伪中央政治委员会决定任命了正副秘书长及各专门委员会正副主任委员，并于3月26日宣布任命：

秘书长　周佛海　副秘书长　陈春圃　罗君强

法制专门委员会主任　梅思平　副主任　金雄白

内政专门委员会主任　陈　群　副主任　刘　云

外交专门委员会主任　徐　良　副主任　张显之

军事专门委员会主任　鲍文樾　副主任　凌　霄

财政专门委员会主任　陈之硕　副主任　梅哲之

经济专门委员会主任　陈君慧　副主任　何炳贤

交通专门委员会主任　李祖虞　副主任　陈伯藩

教育专门委员会主任　焦　莹　副主任　唐惠民

社会事业专门委员会主任　蔡洪田　副主任　凌宪文

伪中央政治委员会是根据汪记国民党六全大会的决议设立的，它是作为伪中央政府的最高领导机关，直至"实施宪政"为止。因此，上述的委员名单，事实上就成为汪伪政权最高领导机关的头面人物。

伪中央政治委员会的成立，标志着群奸合流的完成，维新政府既已合并于伪中央政府，临时政府于是在3月29日作形式上的解散，接着于次日（即所谓国府还都的同一天），以华北政务委员会的形式诞生，也就是换了一块招牌。该会的任务是"受（汪伪）国民政府之委托，处理河北、山东、山西三省及北京、天津、青岛三市所辖地区"①的政务。其特点是：注重把历来属于临时政府管辖下的黄河以北的河南省分离开来，委托中央管辖，而且简任官以上的人事由国民政府任命。由国民政府委托的事项中还包括管理所辖地区内的国有财产和处理地方性的涉外事项等。另外，为方便委员会工作，授予属中央法令范围内的有关防共、治安、资源的经济开发及调节对外物资的供求关系等问题的处理权。但是国民政府在必要时得对组织条例进行修改，为适应今后华北的新事态的现实保留余地，这反映了华北和华中之间在对外及政治关系方面的微妙性。②

这种微妙性就在于华北政务委员会有它自己的管辖区即冀、鲁、晋三省及京、津、青岛三市；在它的辖区内有处理国有财产和处理地方性的涉外事项；有处理防共、治安、资源的经济开发及调节对外资的供求关系等问题的权力。所有这些方面汪伪政府不得过问。汪伪所争得的只是一点象征性的权利：例如河南省从华北分离出来，还只是"委托中央管辖"；简任以上的官由国民政府任命；再就是伪国民政府在必要时可对组织条例进行修改，等等，如此而已。实质上华北这片地区，汪伪中央政府无权过问，华中与华北俨然仍是平行的两个伪政权。

---

① 根据陈春圃回忆："在伪国民政府之下设置华北政务委员会于北平，就近指挥监督河北、山东、察哈尔、热河、绥远五省和北平、天津两特别市的决议。"与此说法不同，可能陈春圃记忆有误。
② 孙志民译自《国民政府要览》，新武汉社，1942年版，第37页。

对于伪中央政府的成立，汉奸们无不弹冠相庆。周佛海尤为神气活现，他非常乐观地估计："中央政府成立之后，是有许多人民和军队来归的。表面上这似乎是拆重庆的台，但是这乃是人心思和和将士厌战的表现。这种根本的原因，会使军队和人民倾心于新中央政府的。"[①]但事实无情地戳穿了周佛海的谎言。中途和汪精卫汉奸集团拆伙的陶希圣，道出了汪精卫，周佛海们的秘密："为了应付他们对于日本的报销，汪方也不得不造一些假账。例如，周佛海向日方说：'我有十二师，都要别的军队动他们才动'。……原来有些军事掮客口了几师几师，到处交换赌博的本钱，没有半句话是可以相信的。这种谎报，日方也有人知道底细。某人收买游击队，中饱了百万元；某人拿八万去江北收买游击队，全数进了腰包，如此之类，传闻处处。"[②]周佛海所说的"人心思和和军士厌战"，就是这么一回事。

1940年3月30日，以汪精卫为首的伪国民政府宣布"还都南京"，并为此发表《还都宣言》。为什么叫"还都"？汪精卫也是搜索枯肠，颇费了一番心思。在他看来，国民政府首都本来就在南京，因抗战事起，武汉、重庆先后曾成为国民政府所在地，不过那只是换了一个地方办公。现在"国民政府根据中央政治会议之决议，还都南京"，那就是把国民政府办公地方又搬回到首都，"名正言顺"。

在《还都宣言》中，除了重复"实现和平、实施宪政"的滥调外，还煞有介事地将伪国民政府主席一席虚位以待林森，还要求在重庆和各地的军政人员"回京报到"。并为此张贴布告说：凡属公务人员，自此布告以后，务必于最近期间，回京报到。对于此等报到人员，一经确实证明，概以原级原俸任用。其有怀抱忠诚，就其所处苦心斡运，有所贡献者，尤当优予任用。凡属一般将士，自此布告以后，务必一体遵守，即日停战，以待后命。其非正规军队，散在各地担任游击者，亦务必遵命停止活动，听候点验收编。

---

① 周佛海：《关于组织中央政府》，《时代文选》第1卷，第10期。
② 陶希圣：《新政权延期的原因》，《大美晚报》，1940年3月11日。

1940年4月，汪精卫等人在南京举行"还都大典"后，接受日本特命全权大使阿部提交的到任国书。

这个布告目的很明确，那就是对于公务人员诱以原级原俸；对于一般将士，则要求停战待命；但这仅是汪精卫们的痴心妄想，爱国军民是不会为汪精卫的口蜜腹剑而上当受骗的。

处于日寇刺刀监视下成立的伪国民政府，要干些什么勾当呢？在《国民政府政纲》中有这样的话：

"本善邻友好之方针，以和平外交求中国主权行政之独立完整，以分担东亚永久和平及新秩序建设之责任"。"联合各友邦共同防制共产国际之阴谋及一切扰乱和平之活动"。"对于拥护和平建国之军队及各地游击队分别安辑，并建设国防军"。"设立各级民意机关，以养成民主政治"。"召集国民大会，制定宪法实施宪政"。"重建中央银行，统一币制"。"整理税则复兴农村"。"以反共和平建国为教育方针，并提高科学教育"，^①等等。

上述方针，除了一些不兑现的许诺，如"中国主权行政之独立完整""设立各级民意机构"，"召集国民大会"等漂亮辞藻外，反共媚日成了汪伪政权的基本政策。不这样也是不可能的，因为日本豢养汪精卫这样的走狗，就是服从于其侵略政策的需要，反过来说，汪政权的存在本身，就是日本侵略政策的产物。

汪伪国民政府登场，汉奸们都分得一官半职，朝廷虽小，百官齐备。从政府主席到边疆委员长（有人讥笑南京城门就是汪伪的边疆），应有尽有。机构重叠，因人设事。伪廷各院、部、会主要头目名单如下：

国民政府主席　　　　　汪精卫代

行政院院长　　　　　　汪精卫

行政院副院长　　　　　褚民谊（后为周佛海）

内政部部长　　　　　　陈群

外交部部长　　　　　　褚民谊（兼）

财政部部长　　　　　　周佛海

军政部部长　　　　　　鲍文樾（代理）

海军部部长　　　　　　汪精卫（兼）

教育部部长　　　　　　赵正平

司法行政部部长　　　　李圣五

工商部部长　　　　　　梅思平

农矿部部长　　　　　　赵毓松

铁道部部长　　　　　　傅式说

交通部部长　　　　　　诸青来

社会部部长　　　　　　丁默邨

---

① 《国民政府政纲》，汪伪宣传部编：《和平反共建国文献》第1辑，《中国之部》。

宣传部部长	林柏生
警政部部长	周佛海（兼）
边疆委员会委员长	陈济成（后为罗君强）
赈务委员会委员长	岑德广
水利委员会委员长	杨寿楣
立法院院长	陈公博
立法院副院长	未定
司法院院长	温宗尧
司法院副院长	朱履龢
最高法院院长	张韬
行政法院院长	林彪
考试院院长	王揖唐
考试院副院长	江亢虎
铨叙部部长	江亢虎（兼）
考选委员会委员长	焦莹
监察院院长	梁鸿志
监察院副院长	顾忠琛
审计部部长	夏奇峰
军事委员会委员长	汪精卫（兼）
参谋本部部长	杨揆一（代理）
军事参议院院长	任援道（代理）
军事训练部部长	萧叔萱（代理）
政治训练部部长	陈公博（兼）

与此同时，伪临时、维新两政府亦发表解散、解消宣言，以示群奸合流的完成。

临时政府的解散宣言曰："兹者幸值国民政府改组还都，宣布实现和平与实施宪政之二目标，均能吻合临时政府本来之目的，趣旨既合，两者自当归于统一。"①

维新政府则以"解消宣言"的形式出现。其宣言曰：　"兹幸中央政府即日成立，并揭橥实现和平，实施宪政两大方针。同人等赞成于先，尤宜辅助于后，所有原设之维新政府，应即宣告解消。"②

在这里，"解散"与"解消"虽只有一字之差，内容是完全不同的。临时政府只是换了一块招牌而保持其对汪伪的独立性；维新政府则作鸟兽散，它的重要成员则由汪伪予以安插，所以他们发出"尤宜辅助于后"的哀鸣，实质上是哀求汪伪不要冷落他们。

汪精卫于同日对日本发表广播词，向侵略者信誓旦旦地说：敝国有志之士经过深切猛省后，痛下决心，将过去容共抗日的政策彻底放弃，重新确立和平反共建国的政策。国民党同人服务于国民政府者，先后退出重庆，联合事变以来全国各处先后成立的政权，以及在野各党派暨贤达之士，相与协力，成立中央政治会议。由中央政治会议议决，国民政府还都南京，以统一全国以内和平反共的运动。在此运动进行期间，得到贵国朝野热烈的同情与援助，遂得到达于今日的新阶段，鄙人于此，敬为中国前途，向贵国朝野表示深切之谢意。③

汪精卫的这一番表白，当然是媚日的官样文章，但也反映了汪精卫和日本之间的主奴关系。因为如果没有日本的支持，汪精卫想统一（即使是形式上的统一）既成的各伪政权，建立汪伪的中央政府，是不可想象的。正因为如此，汪精卫对日本的感激是由衷的。

不过，汪精卫所谓的"国民党同人服务于国民政府者，先后退出重庆"，却不是事实。实际上和汪精卫同流合污的，依然只是周佛海、陈公博、陈璧君、褚民谊等少数国民党败类而已。关于这一点，周佛海说得较汪精卫直截

---

① 《国民政府政纲》，汪伪宣传部编：《和平反共建国文献》第 1 辑，《中国之部》。
② 同上。
③ 同上。

了当一些。他说："国民政府还都，青天白日满地红重飘扬于石头城畔，完全系余一人所发起。以后运动亦以余为中心，人生有此一段，亦不虚此一世也。"① "此次政府事实上系余一手所造成，暗中颇引以自豪。"② 话虽然说得过分一些，把自己的反动作用估计得过头一些，但反映了汪伪的统治基础是多么脆弱。

汪伪政权的成立，并没有给汪精卫带来多少欢乐的气氛，一个目击者记载说：

那天的清晨，警察已督促南京的市民们重新挂起青天白日满地红国旗，只是上面加了一条三角黄布飘带，写着"和平、反共、建国"六个大字。……但市民们也有一些辛酸；这一条黄布飘带，是玷污了中华民国，玷污了中华民族！

"礼堂里已挤得满满的，彼此相见也只是交换着点一下头，每个人全没有热烈高兴的神气，全场是一片冷静。汪氏出现了，许多居高位的武官是军装，文官是蓝袍黑褂，惟有汪氏穿着一套晨礼服，仍然如当年的丰采，但显得开始有些苍老、有些憔悴了。他（指汪精卫——下同）面上全没有一丝笑容，严肃地悄然地走上主席台，眼光向四面扫射了一下，微微闻到叹息之声。在'三民主义，吾党所宗……'的国歌高奏声中，他俯下了头，面上现出了勉强地一笑。汪氏的演说，一向是充满煽动性，生动而有力。……而汪政权建立那一天他的演讲，似乎并没有使我留下特别的印象。他声音很低，讲话无力，可能是他一生中最失败的一次。我只约略记得他的大意：（一）大亚洲主义是中山先生北上过日〔本〕时所提出的最后主张；（二）历史上决无百年不和之战；（三）收拾山河，拯救苍生。典礼在他讲完以后，匆匆地结束了。在礼堂门口，全体合摄了一张照片，就完成了历史上悲剧的序幕。"③

---

① 《周佛海日记》（1940 年 3 月 31 日、4 月 26 日。）
② 同上。
③ 朱子家：《揭开了历史悲剧的序幕》，《汪政权的开场与收场》第 1 册，第 108—109 页。

这样一个重要的节日，连充任最重要配角的周佛海，在他的日记中，也只寥寥记了两行：　"七时半起。旋赴国民政府举行还都典礼及各院部会长官就职典礼，在隆重严肃空气中完成。"而且"隆重严肃"字样，还是文人笔下的辞藻。

"一切外交上常例的各国使节的祝贺形式也没有，日本也并没有像周佛海所力争的派出了常驻大使。连日本驻华最高司令官西尾等也到了翌日上午，才到汪政府作形式上的周旋。石头城畔，是一片何等凄凉的景色!"①

这段描述，尽管作者对汪政权特别是对汪精卫充满了爱怜惋惜之情，但无法否认汪精卫黯淡凄凉不堪入目的汉奸丑态。

汪伪政权尽管惨淡经营了一年又三个月，可是日本主子并不给它赏脸，除了不派大使故示冷漠外，还发生了一件使汪精卫大为扫兴的事。据罗君强回忆说：

在汪政权成立这一天，南京城里到处挂的这种带有小黄旗的"国旗"，实在有点刺目。伪中央党部的人员，那一天在党部屋顶上挂了一面不带"附件"（即附有"和平反共建国"字样的黄色布片）的青天白日党旗，日本宪兵经过看见，驰入党部质问，一定要当场卸下这面党旗，党部职员打电话问我（指罗君强），我急派日语秘书李正兆前往中央党部和日本宪兵交涉，对他们说明，这是中国国民党的党旗，中日双方协定青天白日满地红的国旗才有黄色小旗，你们不要误会，你们可以回去问问上司再说。日本宪兵这才悻悻然而去，并威胁说：如果规定不是这样，我们将对这面旗子开枪射击的②。罗君强牢骚满腹地说：刚刚参加过成立典礼，碰到如此倒霉的交涉，真是气闷之至③。

汪精卫就在这种不景气而又晦气的气氛中，登上傀儡政权儿皇帝的"宝座"。

---

① 朱子家：《揭开了历史悲剧的序幕》，《汪政权的开场与收场》第1册，第108—109页。
② 罗君强：《伪廷幽影录》。
③ 同上。

汪精卫 · Biography of WangJingwei

第十六章

汪精卫及其伪政权的倒行逆施

一　反共清乡

汪伪政权成立后，汪精卫为了配合日寇的"以战养战""以华制华"的侵略政策，在将近五年半的时间里，从政治上、经济上、思想上、军事上推行一系列反动政策，充当日寇鹰犬，不惜与中国人民为敌，种种倒行逆施，令人发指。

其"清乡"工作，对于日本来说事关重要，它直接关系到日本能否巩固其在华中、华南的占领区，掠夺战略物资和经济资源，来支持其侵华战争，以及在太平洋地区进行更大的军事冒险等重大问题。因此在1940年11月，日本御前会议就作出了《处理中国事变纲要》的决定。提出了要在华中，华南和华北占领区"彻底整顿治安状况"，并进而在上述地区"彻底开发并获取国防资源。"①1941年1月，日本中国派遣军总司令部制定了《昭和十六年以后长期战政治策略指导方针概要》，第一次提出了以长江下游地区为起点，逐次进行"清乡"的罪恶方案。汪伪政府军事顾问晴气庆胤，根据上述方针策划了"清乡"的具体计划。接着，晴气与汪伪政府警政部长、特工总部主任李士群正式提出了"清乡"建议，得到了汪伪政府最高军事顾问影佐祯昭的支持。在这种情况下，汪精卫和日本中国派遣军总司畑俊六也就批准了这个计划。

其实，所谓经过汪精卫批准，也不过例行公事，只要是日本想干的，汪精卫无不照办。据罗君强回忆说：最初汪精卫与周佛海、陈公博商量，打算让罗

---

① 日本御前会议：《处理中国事变纲要》，引自《中国近代对外关系史资料选辑》下卷，第2分册。

君强任清乡督办，设署办公。汪精卫还找罗君强谈话，并将罗带到楼上一个房间，汪取出一份日文肃清方案及译件，对罗说："这是一份极其机密的文件，请你马上阅看。"罗看完文件后，汪精卫把罗君强引到会客室对罗说："清乡的事佛海兄向你说过了吗？"罗说："让我回去考虑一下。""过了几天，影佐少将向汪精卫提出'肃清'改为'清乡'（这是罗君强出的主意）很好，这是一件重大工作，必须设置一个较大的委员会，请汪（汪精卫）阁下兼任清乡委员会委员长，陈（陈公博）、周（周佛海）两阁下兼任副委员长，各有关部、会长官兼任委员，在苏州设立办事处，由一位秘书长代行会务，我们日本军将把第一期清乡的江苏数县包围起来，清乡委员会即在此范围内工作，需要政治与军事齐头并进，特工力量尤应全部利用。所以委员兼秘书长兼苏州办事处长一席，似以由李士群阁下担任为适宜。"①原来，李士群和梅机关的晴气中佐已经密商搞好了整个的一套方案，只是让影佐端出来给汪精卫，汪只能唯唯称是。陈公博、周佛海更是目瞪口呆。清乡委员会就在这样的情况下成立起来。

日方对清乡工作既如此重视，汪精卫岂敢怠慢。同年3月24日，汪精卫召开伪中央政治委员会，成立了与伪行政院、伪军事委员会平行的清乡委员会。汪精卫为该会委员长，副委员长分别由陈公博（伪立法院长、上海市长）、周佛海（伪行政院副院长、财政部长）担任。秘书长由日方指定的李士群（特工总部主任、警政部长）担任。并由陈群（内政部长）、梅思平（工商部长）、杨揆一（参谋总长）、鲍文樾（军政部长）、任援道（海军部长、第一方面军总司令）、林柏生（宣传部长）、丁默邨（社会部长）、李圣五（教育部长）、罗君强（边疆委员会委员长）等9人为委员。这个委员会虽然由汪精卫领衔挂名，但李士群由于有晴气庆胤作后台，因此李就成了实际负责人。

清乡的地区，包括江苏、浙江、安徽等省的全部，江西、湖北、河南等

---

① 罗君强：《伪廷幽影录》。

省的部分地区，而上海、南京、杭州、武汉、徐州、南昌等重要城市亦包括在内。这个地区对于日本来说，具有政治上、经济上、军事上的重要战略地位。它是日本侵略者掠夺我国人力、物力的主要地区，而在军事上则又是日本连接华北、华南的重要枢纽，同时又是日本推行南进侵略政策的重要基地。对于汪精卫来说，这个地区是他在日本刺刀庇护下赖以生存的庇护所。汪精卫曾供认不讳地说：在大东亚战争中，中国所处是后方的地位，必须确立治安，加强军事力量，……清乡工作便是注重于这些的。①

日、伪清乡的矛头首先指向中国共产党及其领导下的新四军。自从抗日的烽火点燃以后，特别是1938年以来，新四军及其他抗日游击队的健儿们，在这些"清乡"地区异常活跃，不断壮大，有力地打击了敌伪的嚣张气焰，使他们风鹤频惊，寝食不安。

尽管从1938年至1941年，日寇对游击根据地进行多次的"扫荡"，但仍阻止不了抗日力量的发展壮大。于是敌人就想出了"清乡"这一招。其办法是："从事清剿，继以政治，辅以党务，以矫正其观念，了解和运之真谛，整理之，建设之，以健全之行政机构恢复乡村秩序，则地方之治安庶可确定。"②

说得通俗一点，就是以军事清乡开路，然后是政治清乡、思想清乡，在此基础上，建立以保甲制度为主要形式的基层组织，以此来控制清乡地区的人口和赋税，从而维持日伪统治下的社会治安。这当然是日、伪双方的如意算盘。

汪伪政府的汉奸头头们，为了给清乡的汉奸们打气，也为了向日本主子表示对清乡的重视，搞了几次视察清乡。汪精卫就曾亲自出马三次。当1941年苏州地区清乡还未结束，就匆匆宣布汪精卫要"出巡"了。李士群是清乡委员会的秘书长，为了阿谀逢迎，在汪精卫经过的地方，大量张贴"一个党""一个主义""一个领袖"的标语，还有什么"确立治安""安定民生"等口号。

---

① 汪精卫：《三期清乡的特点》，《政治月刊》第3卷，第5期。
② 《清乡委员会第一次筹备谈话记录》，（晴气的讲话），中国第二历史档案馆藏汪伪清乡委员会档案。

然而事实上汪精卫所过之处，都由日寇荷枪实弹，严密戒备，封锁交通，断绝行人，几处交通路口，还架上机关枪；对于那些被勒令停课停业编成欢迎的人群、用以点缀热闹的学生与居民，虽然叫他们列成了队伍，可是执行警戒的日寇，枪口却对着他们。①这种情况，与日伪宣扬的"确立治安""安定民生"等骗人鬼话联系起来看，简直形成了莫大的讽刺。

汪精卫每到一个清乡地区的特别区公署，总要向伪署长提出两个问题。即：（一）在清乡前这个地区的人口有多少？现在又是多少？（二）清乡前后的赋税收入对比情况。汪精卫认为，人口与赋税是否增加，可以说明治安能否确立。而伪官吏们在从事清乡的罪恶活动时，为了讨得汪精卫的欢心，就虚报自己的成绩，常把人口随心所欲地增加，至于赋税收入，由于伪币剧烈贬值，其数字的增加，不仅无法说明这个地区的治安情况，而且本来就是一笔糊涂账。②

如果说，汪精卫的"出巡"，其目的主要是为了给从事清乡的伪官们打气的话，那么周佛海、陈璧君等的视察清乡，则纯粹是为了作乐寻欢，吃喝玩乐了。

周佛海是伪清乡委员会的副委员长，论地位，在汉奸群中仅次于汪精卫，他在视察清乡时，带着汪曼云等随员，也照例听取了伪清乡委员会驻苏办事处主任李士群和伪苏州地区督察专员张北生及吴县特别区公署蔡锐等所作的工作报告。第二天，周佛海由苏州出发到昆山、太仓。周佛海是个酒色之徒，李士群投其所好，在太仓临时另辟一秘密住所，派专人到上海找来一个交际花，给周佛海陪宿。此事一经披露，弄得周佛海狼狈不堪。

至于陈璧君的所谓视察清乡，更是一场闹剧。1943年清明节前后，经过汪精卫的精心安排，陈璧君带着她的随员们乘坐汪精卫的专用列车开往杭州。随员中有伪清乡事务局长汪曼云、内政部长陈群、陆军部长叶蓬、伪行政院秘书长陈春圃、中央监察委员曾醒，还有褚民谊、曾仲鸣、林柏生的老婆等人，加上汪精卫的侄儿侄女及其女婿何文杰，此外还有各人的副官保镖等。

---

①② 汪曼云：《千里哀鸿话清乡》。

汪曼云通知伪清乡委员会秘书长李士群，要他电饬沪、杭沿线的江苏、浙江各县，欢迎标语不得用"汪夫人"名义，而要用"陈委员"字样。

陈璧君一向养尊处优，讲究吃喝玩乐。这次"视察清乡"也不例外。她在火车上就对汪曼云说：你是杭州人，这次我们到了杭州，你应该好好地介绍一些杭州风味给我们尝试。果然，第二天一早，陈璧君一伙乘汽车涌到了一家名叫"奎元馆"的小吃店，就在一顿早点中，陈璧君一人就吃光了一只红烧羊头，一碗半面，冷盘菜还不在内，可见其胃口之强了。

吃喝玩乐几天后，陈璧君杭州视察清乡之行算是告一段落，于是就逛大街买东西。

陈璧君一伙人从杭州回到上海时，伪四省①边区行营的汉奸们给陈璧君及其随员每人送了一篮子的杭州土产。伪浙江省长傅式说听到这一情况后，也如法炮制，临时照样给每人送了一套礼品。把一节专车塞得满满的，形成了物多于人的奇异现象，陈璧君等满载而归，名为视察，实为趁火打劫。

关于清乡的准备和发动，正规地说，早在1941年3月就开始了。这年的3月，日本在苏州成立了从事经济掠夺的特务机关，以金子俊治为机关长，同时成立执行宪兵工作的重藤机关，以重藤宪文为机关长。华中派遣军特务机关梅机关，由机关长影佐祯昭派遣晴气庆胤和小笠原也到了苏州，进行全面的"指导"联络工作。

在这年的4月到5月的一个月内，李士群主持召开了8次清乡委员会筹备谈话会。会议贯彻华中派遣军总部的意图，由日方特务晴气、小笠原、中岛、冈田等坐镇，确定清乡目标为"确立治安""改善经济"。在讨论到清乡方针时，李士群提出要"军政并进，剿抚兼施，由城而乡，遍及全区"②的十六字方针。晴气则强调"清乡工作军政相辅而行，可谓三分军事七分政治，以政治为

①闽、浙、皖、赣四省。
②《清乡委员会第一次筹备谈话会记录》，中国第二历史档案馆藏汪伪清乡委员会档案。

中心而以军事推动之，且特工又从旁协助。"①

这个会议还决定设置宣传、民众训练、特种教育、经济设计、党务指导、招抚整编等专门委员会，并成立清乡政治工作团，这个团的任务，就是专门从事反革命宣传。为了适应反共、反抗日的需要，会上决定汪伪特工总部在苏州设立江南肃清工作委员会办事处，统一指挥江南清乡区特务活动。同时梅机关亦向苏州派出分设机构，就近指挥清乡区特务和情报工作。

日伪双方在谈话会中还策划了清乡步骤：首先是军事清乡、即以军事开路，对清乡区的抗日军民进行血腥的清剿和扫荡。接着就是所谓政治清乡，即维持清乡区的治安。然后就是经济清乡，即所谓整理建设阶段。但由于兵力不够分配，清乡只能从局部地区开始。汪精卫为此提出：以京（南京）沪路沿线作一示范性的实验区，先把力量集中在这里试搞一下。因为这个地区最易看出成绩，日本人对这条线也很重视，特别是可以减少南京所遭受的威胁。②第二次谈话会据此确定：清乡地区先划定京沪铁路沿线以北十个县为肃清区，并以铁路为界，俟实施有效后再行扩展。

看来，汪精卫和日方也只能先顾眼前，先解决一下威胁京沪路特别是解除汪伪政府首都南京的威胁再谈其他。

汪精卫就曾一再说，清乡的目的是"确立治安""改善经济"。但军事清乡是日、伪进行政治清乡、经济清乡的先决条件。军事清乡本身是日、伪对抗日军民进行残酷的军事镇压活动。日、伪首先划定清乡区，这是根据对抗日根据地、游击区及其外围地区情况确定的。然后在清乡区周围设置若干据点，以河流、公路、铁道、湖面等为依托，形成包围态势。"除原有碉堡之外，在交通要道及各市镇增筑堡垒，加设营棚。水陆要道口，扩张铁丝网、电网。除用堡垒及营棚驻兵困围之外，用兵车、兵船、快速部队，加紧铁路公路和水道

---

① 《清乡委员会第一次筹备谈话会记录》，中国第二历史档案馆藏汪伪清乡委员会档案。
② 唐生明：《我奉蒋介石命参加汪伪政权的经过》，《全国文史资料》第40辑，第22—23页。

的巡逻。"①在形成包围圈后，日、伪即调动部队进入清乡区对抗日武装特别是新四军实行扫荡，"以强大兵力寻找我主力决战，兜剿包抄，使我军无法转移，被迫作战，对反抗进军之村庄，实行大烧大杀，警一以戒百。"②妄图消灭我抗日武装力量。进行扫荡后，就用竹篱笆、铁丝网设置封锁线，在封锁线上成立大小检问所，实行军事法西斯的统治，规定：凡人民通过封锁线，"须领有各种证明书"；而运输物资，则"须申请发给搬出入证。"③这些花样翻新的证件，把沦陷区人民的人身自由剥夺无余。

紧接着军事清乡之后，日、伪就搞起它的政治清乡来了。编组保甲，是政治清乡的一项重要内容。它强迫居民实行"连坐切结"的反动制度，规定每若干户为连坐连保，订立"连坐切结。""如该保内藏有要匪及匪物，先未报告，后经军队、团体或（清乡区公署）署长查出者，同结者与匪同罪。④与匪暗通消息者，一经查实，即应处以极刑。"⑤日、伪妄图用编查保甲、贴列门牌、加强身份证明、建立户口制度等，来切断中国共产党和新四军与人民群众的血肉联系，并进而摧毁中国共产党领导下的一切抗日组织。

强化伪政权，组建伪警察保安系统，是日伪政治清乡的有机组成部分。汪伪除原有清乡委员会直属清乡警察总队外，又在各地区增设警察大队，以江苏为例，仅在1943年3月，即增加伪警察3000名。汪伪还在清乡地区的省和专区，分设保安司令部和保安处。与此同时，还招收了大量土匪和地痞流氓；收编蒋介石派驻在苏南的"忠义救国军"，仅在苏南清乡的一年中，由招抚整编委员会收编的部队就有24支，达1.63多万人。⑥形成了以日本侵略军为主和以汉奸反动派及地方反动势力为仆从的军事网，使清乡地区抗日军民的斗争更加艰苦。

---

① 张鼎丞：《为粉碎江南敌寇'清乡'而斗争》，《解放日报》，1941年10月21日。
② 陈毅：《苏南反清乡斗争的总结》，解放军政治学院编：《中共党史参考资料》第9册。
③ 清乡委员会封锁总办事处：《封锁解说》《清乡日报》，1941年7月31日。
④ 清乡委员会：《清乡地区整理保甲肃清零匪暂行办法》，中国第二历史档案馆藏汪伪清乡委员会档案。
⑤ 同上。
⑥ 唐生明：《清乡军事工作》《清乡日报》，1942年7月4日。

所谓经济清乡，汪精卫称之为"改善经济"，到底是怎么一回事呢？汪精卫认为清乡区人口增加和赋税增多，就是"治安确立""民生改善"的标志。就是说，随着清乡区的扩大，被统治被剥削的对象愈多，赋税收入就会愈来愈增加，汪伪的经济也就得到更大的"改善"，实质上是对广大清乡区人民的掠夺和剥削。如果说，在军事清乡阶段，日伪采取的是杀人越货、武力抢劫或公开没收与霸占的话；在政治清乡后，则主要采取征发赋税和统制物资的手段了。

经济清乡使用野蛮的经济掠夺手段，就是抢劫，搜刮和敲诈勒索。清乡部队（清乡警察与当地保安队）平时常借搜查"坏人"为名，下乡骚扰，翻箱倒柜，为所欲为，把老百姓的东西不问青红皂白，拿了就走，[①]检问所的勒索行径，也令人触目惊心。据一个曾任镇江清乡主任公署副主任的汉奸张修明供称："汉奸头目在鬼门关（指检问所）上，得到大量赃款。……在镇江地区时，每月从三个县近四十个大小检问所上，得到的赃款就有四十多万元（合大米一千三百石），至于上了两百多个检问员、检问所主任腰包的财钱，更是无法统计了。"[②]

汪伪政府对增收赋税特别是田赋，看做"最大之税源"，列为"清乡财政"必须解决的重要任务。他们不顾连年战争、田园荒芜的实际情况，下令"督征旧欠"，限期交清。1942年，汪伪就在太仓县强迫收缴1938年至1940年三年的田赋。实行"租赋并征"，除田赋外，又将地租的全部或大部搜刮走了。一般情况下，地租、田赋各占田产量总值的30%左右，农民长年辛苦劳动所得，60%的劳动果实，被清乡机关轻易夺走了。

此外，汪伪还"改订赋章"。常熟县在抗战前每亩征税1元稍多，到1941年10月，赋税加并征税总计每亩合9元（以旧法币计）。[③]而到1942年，江苏

① 汪曼云：《千里哀鸿说清乡》。
② 张平（张修明）：《敌伪的清乡》，上海市藏汪伪案犯材料。
③ 申兰生：《清乡区实行租赋并征制度实况调查记》，《清乡实况》，第27—28页。

清乡各县每亩高达20元。也就是说，经过改订后的田赋征收率，已达抗战前的10倍乃至20倍。在部分地区，汪伪还实行田赋征实办法，而实物折价率则不到1／2或1／3。汪伪通过增收赋税的各种办法，从老百姓身上进行了敲骨吸髓的盘剥。据不完全统计，吴县、昆山、太仓、常熟、无锡、江阴、武进七县，1941年1月至5月，清乡前共收田赋58万余元，而在1942年同期则共收232万元。清乡前后相较，收入增加了4倍。①就江苏全省而论，仅1942年的田赋收入，就"比去年（1941）度的收入增多十几倍"。②当然这其中有一个旧法币贬值的因素，即使如此，仍然是一个惊人的数字，汪伪政权的横征暴敛，是不管沦陷区人民死活的。

关于营业税和其他各种捐税，汪伪也不放松勒索。仅清乡后一年中，江苏太仓等县征收的营业税额，即比清乡前一年增加10倍以上。③再从浙江清乡地区营业税情况看，1942年下半年为6.9万余元，到了次年的下半年迅速增加为47.4万余元，几乎上升到7倍④。

关于汪伪政权的苛捐杂税，1943年6月25日，江苏崇明施静庵等人曾有《请制止苛捐杂税的呈文》，揭露得淋漓尽致。《呈文》中说："自上月开始举办清乡以后，四周封锁，有天然之环海，益以人工之竹篱，耗全县数千百万枝之竹竿，糜千万之币值，将以全民众之安居乐业。墙壁标语朱墨巍然，讵料安乐之境未得，剔括之税频出，多似过江之鲫，犹如雨后春笋。某税冠以财政部，某税冠以财政局，名称虽异，性质类同，纸张税与箔类税已相冲突，再加之以迷信捐，一纸之微，须完三种税捐，人民目眩，五色浸至，无所适从。不问乡村小店，里巷酒家，取一壶之酒，佐一篑之豆，须征筵席之捐；瞽者街头蹲躅，藉星卜以求饱，未能免迷信之税。他如保甲捐，则按户征收，牙税则肩挑贸易必交税领证，所得税外再有营业税，统税之外复有附加税，屈计捐税名称

① 余百鲁：《清乡一年来之财政》，《清乡新报》，1942年7月8日。
② 李士群：《在江苏财政会议上的讲话》，《清乡新报》，1942年12月8日。
③ 余百鲁：《清乡一年来之财政》，《清乡新报》、1942年7月8日。
④ 刘星晨：《最近浙江省财政之整理》，《中国经济评论》，第6卷，第6期。

达十余种之多。近又开征住房捐，闻以十万元有奇之比额辗转承包，最后承包者已达五六十万元之包价。规程上租户照租值征30%，而办事者竟出之以自由估定，外加手续费两成，自己住宅概须纳20%房捐，税额之大，设想之周，无微不至。在主其事者未始非意料所不及，承包者当然于包额外尽量多收。以目前生活之高，月入数百元诚不足以养廉，巧立名目，予取予求，而小民苦矣。"①

日伪统治下的沦陷区，苛捐杂税多如牛毛。除上述所引外，再以苏北地区为例，除了6项专税外，另有大车税、民生税、县税、团税、枪杆税、复兴税、补助税、扬子税、附属行营军事补助税等，甚至公开征收鸦片特税。名目繁多，不胜枚举。

汪伪政权还通过滥发钞票等手段，进行无情的掠夺。1941年在南京设立"中央储备银行"，发行了大量的准备金不足的伪钞，日寇利用刺刀维持着这些伪钞的流通；还强征物资。连日本战犯重光葵也不得不承认：日本对中国"完全是单方面的榨取。日本榨取的大多是军用物资，只供消耗，并没有再生产可能。战区愈广，需要这一类的物资更多，除了用占领区的军票支付，更无其他经济手段。因此，通货膨胀，民怨沸腾。"②

日伪还强迫城乡居民出资参加所谓合作社，并强制农民卖给合作社农副产品，价值多少，必须从合作社买回同等价值的物品，从而加重了农民的负担，而日、伪则从中大发横财。

1941年底日本侵略者偷袭了珍珠港，挑起太平洋战争以后，日伪的经济清乡更赋予了新的内容。汪精卫就说过："清乡之目的，更进一步而为协力大东亚战争。"③因此，日伪就加紧搜刮粮食、棉花、油料作物等战略物资。于是物资统制政策和开发资源政策就加紧推行。特别是对清乡区的粮食、棉花和粮

---

①《江苏崇明施静庵等请制止苛捐杂税的呈文》，《汪伪政府档案》。
②〔日〕重光葵：《昭和之动乱》，转引自吴相湘：《第二次中日战争史》下册，第845页。
③汪精卫：《清乡与大东亚战争》，《政治月刊》第6卷，第2期。

棉制品，日伪更加强了这方面的物资统制。1943年1月，日方答应让汪伪参战，口头上允许将物资统制权交给汪伪，实际上仍由日方控制。同年6月，汪伪全国经济委员会决定先由苏、浙、皖三省和沪、宁两市从粮、棉开始到其他物资，实行物资统制。9月，汪伪行政院宣布苏南、杭嘉湖、苏北、皖中等地区的米粮，全部由米粮统制委员会和当地日军联络机关实行统制，同时公布清乡区米粮封锁办法。[1]1944年米粮统制委员会计划在苏、浙、皖三省收购米粮共53.9万吨，其中一半是供应华中日伪军警，一半运到上海、南京作为户口米出售，从中牟取暴利。[2]

日寇在清乡地区实行资源开发政策，是要撇开汪伪直接控制工农业生产，为侵略战争直接服务而进行的公开掠夺。这种资源开发，首先指向苏南的纺织业和面粉业、杭嘉湖一带的蚕丝业、苏淮地区的棉花和小麦生产以及浙东的制盐业等部门。为此，日本兴亚院通过在这些地方的联络部有效控制下，建立生产机构，吸收游资，扩大生产，强化工人劳动强度，同时强制农民种植某些作物，以此增加产量，满足侵略战争的需要。但是，此时已是世界反法西斯战争胜利在望，日本法西斯及其豢养的汪伪政权已是日薄西山，行将覆灭，所有在清乡地区的反动措施，不过是日伪的垂死挣扎罢了。

二　奴化教育

汪伪对沦陷区人民的奴化教育，是同它所谓思想清乡紧密联系在一起的。汪精卫一再叫嚷"清乡必先清心"。周佛海也气焰嚣张地说：清乡工作之根本，不仅为军事上的扫荡，抑且为思想上的斗争，不仅在治安上的确立，抑且在心理上的建设。[3]为了从精神上瓦解人民的抗战意识，汪伪着重宣传了法西

---

[1] 参见汪伪行政院：《扬子江下游清乡地区米粮封锁暂行办法》，1944年度《申报年鉴》。
[2] 米统会：《关于一九四四年度苏浙皖米粮采购实施要纲草案》，中国第二历史档案馆藏汪伪政府档案。
[3] 周佛海：《在行政院清乡会议上的讲话》，《中华日报》，1944年2月10日。

276

斯主义和卖国主义。为此，在清乡委员会下面，设置了宣传委员会，宣传队和政治工作团；同时，在各级伪政府中也设置了相应的宣传机构。强迫居民接受清乡宣传和参加集会，举行清乡演讲，印刷，散发清乡报刊，仅在苏州出版的报刊就有六种，诸如《清乡新报》《清乡日报》《清乡旬报》《清乡前线》《清乡画报》《清乡实验特刊》等。此外，还举办清乡展览、清乡征文，张贴清乡标语和刷制清乡口号，漫画，散发各种传单，放映清乡幻灯，上演清乡戏剧电影。总之，开动一切宣传工具，宣传反共、卖国，要人们对日本法西斯顶礼膜拜，不断鼓吹"大东亚精神""中日共存共荣""东亚新秩序""东方共有道德文化"等等。

汪伪认为仅作上述宣传还不够，又强制实行"清乡特种教育"，其目标是：训练一般成人及儿童，使能彻底了解无底抗战的谬妄及共产党的罪恶，并深切了解国策及世界大势，以期确立和平反共建国的信念，努力于复兴中国复兴东亚的工作[1]。值得注意的是，这种特种教育的教材，具有极强的媚日、反共、反民族的特色。编选这种教材的主要要求是：以国民政治常识为中心，对国家意义，国际地位及领袖（指汪精卫）言论，有基本的了解。以东方固有文化道德为中心，期使确立和平反共建国的信念，进而认识大亚洲主义。[2]教育教材以下列十二项为编纂中心："三民主义、领袖言论、大亚洲主义、清乡要义、地方自治、生产技能、史地大要、卫生常识、反共材料、农村副业、自卫常识、乡土教材。"千方百计推销汪精卫的汉奸理论。[3]

为了毒化沦陷区儿童的心灵，驱使无知的青少年充当日本侵略者的炮灰，汪伪还刊行《儿童清乡周特刊》，鼓吹现代儿童的新使命是：参加大东亚战争，建设东亚新秩序；参加清乡运动，清乡运动是实现国策的原动力，目的是确立治安，改善民生，矫正思想；参加新国民运动，新国民运动是大东亚解放运动和清

---

① 清乡委员会特种教育委员会：《特种教育实施计划纲要》，《清乡日报》，1941 年 7 月 27 日。
② 《特种教育实施计划纲要》，《清乡日报》，1941 年 7 月 27—28 日。《汪精卫国民政府"清乡运动"》，第 369 页。
③ 清乡委员会特种教育委员会：《特种教育实施计划纲要》，《清乡日报》，1941 年 7 月 27—28 日。

乡运动的基干。"清乡即是清心，清心就是新国民运动。"①等等。

一个汉奸更把所谓新国民运动与"汪精卫主义"联系起来，胡诌什么：第一，"汪精卫主义"是根据三民主义的；第二，"汪精卫主义"是根据于总理大亚洲主义的；第三，"汪精卫主义"是根据于和平方法的；第四，"汪精卫主义"是根据于实践的。②他硬把汪精卫的汉奸理论和孙中山革命的三民主义联系起来，是对三民主义的糟蹋。对于三民主义，根据孙中山在国民党第一次全国代表大会宣言中重新作的解释，毛泽东在《新民主主义论》中作过精辟论述："新时期的革命的三民主义，是联俄、联共、扶助农工三大政策的三民主义。没有三大政策，或三大政策缺一，在新时期中，就都是伪三民主义。"③可见三民主义与汉奸理论二者有霄壤之别，鱼目岂能混珠。

鼓吹"新国民运动"，从1941年11月开始发起。1942年元旦，汪精卫颁发了《新国民运动纲目》；同年7月，在伪都南京成立新国民运动指导委员会。各行各业和各阶层还建立了新国民运动促进团。汪精卫对自己精心炮制的这一所谓运动，颇为自我欣赏，他得意地声称：清乡运动好比一个病人服药调理，新国民运动便是病治好之后，将他的元气培养，使之精神强健，身体结实。④对汪精卫说来，似乎这是一剂起死回生的灵丹妙药。汪精卫所要造成的"新国民"，是所谓"把爱中国爱东亚的心打成一片"，就是要中国人民认敌为友，把不共戴天的日本帝国主义者看成亲如手足的兄弟。所谓"团体要组织化，行动要纪律化"，就是要各团体除了接受汪伪的控制以外，还得听命于日本侵略者所规定的"纪律"。所谓"要以铢积寸累的精神，发达国家资本"，换句话说，就是中国人的一切财物都要一毫不剩地全部送给日本帝国主义及汪伪，从而使日本财阀的垄断资本和汪伪汉奸头目的买办官僚资本"发达"起来。所谓"个人对于国家贡献要多，享受要少"，实际上就是要沦陷区人民当牛当马，

---

① 《儿童清乡周特刊》，《清乡新报》，1942年4月4日。
② 凌恭：《汪精卫主义与新国民运动》，《清乡新报》，1942年4月9日。
③ 《新民主主义论》，《毛泽东选集》第2卷，第683页。
④ 汪伪新国民运动指导委员会：《清乡周年纪念宣言》，《清乡新报》，1942年7月8日。

1942年11月，日本在南京玄武湖畔举行"大东亚战争博览会"，炫耀日本侵略中国及亚洲各国的战况。左一为汪精卫，汪的右方为重光葵，中间穿军装者为畑俊六。

把创造的一切劳动果实都献给日本强盗及其汉奸走狗。所谓"节约消耗，增进生产"，其主要目的在于增产军用物资，满足日本法西斯扩大侵略战争的需要。如此等等。不难看出，所谓"新国民运动""汪精卫主义"，就是以汪精卫为头子的汉奸集团推行奴化中国人的运动。当然，这是汪精卫们的一厢情愿，广大沦陷区人民从汪精卫甘心为虎作伥，毒化中国人民心灵拙劣的表演中，更加看清了他的丑恶奴才面目。

三 法西斯党化教育

汪精卫汉奸集团还大力宣传"一个党，一个领袖，一个主义"的反动思想。这件事以林柏生干得最卖力。1942年汪伪办起了一所"中央青年干部学校"，汪精卫兼校长，林柏生任教育长，时间为6个月。学员身穿青黄色露胸服装，头戴橄榄形歪帽，仿照德国法西斯青年挺进队装束，每天进行早操和军训。汪精卫则不时到校演讲。林柏生利用这个机会向汪精卫大献殷勤，在学员中大搞对汪精卫的偶像崇拜，每天早操都要学员高呼"汪主席万岁！""新国民运动万岁！"等口号，并要求学员只要听到"汪精卫"三字就立刻"肃立"。实际上是向沦陷区青少年灌输法西斯反动思想。1943年夏天，汪伪又举办"南京公务人员集训营"和"上海公务人员集训营"，训练伪科级以上人员和荐任以上官员各数百人。汪伪企图利用这种办法，强化他们的汉奸法西斯统治。

为了灌输对汪精卫的个人迷信思想，汉奸们不遗余力地为汪精卫歌功颂德。他们说：国民党（汪伪）为领导中国政治的唯一中心势力，汪主席为继承国父遗志，完成国民革命的唯一领导者。[1]1943年1月，汪伪经日本同意正式向英、美宣战后，汪伪国民党召开六届三中全会，专门讨论如何加强"精神总动员"，要求：一方面阐明强化中心势力、服从领袖的绝对必要，加深国民对领袖的认识与崇敬；一方面督促国民党员重振革命党人的本来精神面目——作领导下层工作，作推动的工作，由党的强化作到国的强化。[2]这样，除对汪精卫评功摆好外，又蒙上了一层法西斯主义"党化"的神秘色彩，汪精卫自然也就是汉奸法西斯的党魁。

汪精卫除了卖力地推销他的奴化教育，宣扬对他的个人迷信外，还起劲地推行所谓"东亚联盟运动"。通过这个运动，汪精卫形成了一套较完整的汉奸理论。

四　东亚联盟运动

"东亚联盟运动"的发起，既是日本侵略者发动侵华战争、扶助汉奸政

---

[1] 汪精卫国民政府行政院宣传部第 02 号宣传要点，《关于国民精神总动员》，藏上海档案馆。
[2] 同上。

权、推行"以华制华"侵略政策的需要；也是汪精卫汉奸集团卖身投敌、兜售汉奸理论并使之趋于完备的过程。所谓"大亚洲主义""东亚联盟""东亚解放""建设东亚新秩序"等口号，便是适应日本侵华各个不同阶段政策的需要而提出的，汪精卫则不遗余力地充当了这个运动的吹鼓手。

关于这个运动的发起，一个制造伪满洲国的日本侵略分子石原莞尔这样写道："在满〔洲〕的汉族同志，对于满洲建国的独立衷心不安"，"因为自己虽得讴歌王道乐土，但是从本国分离出来终是不免要遭受'汉奸'之讥的！这对于民族精神迅速勃兴的中国同志真是一个难堪的苦痛。于此，中、日两国所深思熟虑的事情，就是彻底整顿中日两国的关系了。其检讨的结果，……遂以结成东亚联盟为满洲建国的目标。"因此，"东亚联盟运动绝不是书桌上的空论，乃是以满洲建国为轴心的同志运动的实迹。"①很明显，"东亚联盟"思想的抛出，是日本侵略者对伪满汉奸们的安抚，更是为刚建立的伪满撑腰打气。

到了1933年，以日本关东军为后台的"满洲协和会"发表公开声明，首次打出了"东亚联盟"的黑旗。声明说："满洲协和会使基于王道主义的建国精神广泛地彻底地普及于国民，且纠合持有确乎信念之国民，排击反国家思想乃至反国家运动，以期完成民族协和之理想乡。同时，最后之目标，使此民族协和运动及于混沌状态之中国本土，进而使之扩展于全东亚，团结成东亚联盟，确保东洋文化之再建与东洋永久之和平。"②上述声明表明，日本侵略者的胃口，决不仅限于在中国东北建立一个伪满，而且要把它的侵略魔爪进而伸进全中国，甚至整个东亚，从而建立由日本控制，和以中国乃至伪满洲国为附庸的政治经济集团，而这个集团则是日本侵略者梦寐以求实现"东亚联盟"的第一步。

随着时间的推移，1938年11月3日本首相近卫文麿发表了建立"东亚新秩序"的声明，标志着"东亚联盟运动"进入了一个新的阶段。

---

① 石原莞尔：《东亚联盟运动小史》，《东亚联盟》（北京），第5卷，第2期。
② 巩固：《东亚联盟运动的理论基础》，《东亚联盟》（北京），第5卷，第2期。

"心有灵犀一点通"，正当日本侵略者陷入侵略战争深渊的苦恼中时，1938年底作为国民党副总裁的汪精卫迎合侵略者的意愿，从重庆叛逃出来，并酝酿建立伪政权。这对于日本来说，无异在茫茫侵略战争的海洋中抓住了一根稻草。于是"东亚联盟运动"通过汪精卫等，在中国沦陷区也逐渐发展起来。

1940年，在南京、北平、武汉、广州等地分别组成了类似或变相的东亚联盟协会的组织。在北平，缪斌于同年5月组建了"中国东亚联盟协会"，并出版了《东亚联盟》月刊，提出"根据大亚细亚主义，主张东亚联盟之结成，共谋亚细亚民族之发展，其条件为政治独立，经济提携，军事同盟"。[①]同年9月，汪精卫派林汝珩在广州成立"中华东亚联盟协会"；与此同时，原广东"治安维持会"头目彭东原，另起炉灶，挂起"大亚细亚主义中国协会"的牌子，并自称是汪记伪国民党的友党，"主张亚洲诸国以〔从〕政治、经济、文化三方面来提携，俾实现共存共荣之宏愿。"[②]伪湖北省长何佩熔在同年5月于武汉则亮出"中国共和党"的牌子，声称"吾国与友邦携手，以求东亚联盟之巩固。"[③]同年3月，汪伪政权成立后，企图凭借日方的"垂青"，进而建立沦陷区统一的"东亚联盟"组织。11月，汪伪建立了"东亚联盟中国同志会"，这个组织的理事有周学昌、周化人、刘仰山、戴英夫、汪曼云等人。在该会的《简章草案》中规定："凡与本会目的相同之国内外团体，应实行与之联络及互助。"[④]不言而喻，汪伪的目标就是要力争执"东亚联盟"组织的牛耳。

在这年的11月，汪精卫与日方签署了《中日基本关系条约》及《中日满共同宣言》后，"东亚联盟运动"又进入了一个新的阶段。即由分散的、区域性的活动，变为统一的、以汪精卫为领袖、以汪伪国民党为中心的活动。为什么发生如此的变化？这和当时的国际形势有关。当时，日本政府与汪精卫签订协定，目的在于配合希特勒法西斯德国的所谓世界战略，急于把中国变成它实

---

① 巩固：《东亚联盟运动的理论基础》，《东亚联盟》（北京），第5卷，第2期。
② 《组织大亚细亚主义中国协会之说明书》，《兴建月刊》第2卷，第5号。
③ 《共和党告同志书》，《中华日报》，1940年12月23日。
④ 巩固：《东亚联盟运动的理论基础》，《东亚联盟》，（北京）第5卷，第2期。

行南进政策的大陆基地。尽管日本一手扶植成立汪伪政权，但迟迟不予正式承认，直到日本直接拉拢蒋介石的交涉失败，日方才决定承认汪伪政权，并签署了《中日基本关系条约》。

这个条约经过日、汪双方讨价还价，和原来的中日密约相比，表面上似乎给汪方多少一点自主权，改善一点汪伪的傀儡形象；但并无实质性的区别。

与此同时，汪伪还同日本及所谓"满洲国"发表共同宣言。宣言具体规定：（一）日本国、满洲国及中华民国互相尊重其主权和领土。（二）日本国、满洲国及中华民国为了实现三国间以互惠为基础的一般合作，尤其是善邻友好、共同防共、经济合作，在各方面采取必要的一切手段。（三）日本国、满洲国及中华民国，根据本宣言的宗旨，迅速签订协定。宣言强调：希望三国互相尊重其原来的特质，在东亚建设以道义为基础的新秩序的共同理想下，互为善邻，紧密合作，以形成东亚永久和平之轴心，并以此为核心，对整个世界和平做出贡献。①

这篇宣言由日本精心炮制，把汪伪和伪满置于同等地位，还打着尊重主权领土的幌子，而且进一步提出建设东亚新秩序的口号，美其名曰"形成东亚永久和平之轴心"，既肢解了中国的完整领土，又满足了日本的侵略需要，从日本方面说，可谓一举两得。

《日满华共同宣言》的出笼，标志着"东亚联盟运动"从设想到具体组织行动的阶段，而操纵这个运动的无疑还是日本侵略者。

根据侵华战争的需要，日本侵略者向汪精卫提出建立"东亚联盟中国总会"这一全国性组织的要求，汪精卫当然求之不得。他乘机提出解散"兴亚建国总部""共和党""大民会"等由日方支持的在野政党、团体，其交换条件则是让这些组织的头头们担任汪伪国民党中央委员，得到了日本侵略者的

---

①《日满华共同宣言》，引自［日］原田熊雄：《西园寺公与政局》第8卷，第454页，1952年岩波书店版。

批准[①]。

汪伪国民党于1940年12月15日举行六届三中全会，决定建立统一的"东亚联盟"组织。并发表宣言说：建立这个组织，是为了"统一全国意志、集中全国力量之必要"，"以完成和平统一，促进东亚联盟，勖勉全党同志，策励全国民众。"[②]在这种情况下，"兴亚建国总部""共和党""大民会"在日方授意下，不得不宣布解散，并集体加入汪伪国民党。汪精卫兴奋地发表谈话，声称这种解散是什么"积极的发展"，是为了"集合全国才力，造成中心"，"克服一切困难，达到共同目的。"[③]汪伪六届三中全会增补缪斌、陈孚木、何佩瑢、石星川、孔宪铿等为中央委员。于是"东亚联盟运动"，就由各派汉奸的分散经营，转为汪精卫派独家主持的局面了。

"东亚联盟中国总会"于1941年2月1日正式成立，汪精卫自兼会长，周佛海任理事会秘书长，周学昌、周隆庠任副秘书长。常务理事有陈公博、温宗尧、陈群、陈璧君、徐良、诸青来、赵毓松等人。梅思平、林柏生、丁默邨分别任指导、宣传、社会福利三个委员会的主任委员，理事则由汪伪各部部长和各省省主席担任。就在该会成立的这一天，日本首相拍来贺电，表示："贵国之东亚联盟运动完成全国性统一的发展，基于东亚解放之见地，诚不胜感激之至。"[④]汪精卫对此感激涕零地说："远承电勖，弥用兴奋，谨当竭其心力，以达东亚永久和平之共同目的。"[⑤]

1941年5月，《东亚联盟月刊》作为总会的机关刊物问世了，接着这个刊物又同汪伪国民党宣传部的理论刊物合并，称之为《大亚洲主义东亚联盟月刊》，成为日、伪宣传的重要阵地。"东亚联盟中国总会"还在南京、上海、湖北、广州乃至苏淮特别区各地建立了分会，还在分会之下建立支会、小组和

---

① 郭秀峰：《关于汪伪东亚联盟总会的情况》（未刊）。

② 汪精卫：《东亚联盟中国同志会成立训词》，《汪主席和平建国言论集续集》，汪伪宣传部编，1942年版，第62页。

③ 《中华日报》，1940年12月17日。

④⑤ 《贺电与谢电》，《大东亚主义》第1卷，第2期。

各种特殊的政治团体。日本侵略者通过汪精卫把这个组织变成了对沦陷区人民进行思想上统治的工具。

日本侵略者既然要利用"东亚联盟"这个工具，汪精卫也很乐意充当这个工具的工具，作为他叛国投敌的精神支柱和理论依据。关于这一点，汪精卫曾振振有词地说：我个人当事变发生时，在武汉，在重庆，都尝到了痛苦。在那个时候起，我注意言论了。日本的言论，自事变发生以来，是由东亚协同体进为东亚新秩序，更进而为东亚联盟的理论。日本是先进国，提出了各种理论，并使其发展，中国从而响应，而努力的使其诚意发展。[1]这说明了汪精卫的汉奸理论是和日本的侵略政策配合得多么默契。

五　汪精卫汉奸理论的形成

汪精卫的汉奸理论是和日本侵略者提出的"东亚联盟"思想密切配合的。1938年12月29日汪精卫发表《艳电》，那时他还只是打着"和平救国"旗号，同抗战派进行的只是所谓"和战之争"。汪精卫的论点通过其代言人表述成这样：国际援助不可靠，愈战愈强是假的，阵线论[2]早经破产，抗战已经证明是不能救国的。[3]他们断言：抗战是共产党的阴谋，抗战下去只有亡国，只有对日"和平"才能"救国"。换个说法，就是只有对日投降才有出路。

1939年7月10日，汪精卫在《中华日报》复刊的这一天，就发表了《我对于中日关系之根本观念及前进目标》一文。此文不仅全面阐明了汪精卫的"和平理论"；而且把这种"和平理论"与日方的"东亚联盟运动"联系起来。汪精卫对中日关系的根本观念是什么呢？他说：日本是东亚一个强国，经济军事文化着着前进，最近几十年，可以说无日本则无东亚。中国事事虽然落后，却是

---

① 汪精卫：《东亚联盟的理想》，《政治月刊》第1卷，第3期。
② 指世界人民反法西斯阵线。
③ 周化人：《和平理论之发展及其实现》，《大东亚主义》第3卷，第2期。

东亚一个地大人众历史深长的国家，如果要强盛起来，日本必然要知道中国的强盛对于日本会产生什么影响，于日本有利呢还是有害。如果有利，日本当然愿意中国强盛，愿意与中国为友；如果有害，日本必然要将中国强盛的动机打消了去，决定与中国为敌。……怎样才能于日本有利呢？中国与日本外交方针一致，军事方针一致，更进而根据平等互惠的原则，以谋经济合作，这样中国的强盛，便于日本有利而无害。

按照汪精卫的逻辑，中国只有在外交、军事、经济等方面成为日本的附庸，才能"强盛"起来，这是典型的奴才哲学。汪精卫由此出发，进而回顾数十年来的中日关系，他有意混淆了正义与非正义的战争，颠倒侵略与被侵略的界线。大谈什么：中日关系所以不能改善，且日趋于恶劣，系误于一种循环论。例如日本说：中国排日，是九一八事变的起源；中国说：日本侵略，是排日的起源；日本说：中国要抛弃以夷制夷政策，才能使中日关系好转；中国说：日本要放弃对于中国的野心，才能使中日关系好转。诸如此类，都是互相期待，互相责备，以致愈弄愈糟。在这里，汪精卫简直是以第三者的身份指手画脚，不仅对侵略者的鬼话奉若神明，而且对近卫声明百般讨好地说：日本既然声明，对于中国没有野心，而且伸出手来，要求在共同目的之下亲密合作，中国为什么不也伸出手来，正如兄弟两个厮打了一场之后，抱头大哭，重归于好。[1]通观全文，虽未出现"东亚联盟"字样，但确是地地道道的"东亚联盟"思想。

汪精卫在兜售其汉奸理论时，盗用孙中山"大亚洲主义"的词句，肆意阉割其反帝爱国主义的精神实质。孙中山的确在《大亚洲主义》的演说中，曾主张"中日两国就目前世界大势言，非根本提携不可；两国人民尤应亲善携手，共御他国侵掠政策"。[2]但孙中山同时提出了中日亲善的必要前提，这就是：

---

① 汪精卫：《我对于中日关系之根本观念及前进目标》，《中华日报》，1939年7月10日。
② 孙中山：《会见日本记者的谈话》（1924年11月22日），《申报》，1924年11月24日。

日本援助中国，废除中国同外国所立之一切不平等条约。[①]不言而喻，其中也包括中日之间的不平等条约。对此，孙中山曾有所说明，他说：照我们的口头禅，中国同日本是同种同文的国家，是兄弟之邦，就几千年的历史和地位讲起来，中国是兄，日本是弟，现在讲到要兄弟聚会，一家和睦，便要你们做弟的人，知道你们的兄已经做了十几年的奴隶了，向来很痛苦，现在还是痛苦，这种痛苦的原动力，便是不平等条约，还要你们做弟的人替兄担忧，助兄奋斗，废除不平等条约，脱离奴隶的地位，然后中国同日本，才可以再来做兄弟。[②]当有人问到"二十一条"不平等条约是否也要改良的问题时，孙中山断然地说：所有中国同外国所立的一切不平等条约，都是要改良。二十一条要求也当然是在要改良之列。中国的古语说"己所不欲，勿施于人"。倘若美国对日本也有二十一条的要求，你们日本是不是情愿承受呢？当然是不情愿的，既是自己不情愿，拿出恕道的和公平的主张出来，当然不可以己所不愿意的要求来加之中国。[③]不过，孙中山要求当时侵略成性的日本讲求"恕道"与"公平"，这无异于与虎谋皮，是不切实际的幻想。而汪精卫正好利用了孙中山思想中的弱点，拉大旗作虎皮，嘴上大讲"大亚洲主义"，实际上为他的卖国投降行径作无耻的饶舌。

1941年11月，汪精卫在《东亚联盟中国同志会成立训词》中，把"大亚洲主义"与"东亚联盟"强拉在一起，并提出"东亚联盟运动"的四大纲领，那就是"政治独立""经济合作""军事同盟""文化沟通"。他还继续发挥说：大亚洲主义为东亚联盟的根本原理，东亚联盟为大亚洲主义的具体实现。[④]这一番话标志着汪精卫的汉奸理论又向前跨进了一步。

汪精卫所标榜的"政治独立"，是在承认日本在"东亚联盟"内居于指导

---

① 孙中山：《与门司新闻记者的谈话》，（1924年12月1日），《孙中山选集》，1981年版。
② 孙中山：《对神户各团体欢迎会演讲》，《孙中山选集》，1981年版。
③ 孙中山：《与门司新闻记者的谈话》，（1924年12月1日），《孙中山选集》，1981年版。
④ 汪精卫：《东亚联盟中国同志会训词》，《汪主席和平建国言论集续集》，汪伪宣传部编，1942年版，第62页。

者地位的前提下，因此这个口号只不过是骗人的把戏。汪精卫说： 日本是东亚的先进国，东亚而有联盟的设立，则日本以其先进国的资格，对于后进国居于指导者的地位，是毫无疑义的。汪精卫深知从抗日到亲日在中国人民心目中是不容易通过的，因此提出了"政治独立"的口号，这个口号主要是用来欺骗中国人民的。对此，他说得很明白：和平运动要使全国民众由抗日一变而为亲日，这不是泛泛然便可以做到的。要做到这一点，必须明白认识全国民众为国家民族求独立自由的意识，善为诱导，使之用于亲日，而不用于抗日；……我们必须使大家知道，求国家民族独立自由的精神和东亚联盟的精神是一致的，这样才能够提起大家积极的精神，以一样的精神用之于求国家民族的独立自由，也用之于促进东亚联盟，舍此别无他道。[1]原来如此，"政治独立"只是幌子，欺骗中国民众才是他的真意。

为了解除日本担心"中国政治独立了，会不会改变方针，与欧美联合"的顾虑，汪精卫向日本拍胸担保说：这是绝对不会的，因为联盟纲领， 明明白白有军事同盟的一条。军事外交相为表里，有了军事同盟，外交方针绝不会不一致，现在英、美只希望我们两个国家厮打下去，和平运动根本就和英、美路线不相容。

汪精卫深感作为汉奸头子没有实力作后盾的苦衷，在日本主子面前说话就没有分量，因此一再表白：还都以来，兄弟常常感觉自己力量微薄，自己所领导的政府，也是力量微薄，然而有一点，可以自慰并以告慰于友邦人士的，我们的信仰始终如一。信仰就是力量之所从出，只要本着我们对于中日关系的根本观念，继续不断的努力，我们一定能够创造力量，发展力量。[2]一副奴才讨好主子的乞怜相，和汪精卫标榜的"政治独立"对照，特别令人刺目。

1941年年底，在太平洋战争爆发的背景下，日本侵略者大肆鼓吹"大东亚共荣圈"和"黄色人种革命"，目标是要把英、美势力排挤出亚洲，从而把亚

[1] 汪精卫：《对于东亚联盟的纲领的一点意见》，《汪主席和平建国言论集续集》，第63—65页。
[2] 同上。

洲置于日本法西斯统治之下。于是日本又大力推行"东亚联盟运动"。汪精卫汉奸集团的理论，在上述形势下，又有了新的花样：

第一，随心所欲地解释"大亚洲主义"。他们认为它是"东亚联盟理论之渊源"，"东亚民族革命之指导原理，东亚民族对抗外来侵掠主义之自卫手段"。[①]他们还胡诌什么：大亚洲主义是东方的民族主义，是王道的，讲仁义道德的，而西洋的民族主义是霸道的，讲功利强权的。汉奸"理论家"周化人说：西洋思想的最大流毒为功利思想，功利思想的根源，则为西洋的大民族主义。周化人进一步从东方文化的角度进行论证说：我们东方的思想，是与天地万物共存的，万类各生其生，各长其长，各不妨碍。在对这种东西方民族主义进行比较后，他的结论就是要"排除西洋的功利思想的民族主义"。[②]由于这时日本已对英、美宣战，汪精卫兴高采烈地叫嚷：中国自从和平运动发起以来所遵守而申明的大亚洲主义，已经由理论时代而进入于实行时代。[③]

第二，宣扬在当前大力推行"东亚联盟运动"，就是为了要实现"东亚共荣圈"的目的。他们明确指出："世界政治现势趋于集团国家之倾向，……东亚联盟之结成，实为必然之趋势，在此世变日亟之际，东亚民族非团结无以自卫，非互助无以共存。"[④]为了论证东亚联盟的必要，他们向沦陷区人民许愿说："东亚联盟之目的在自卫而非为侵掠，换言之，在求东亚各国兼相利交相爱，以谋东亚民族之共存共荣，在使世界人类各本于其自然之特质发挥其特长，以推动世界之进步。"[⑤]话是说得娓娓动听的，但"东亚联盟"对东亚各国人民并没有带来什么"共存共荣"，而是屈辱与黑暗。

第三，卖力地鼓吹在现阶段搞"东亚联盟运动"，就是实现"黄色人种革命"。而在这方面汪精卫则特别卖力，把它吹得天花乱坠。汪精卫有板有眼地

---

① 汪伪国民政府行政院宣传部第 50 号宣传要点：《关于东亚联盟运动》，藏上海档案馆。
② 周化人：《肃清西洋思想的余毒》，《大亚洲主义月刊》第 4 卷，第 4 期。
③ 汪精卫：《大东亚解放战·勖中国之民众》，《政治月刊》第 3 卷，第 1 期。
④ 汪伪国民政府行政院宣传部第 50 号宣传要点：《关于东亚联盟运动》，藏上海档案馆。
⑤ 同上。

说：百年以来，英、美两国挟其军事侵略、经济侵略双方并进的国策，美洲的红种，非洲的黑种，澳洲的棕色人种，次第受其摧残，不但国土沦丧，连人种也几乎沦亡。亚洲的黄种，亦同样受其厄运。自从日本提出建设东亚新秩序及东亚共荣圈等口号，东亚诸民族认识一条光明正大的道路，向着共存共荣的将来，致其最大的努力。①

　　当然，近百年来英、美帝国主义推行的侵略政策，对上述地区人民带来了灾难，这固然是事情的一个方面；但是，汪精卫把日本侵略者推行的南进政策，即日本所炫耀的"大东亚圣战"，看做"黄色人种革命"的希望所在和其他人种解放的福音，则是荒谬绝伦的。

1942年12月，汪精卫（右三）会见日本首相东条英机（左三）。

---

① 汪精卫：《扫除英美的流毒》，《汪主席和平建国言论集续集》第 359-360 页。

汪精卫对日本的南进侵略政策赞颂备至地说：菲律宾已脱离美国的羁绊了，马来已脱离英国的羁绊了，我想荷、印及缅甸等处的民族解放之期，也不在远。澳洲以及印度解放之期，也接踵而至。整个世界的地图，从此将洗去凄惨的颜色，显出光明灿烂的异彩。①汪精卫被日本侵略军暂时的气势汹汹的"战绩"，弄得晕头转向，简直高兴得有些忘乎所以，并把中国前途寄望于所谓"大东亚圣战"。他危言耸听地说：此次战争若不幸而为英、美所败，则整个东亚民族，将随印度民族及非洲的黑色人种、澳洲的棕色人种，同受奴隶的待遇，整个东亚将永久为英、美的次殖民地，没有翻身的希望。反之，如果战胜了英、美，则百年以来的侵略势力，一扫而空，东亚得到解放，中国得到自由平等。②为了把沦陷区的中国人民紧紧拴在日本法西斯的战车上，他们发起所谓"精神总动员"，要求担负"新使命"。要中国人民不惜一切为日本的战争扩张政策卖命效力。

汪精卫的汉奸理论，就是从"和平建国"到"东亚联盟"，到"东亚解放"，最后到实现"黄色人种革命"。他就是这样亦步亦趋地根据日本主子的侵略政策逐步形成一套较完整的体系。汪伪政权就是依靠这种汉奸理论，在日本侵略者刺刀的庇护下，勉强维持了五年多的反动统治。

但是这一切，丝毫挽救不了汪伪政权的彻底失败命运。随着世界反法西斯战争的胜利，汉奸末日的丧钟也就很快敲响了。

---

① 汪精卫：《扫除英美的流毒》，《汪主席和平建国言论集续集》第 359–360 页。
② 汪精卫：《大东亚解放战·勖中国民众》，《政治月刊》第 3 卷，第 1 期。

第十七章

汉奸末日与汪精卫的死

一　汪精卫投敌前后二三事

平时给人留下温文尔雅、风度潇洒的汪精卫，投敌前，由于对抗战形势的悲观估计，投敌后由于日本主子的不易侍候，汉奸之间的互相倾轧，特别是国际形势有利于反法西斯战争的变化，使他深感厄运将临，不会有好下场，于是性格变得喜怒无常，越来越暴躁，失去耐心和控制，且富于戏剧性。

在汪精卫主持汉奸政权的过程中，经常发生这样反常的情况：每次汪精卫主持召开伪"中央政治会议""国民政府会议""行政院会议"时，他"往往发为盛怒，厉声呵斥，有一两次竟然把椅子都抛掷了。……当汪氏分析到国际局势，以及国家前途，与当前的处境时，他的声调由激昂而渐变低沉，再由低沉而变为颤抖，最后是哽咽了，热泪沿着他的双颊直流下来，他用衣袖揩拭他的泪水，一面于呜咽中匆匆结束，说了'完了'两字，声音轻得几乎完全听不到，他每一次总是如此"。①

这里应当注意到汪精卫是在分析"国际形势""国家前途""当前处境"的情况下，发出上述的哀鸣，"完了"两个字，如实地反映了他的绝望心情。

还有一次，时间大约在1943年中条山战役后，汪精卫主持伪"中央全会"，会议开到第三天，全部议案审查完毕，并已完全照小组意见通过。最后开封绥靖主任胡毓坤提出"拟请将中条山被俘渝军成立俘虏营案"，大会军事

---

　① 朱子家：《汪政权的开场与收场》第 1 册，第 160 页。

小组召集人是叶蓬，审查意见是："拟请照提案内容予以通过"。原来在中条山战役中，国民党军被日军俘虏达二三万人，日方交给汪政权处理。汪精卫看到这一提案，突然重重把桌子一拍，厉声地说："为了国家拼死作战的军人，日本人当他［们］俘虏是必然的，他们抗战难道不是为了国家？我们也当他们为俘虏，这是何居心？胡毓坤荒谬，叶蓬糊涂！否决！否决！否决！"说完把提案重重一掷。①

汪精卫是在做戏，一方面在向蒋介石暗送秋波，表明对被俘的国民党军队，他没有当俘虏看待；另一方面也是向汉奸喽啰们表示：他汪精卫还是有"国家"观念的。抗战是为了国家，"曲线救国"也是为了国家，还在兜售他的"曲线救国"汉奸理论。

对于汪精卫投敌后心理上的变化，陶希圣有几则笔记可资佐证：

"其始也觉日人之易与，其继也觉日人之可亲，其终也始发现日人之可畏，而已晚矣；则亦惟有顺从之惟恐不及，极其所至，不用考虑，

1942年9月，汪精卫（右三）与伪政府外交部部长褚民谊（右二）在伪政府大礼堂接待日本使节代表团。

_____

① 朱子家：《汪政权的开场与收场》第1册，第160—161页。

只以日人之结论，不复念其所以达此结论之理论与理由"。①这里所用的"易与""可亲""可畏""顺从"等说法，是汪精卫及其他汉奸媚敌、降敌心理的恶性发展，也是畏敌心理被敌人征服的一般过程。

陶希圣还就汪精卫等对影佐祯昭的态度和王克敏、梁鸿志对于喜多诚一、原田熊吉的态度作一对照，认为他们都是难兄难弟，是一路货色。

"他们（指汪精卫等）往往笑王（克敏）、梁（鸿志）俯首听命于喜多、原田，殊不知他们自己也一样听影佐的话"。陶希圣描绘汪精卫们对影佐祯昭迷信到这种程度：

"影喜则喜，影忧则忧，影伪喜而彼则真喜，影伪忧则彼真戚然以忧矣，彼等今日惑于影之泪，他们［日］上台，则影脸一变，或被召回国而继之以为特务长者，必较喜多、原田对待王、梁有过之而无不及也。"②

这就说明，汪精卫的喜怒哀乐，已经与影佐祯昭融化为一体了。而且还以揣摩不透主子的心理而感到苦恼。

陶希圣还进一步介绍汪精卫等的这种变态心理，已完全丧失了一个中国人的正常思维：

"由于羞见中国人，乃寝假而恶见中国人，其终乃恨见中国人，久之，乃只信日方，只信日方所引见之中国人，以为非此无以为友也。以至于医师、术士、记者、妓女，惟日籍者始为可信可亲可爱，反之，其对于爱国之同胞，不肯或尚未臣奴于日人之下，尤其不肯同流而'下水'者，则有一念曰'杀'。"③

汪精卫等颠倒敌我关系，认敌为友，视人民如仇敌，对于不肯附和他们同流合污的中国人，则必欲杀之而后快。说怪也不怪，这就是汉奸卖国贼的逻辑。

关于汪精卫相信日本侵略者胜过任何中国人，其奴颜媚骨的丑态，这里可

---

①② 陶希圣：《汪记舞台内幕》，第 11 页、第 12 页。
③ 陶希圣：《汪记舞台内幕》，第 12 页。

以再讲一件事。

1940年3月30日，汪伪国民政府"还都"南京，典礼完成之后， 日本大本营陆军报导部长谷荻那华雄少将等少数日本人应汪精卫的邀请参加宴会。汪举起酒杯说：

"诸位先生，这酒是贵国外务省情报部长须磨弥吉郎先生为庆祝国府还都特地送来的。在我担任国府外交部长的时代，[①]须磨先生是日本驻南京的总领事，所以曾有过种种交涉。此次国府还都，须磨先生非常高兴，特地将自己故乡秋田县太平山地方的有名的铭酒选送了来。因此今天请大家为酬须磨先生的好意，一起来喝一杯，酒预先开好酒（？）了，请干一杯。"[②]

说完，汪精卫举起了酒杯，谷荻等也准备干杯。可是这已是变味的酒。不知是谁喊了一句"酒坏了"。还有人说这是毒酒。听到这些话的人脸色都变了，有的把酒吐出来，更有的把酒杯摔掉，一时乱成一团。由于此前在维新政府的头头梁鸿志、陈群、任援道、高冠吾等在某次宴会上，发生过因仆人在酒中下毒药，而使两名日本人丧命、一人住进医院的事故，所以当时赴宴人的惊慌是可以理解的。

在这个节骨眼上，汪精卫毫不迟疑地说："总之，是须磨先生的好意……"他举起杯来一饮而尽。谷荻见汪精卫如此，马上端起酒杯来也喝干了。汪精卫带着十分感激的神态忙说："呀！谷荻先生，你……"谷荻很理解汪此时的心情回答："主席的心理，我是明白的。"

谷荻后来回忆这件事时夸奖汪精卫说："要之，汪主席是认为只要是出于好意，哪怕就是毒酒，在礼仪上亦当饮之的。对于中、日国交，只要是出诸好意、真心与爱，则不论有多少困难，甚至牺牲己身，亦愿挺身为之，这就是主

---

① 指蒋介石、汪精卫合作时期。

② ［日］谷荻那华雄：《语汪精卫氏》，载日本《富士》杂志19卷7号，转引自《汪精卫先生传》，第402页。

席的为人。"①

这件事充分说明，汪精卫只要是能讨日本人的欢心，哪怕是毒酒，他也敢喝下去。所谓"饮鸩止渴""至死不悔"，真正是货真价实的汉奸头子下贱相。

在这里，还应当追述一下汪精卫在未逃出重庆前与国民党的元老吴稚晖一幕滑稽的戏剧性场面。1938年的某一天，汪精卫在重庆上清寺官邸大宴宾客，与宴者都是些国民党中枢的重要人士，当大家酒酣耳热之际，国民党元老吴稚晖走向汪精卫座前扑通一声跪下，他激动地对汪说；"救救中国吧！悬崖勒马能救中国的也只有你了。怎样去结束这不利的战争，你有对党国的责任，不应为了一己求自全自保之私，再这样袖手旁观下去！"②汪精卫被吴稚晖这突如其来的举动，弄得不知所措。于是假戏真做，隔座对跪，彼此握手欷歔。事后，陈璧君责备汪说："满座宾客，相对长跪，像是在做戏，还成个什么体统！"汪精卫长叹一声说："这老头子倒是为国家，他既然那样做，难道叫我仍独自高坐堂皇，生受他的一拜吗？"③

这一幕汪、吴对跪的戏剧性场面，说明当时在重庆部分国民党上层人士的对日恐惧心情，以及对抗日前途充满悲观阴影的气氛；另一方面，吴稚晖看中汪精卫是能结束这场战争的，是否认为日本侵略者能垂青于这位亲日派首领，后来事实表明，就这一点而论，吴稚晖

吴稚晖。

① ［日］谷荻那华雄：《语汪精卫氏》，载日本《富士》杂志19卷7号，转引自《汪精卫先生传》，第402页。
② 朱子家：《汪政权的开场与收场》第5册，第24页。
③ 同上。

并没有看错。不过汪精卫从根本上说是不能结束战争的，而只能作一段时间的日本走狗。

二　汉奸的末日

汪精卫从1938年底逃离重庆，落水当汉奸，至1940年3月建立伪政权，虽然当上了第一号汉奸头目，但日子并不好过。首先，是他以国民党副总裁身份叛国投敌，成了国人皆曰可杀的卖国贼；其次，日本侵略者虽然支持他建立伪政权，但为了还要对蒋介石进行拉拢，一再推迟成立伪政府日期；伪政权建立后，又迟迟不予承认，直到半年后才勉强签署《中日基本关系条约》。前面提到，这项条约与日、汪密约并无实质性的区别。因为在"日军枪刺之下，让步的必然是汪政权"①在日本主子不赏脸的情况下，他无法向中国人民进行欺骗。内心不无苦闷。一位目击1940年11月4日在南京签署《中日基本关系协定》的人，描述了这一天汪精卫的狼狈相。

"协定书的签字地点即在汪政府的所在地，汪以'行政院长'的身份，代表政权在协定书上签字。那天，他穿了一套礼服，当日方大使阿部信行将抵达以前，他站立在礼堂前的阶石上，面部本来已充满了凄婉之色，他呆呆地站着，远望缭绕在紫金山上面的白云，忍不住两行清泪，从目眶中沿着双颊一滴一滴地向下直流。突然，他以双手抓住了自己的头发，用力地拔，用力地拉，俯下头，鼻子里不断发出了'恨！恨！'之声，泪水渍满了面部，他的悲伤，是仅次于捶胸顿足。"汪精卫的这种表演，并不表明他对失足当汉奸的悔恨，主要是恨日本侵略者太不给他赏脸，使他进退失据，真是自作自受。

汪精卫当汉奸后的心情，通过他在这段时期所诌的诗词，亦可得到曲折的反映，尽管这些诗词隐晦曲折，但仍可从中窥见这个卑劣的灵魂。

---

① 朱子家：《汪政权的开场与收场》第1册，第113页。

忧患滔滔到枕边，心光灯影照难眠。

梦回龙战玄黄地，坐晓鸡鸣风雨天。

不尽波澜思往事，如含瓦石愧前贤。

郊原仍作青春色，酖毒山川亦可怜。

《不寐》①

　　这首诗写于1939年的6月，当时汪精卫流落在上海，茫茫如丧家之犬，寝食难安，因而发出"心光灯影照难眠"的悲鸣，是可以想象的。他还写道：

蓦地西风，吹起我乱愁千叠。空凝望，故人已矣，青燐碧血。魂梦不堪关塞阔，疮痍渐觉乾坤窄。便劫灰冷尽万千年，情犹热。烟敛处，钟山赤。雨过后，秦淮碧。似哀江南赋，泪痕重湿。邦殄更无身可赎，时危未许心能白。但一成一旅起从头，无遗力。

《满江红——庚辰中秋》②

　　如果说，前一首诗汪精卫还有一点自怨自艾的话，那么这首词写于1940年，则表现了他已横下一条心干起汉奸勾当来了；同时又在贩卖他的"曲线救国"的汉奸理论。"但一成一旅起从头，无遗力"是表明他充当汉奸的决心，"邦殄更无身可赎，时危未许心能白"，则是汉奸苦闷心情的独白。他在另一诗中写道：

六十年无一事成，不须悲慨不须惊。

尚存一息人间世，种种还如今日生。③

①　汪精卫：《双照楼诗词稿》，《扫叶集》，第136页。
②　汪精卫：《双照楼诗词稿》，《扫叶集》，第150—151页。
③　汪精卫：《双照楼诗词稿》，《扫叶集》，第151页。

1941年汪精卫已是快60岁了，回顾了3年来的汉奸生涯，他深感一事无成，于是诌了上面的这首诗。这首诗表明，只要他一息尚存，还是要一意孤行的。

汪精卫还在另一首词中这样写道：

城楼百尺倚空苍，雁背正低翔。满地萧萧落叶，黄花留住斜阳。阑干拍遍，心头块垒，眼底风光，为问青山绿水，能禁几度兴亡。[①]

在这首词的前面，汪精卫写了如下的一段话："重九日登北极阁，读元遗山词，至'故国江山如画，醉来忘却兴亡'。悲不绝于心，亦作一首。"所以词的内容，完全是醉生梦死式的亡国之音，出自大汉奸之口，毫不足怪。

随着反法西斯战争的节节胜利，汪精卫汉奸集团乱成一团，汪精卫、陈公博、周佛海等汉奸头目深惧朝不保夕，有灭顶之虞，这从《周佛海日记》、陈公博的《八年来的回忆》特别是汪精卫《最后的心情》等文中得到充分反映。周佛海说：

"一年之后，苟非奇迹，吾等不仅焦头滥（烂）额，且莽莽中原将置身无所。苟无珍珠港之役，必不至此。日人一误于对华之估价过低，但此犹有说；二误于对英、美之误算，此则百思不得其解者。"[②]

"陪公博宴意大利代办。意国处境完全与中国同，而莫索尼利（墨索里尼）政府复与我南京政府运命彼此。诚流泪眼观流泪眼，断肠人慰断肠人也。"[③]周佛海是个政治赌徒，既恨日本主子估计错误，也是在自怨自艾。对于法西斯意大利的无可挽回的失败，更是"兔死狐悲，物伤其类"。

"报载维希政府[④]迁地。其所处之境与我同，法人不暇自哀而我哀之，我

---

① 汪精卫：《双照楼诗词稿》，《扫叶集》，第172页。
② 《周佛海日记》，（1944年6月30日）。
③ 《周佛海日记》，（1944年7月20日）。
④ 指法国在德国法西斯卵翼下的傀儡政府。

哀之而不鉴之，其结果之悲惨必甚于彼也。"① "当其（指法国维希政府）与德停战时，其目的要亦在救亡，居心无他，焉知有今日？其处境与我辈正同，对之当抱充分同情，将来对我同情者谁耶？"② 周佛海算是说对了，等待他们的只能是更悲惨的下场。"报载美机动部队前日袭琉球，昨日袭台湾，所向无阻，如入无人之境，日已失太平洋制海及制空权，前途可想而知矣!"③ 主子受难，奴才悲戚，瞻念前途，不寒而栗。这就是周佛海此时的凄凉心情。

比较起来，陈公博在《八年来的回忆》这份临死前的供词中，却表现出是一个死硬的汉奸顽固派。他至死不忘为汪精卫的汉奸罪行开脱，继续贩卖曲线救国的汉奸理论。下面引述的是他追述和汪精卫当汉奸前一段话：

陈公博："现在许多人都骂汪先生（汪精卫）是秦桧，我今天就承认秦桧是好人罢，但秦桧是牺牲了，然而无补于南宋之亡。一般人都说汪先生卖国，但卖国还应有代价。像今日的情势，一日蹙国百里，其误不止卖国，简直是送国罢了。我想送国不必你汪精卫送罢。"

汪精卫："公博，你的话是为汪精卫说的，不是为中国国民说的。人家送国是没有限度的，我汪精卫送国是有限度的。公博，我已经50多岁了，你也快到50岁了。中国要复兴，起码要20年，不要说我汪精卫看不见，连你陈公博也看不见。目前能够为国家保存一分元气以为将来复兴地步，多一分是一分，这是我和你的责任。因此不独我要干，我劝你也要干。"陈公博说："汪先生既然要跳水，难道我好站在旁边袖手吗。"④ 当然这番对话还只是在抗日战争爆发前的对话，但从中可看出陈公博是怎样唯汪精卫之命是从了。不管汪精卫跳水还是跳火坑，他都奉陪到底，在所不惜。

陈公博在供状中也不得不承认：汉奸们大都是醉生梦死、纸醉金迷之辈。他说：在上海实际上干了4年，对僚属发生不了很大的影响，贪污还是层见叠

---

① 《周佛海日记》，（1944 年 8 月 21 日）。
② 《周佛海日记》，（1944 年 8 月 28 日）。
③ 《周佛海日记》，（1944 年 10 月 13 日）。
④ 陈公博：《八年来的回忆》。

出。社会也发生不了影响，奢侈淫靡还是茫无止境。人们都如食狂药，似世界末日将至，能够享乐一天算是一天，什么是中国的危险，他们似乎不在乎，怎样才可以使中国复兴，他们更以为不干他们的事。[①]这大概是汉奸们的普遍心理，追求新的刺激，来弥补空虚的丑恶灵魂。包括他陈公博自己也是一丘之貉。

为了迎合蒋介石反共的心理，陈公博死到临头还不惜以反共老手的姿态向蒋介石邀功，说什么："重庆赞成联合'剿共'，我们也'剿共'，重庆不赞成'剿共'，我们也'剿共'；日本不和共产党妥协，我们也'剿共'，就是日本和共产党妥协，我们也'剿共'；我是不惜因为'剿共'问题和日本翻脸的。"[②]反共卖国在陈公博身上表现得多么疯狂和刺目。

陈公博还以"党不可分，国必统一"自诩，骨子里还是希望蒋介石法外施恩，饶他一命。他说："在中国千载一时大统一时候，我应该束身受罪，任何处置，我甘受无词。我是自命主张'党不可分，国必统一'的，而有反抗行为，那么共产党破坏统一，更使中央难于处置。至对于死生，我早已置之度外。当二十九年（1940年）来京，赤手空拳在敌人的势力下要保护人民，要保护物资，随时随地可以死，不过以死而反抗蒋先生我是不为的。我离京时曾留呈蒋先生一函，说若以过去数年为有罪，请蒋先生处置，就不以过去数年为有罪，而认我是为将来统一的障碍，也请蒋先生处置，这是我一种对蒋先生心事未了的心情，这是我的一种见解。"[③]这种见解说穿了，也就是向蒋介石暗送秋波，希望蒋能留下他这个反共奴才，供其驱策。但蒋介石迫于舆论的压力，于1946年终将陈公博判处死刑，执行枪决。陈公博这种昧于民族大义死硬的反共汉奸，可说是汉奸头目中的又一类型。

1944年汪精卫垂死前写下题为《最后之心情》一文，据说此文"系汪氏逝世前一月，口授全文，最后由汪夫人陈璧君誊正者。""文中历述他对抗战

---

①②③ 陈公博：《八年来的回忆》。

の態度——自信是为了拯救国家；所以离渝的原因——则是想保全蒋氏（蒋介石）；组府的苦衷——为欲与虎谋皮；对甘心附敌者的观感——称曰：'鹰犬'；汪政权最后之立场——应不背'党必统一，国不可分'之原则；生前的遗恨——为未能目睹东北四省之收复。"上述引用汪精卫此文的作者最后还加重语气说："观此文，语重心长，沉痛已极，汪氏六年中在宁之全盘心境，悉备于此。"①

在此文前面汪精卫还有一个说明："兆铭来日疗医，已逾八月，连日发热甚剧，六二之龄，或有不测。念铭一生随国父奔走革命，不遑宁处。晚年目睹巨变，自谓操危虑深。今国事演变不可知，东亚局势亦难逆睹，口授此文，并由冰如（陈璧君）誊正，交××妥为保存，于国事适当时间，或至铭殁后二十年发表。

中华民国三十三年十月×日兆铭"②

这些说明不论是汪精卫自己还是其他的什么人，其目的都是为汪精卫涂脂抹粉，为其开脱汉奸罪行。还是让我们看看汪精卫的原文吧！

"兆铭于民国二十七岁（年）离渝，迄今六载。当时国际情形，今已大变。我由孤立无援而与英美结为同一阵线，中国前途，忽有一线曙光，此兆铭数年来所切望而虑其不能实现者。回忆民国二十七年时，欧战局势，一蹶千里，远东成日本独霸之局，各国袖手，以陈旧飞机助我者唯一苏俄。推求其故，无非欲我苦撑糜烂到底，外以解其东方日本之威胁；阴以弱我国本。为苏计，实计之得！为中国计，讵能供人牺牲至此，而不自图保存保全之道？舍忍痛言和莫若！"

……

"对日交涉，铭尝称之为与虎谋皮，然仍以为不能不忍痛交涉者，厥有两方面可得而述：其一、国府目前所在之地区，为沦陷区，其所代表者，为沦陷

① 朱子家：《汪政权开场与收场》第 5 册，第 154 页。
② 朱子家：《汪政权开场与收场》第 5 册，第 155 页。

区之人民，其所交涉之对象，为〔沦〕陷区中铁蹄蹂躏之敌人，铭交涉有得，无伤于渝方之规复；交涉无成，仍可延缓敌人之进攻。……其二， 民国二十一年淞沪协定时，铭始与对日之役，其后两任行政院，深知日方对华，并无整个政策，而我之对日，仍有全国立场。……兆铭离渝与之言和，固已知其交涉之对象，为日政府无力控制之军人； 为沦陷区当地之驻军；为仰军人鼻息之外交使节；为跋扈日张之校佐特务，而非其国内一二明大体识大势之重臣。然以兆铭在国府之关系，与乙巳以来追随国父四十年之地位，对方即欲探知政府真意，用以为谋我灭我之资，亦不得不以之为交涉对象，而尊重其地位，其情形或差胜于南北之旧官僚（著者按：自系指维新、临时两政府之人而言），兆铭即可于此时觇其国而窥其向。况彼虽政出多门，亦尚有一二老成持重之人，对彼元老重臣，铭固未尝不以东亚大局危机为忧，以国父'无日本即无中国；无中国亦无日本'之言为戒。……是国府交涉之对象，非其谋国之臣，而为重利之酋，铭仍不至于一着全输而无以自立……

"盖中国为弱国，无蹙地千里而可以日形强大之理。蒋为军人，守土有责，无高唱议和之理……

"铭盖自毁其人格，置四十年来为国家奋斗之历史于不顾！亦以此为历史所未有之非常时期，计非出此险局危策，不足以延国脉于一线。幸而有一隙可乘，而国土重光，辑抚流亡，艰难余生，有识者亦必以兆铭之腐心为可哀，尚暇责铭自谋之不当乎？

"是以铭之主张，其基本之见解：为日本必不能亡中国。日本本身之矛盾重重，必不致放弃对国府（汪政权）之利用，及知其不能利用，我已得喘息之机……

"今于此亦可为渝方同志稍述一二俾互知其甘苦者：一为恢复党之组织与国父遗教之公开讲授；一为中央军校之校训， 以及铭屡次在军校及中央干部学校之演讲；一为教科书决不奴化，课内岳武穆（岳飞）、文文山（文天祥）之文，照常诵读。凡铭之讲词以及口号文字，皆曾再三斟酌。如近年言'复兴中华，保卫东亚'，乃清末同盟会'驱除鞑虏，复兴中华'之余音。'同生共死'为事变前某文中之成句。至于条约交涉各端，更可谓殚心竭虑，实已尽其检讨对华之能事。且战事结束，日军议和撤退，此项条约，终成废纸，固无碍于国家之复兴……"①

这一番半是挽歌、半是乞怜式的哀诉，说明了什么呢？其中有公开的赖账，如说抗日形势的好转，中国"由孤立无援而与英、美结为同一阵线，中国前途忽有一线曙光，此兆铭数年来所切望而虑其不能实现者。"汪精卫健忘到这种程度，就在两年前他秉承日本意旨向英、美宣战时，他是何等趾高气扬，目空一切。

其中还有公开的造谣，如反苏反共的谰言；更多的则是汪精卫为自己叛国投敌的罪行作徒劳的辩解。在世界反法西斯战争临近胜利的前夕，他深知中国人民将要彻底清算他们一伙的汉奸罪行，因此挖空心思编造了这一套奇谈怪论，其险恶用心在于继续贩卖他的汉奸理论，混淆抗战与降敌的界线，争取中国人民的同情，减少革命舆论对汉奸一伙的谴责。当然，中国人民是再也不会被他的花言巧语和羞愧的眼泪所欺骗。

如何看待抗战时期的苏联援华？汪精卫认为"以陈旧飞机助我者唯一苏俄。无非欲我苦撑糜烂到底，外以解其东方日本之威胁，阴以弱我国本"。这完全是歪曲事实的诽谤。抗战时期苏联援华的事实有目共睹，苏联志愿空军健儿为打击日寇空中强盗，血洒中国长空，中国人民不会忘记这种宝贵的援助。

汪精卫说，他之所以"脱离主和，与虎谋皮，……是为沦陷区中人民获得若干生存条件之保障。……亦当胜于日人直接卵翼之组织或维持会之伦"。应当指出，汪精卫以国民党副总裁身份叛国投敌，他的最大借口是为沦陷区人民着想，或叫做"保存国家元气"，并以此沾沾自喜，认为由他出面组织伪政府，较之王克敏、梁鸿志之流还是要高出一筹；事实恰恰相反，正是由于汪精

---

① 汪精卫：《最后之心情》，转引自朱子家：《汪政权开场与收场》，第5册，第156—164页。关于汪精卫有无遗言，研究者多持怀疑态度；但从此文的内容看，仍不失为研究汪精卫的重要资料。

卫过去在国民党内处的历史地位，在他投敌后对抗战的危害性与欺骗性较王克敏、梁鸿志之流更大。因为日本侵略者在攻陷南京后，仍无法动摇抗战军民的信心； 汪精卫投敌后，日本就像抓住一根救命稻草一样，认为手中有了这样一具偶像做工具，今后更便于他们推行"以战养战，以华制华"的政策。从这个意义上来说，汪精卫之充当傀儡，比王克敏、梁鸿志的反动作用和影响要大，对中华民族、中国人民犯下的罪行也更大。

汪精卫还认为，他之所以离渝求和，似乎也是为蒋介石着想的："蒋为军人，守土有责，无高唱议和之理，……非铭脱离渝方，不能无碍于渝局；非深入陷区，无以保存其因战争失陷之大部土地。"汪精卫还想利用抗战时期一度流行的蒋、汪双簧说来制造混乱。应当说，蒋介石在抗战中虽有动摇、消极的一面，但还是坚持抗战到底的。汪精卫这种搅浑水的拙劣手法，只能是心劳日拙，绝不能售其奸。

汪精卫还为其在沦陷区推行的奴化教育辩解说："凡铭之讲词以及口号文字，皆曾再三斟酌。如近年言'复兴中华，保存东亚'，乃清末同盟会'驱除鞑虏，复兴中华'之余音。'同生共死'为事变前某文中之成句。"汪精卫把日本侵略者搞所谓"东亚共荣圈"的口号和"中国同盟会"的革命纲领混为一谈，只能说是双重背叛，既背离了早期民族、民主的革命纲领，于今又彻底堕落成为背叛中华民族的千古罪人。

汪精卫哀叹说："铭盖自毁其人格，置四十年为国家奋斗之历史于不顾！①亦以此为历史所未有之非常时期，计非出此险局危策，不足以延国脉于一线。幸而有一隙可乘，而国土重光，辑抚流亡，艰难余生，有识者亦必以兆铭之腐心为可哀，尚暇责铭自谋之不当乎！"

这是汪精卫炮制此文的主要目的所在，即：一方面还在摆他"四十年革命"的老资格，同时说他"自毁人格"，为的是"延国脉于一线"，以此谎言

---

① 这里汪精卫所说的四十年革命历史是要打折扣的，因为从1905年算起到1938年汪精卫发表《艳电》止，满打满算也只有三十三年。

掩盖其叛国投敌的罪行，博得人们的宽恕和同情，抵消对他的谴责。但是汪精卫打错了算盘，历史上凡是背叛民族、背叛人民的卖国贼，是永远要遭到人民唾弃的，汪精卫岂能例外。不管他过去资格多老，只要上了贼船，卖国贼的臭名，是永远洗刷不掉的。汪精卫"遗嘱"的出笼，标志着他的死期也就不远了。

三　汪精卫之死

促成汪精卫的死，原因是多种多样的。

据《汪精卫先生传》的作者雷鸣说："语云：忧能伤身，先生（指汪精卫）为救国族出于泥淖，从破碎中踏上复兴之路，在过去数年中，确可谓已至心力交瘁之境。加以先生因青年时代即奔走革命，患有宿疾（糖尿症），尤其自民国二十四年（1935年）十一月一日在国民党六中全会会场为仇者暗算，身受三枪创伤之后，因当时未能将子弹完全取出，所以近十年以来，外创内伤，时常并发，而影响于先生健康者至巨。……至民国三十二年（1943年）八月，因连续数月间往返京、沪，东渡日本参加会议演讲，并视察清乡，治军勤政，其积年宿病，竟至并发。"[1]

患糖尿病、枪伤、为汉奸勾当而劳碌奔波，都是汪精卫致命的原因。

金雄白的说法则是：汪精卫终于受不了旧创所导致的绝症，影响到身体上的痛苦，更受不住对于国家与民族前途的悲伤，使其精神上受到更大的痛苦。……汪精卫患此绝症的导因，完全是为了民国二十四年（1935年）十一月一日在南京国民党中央党部遇刺后，子弹留在体内的关系。当时他被送往鼓楼医院，由沈鹏飞外科医生开刀，仅将左颞部之碎骨与弹片取出。颊部与背部的子弹，因流血过多，身体虚弱，未敢再动大手术。颞部开刀以后，眼旁红肿极

---

[1] 雷鸣：《汪精卫先生传》，第413页。

烈。向为汪精卫好友而兼医学顾问的德籍诺尔医生于出事时，方去西安打猎，等到得讯赶回，已在一周之后，经其施行手术，先将颞部子弹重为开刀取出外，认为伤势仍极严重，力主移沪治疗，于是注射了破伤风预防针后，即匆匆地赴沪。

……

汪精卫于受伤前本患有糖尿病，自赴青岛疗养后，渐次恢复，已可吃少许巧克力糖。自经这次手术，发现时有脉搏间歇现象。……诺尔医生以奥国嘉士伯的矿泉水，对肝病等极有益处，并为汪精卫介绍一欧洲热带病专家，力劝其出国疗治，于是汪精卫乃率同陈璧君、曾仲鸣、次女汪文彬，及内弟陈耀祖离国赴德疗养。直至1936年"西安事变"发生，未及彻底治疗，又"为国事以跳火坑"的精神兼程赶回。到1943年8月间，胸背以留存在体内子弹的影响，突然又感疼痛，于是在同年12月19日，在南京由日本陆军病院将子弹取出，一时经过良好。①

这两则记述，共同点有二：其一是说汪精卫当汉奸后心情苦闷，是致病的原因之一。所谓"忧能伤人""心力交瘁""受不住对于国家与民族前途的悲伤（这当然是对汪精卫的美化），使其精神上受到更大的痛苦"等，都是同一个意思。也就是说，汪精卫当了汉奸头目后，内外交困，日子并不好受。长期患糖尿病，也是致死原因之一。最主要的是1935年遇刺后，体内尚存有未取出的子弹，是致他死命的重要原因。"外创内伤，时常并发"，实际上是死于"旧创诱致多发性骨肿症"。

汪精卫垂死前的情况是这样的：1944年元旦，汪精卫在南京私宅忽觉身体不适，4日傍晚，其私人医生诺尔为他诊断，感到情况严重，诺尔观察汪的行动，认为有癌症现象。汪精卫的腰部以下渐感麻痹，并不时发高烧，病源不明，遂至卧床不起。同年2月，汪精卫病情渐趋恶化，适陈璧君以胃病延请日

---

① 朱子家：《汪政权开场与收场》第5册，第121—122页。

本东北帝国大学教授黑川利雄，赴南京为她治病，顺便为汪精卫诊断。诊断结果，黑川认为汪的病情已到危险阶段，非动大手术不可。经黑川与日本政府商洽结果，决定将汪精卫送往日本名古屋帝国大学附属医院治疗。

同年3月3日，汪精卫偕陈璧君及其子女汪文惺、汪文彬、汪文悌，女婿何文杰及周隆庠等人专机赴日。这时名古屋为日本工业基地，不时遭到盟军空袭，日本政府不得不采取紧急措施： 在汪精卫到达前，命令名古屋师团司令部在预定汪的病室外南侧旷地上，建筑防空壕，并限于一夜之内完成。还动员了全日本外科、整形外科，内科、放射线科等第一流权威医生组成会诊团，为汪精卫作出治疗方案。当地的军警机关，还为此实施全面警戒。

汪精卫的病室，系在名古屋帝国大学附属病院四楼的最后一间特别室，相当宽敞，包括有卧室、日式起居室、厨房、浴室、日光室、厕所等。四楼全部房间，都供汪精卫家属及其随员居住。此外三楼有三个房间供陈璧君会客及日方有关人员之用。对汪精卫来日治病这件事，日方讳莫如深，严守秘密，就连汪精卫的病房都要以"梅号"为代称。这说明日本侵略者对精心培植的这个奴才，是尽了很大的努力和不惜工本抢救的。

经各医师会同诊视结果，一致认为汪精卫因过去所中子弹留存体内过久，诱发而成为多发性的骨髓肿症，胸骨自第四至第七节间，因肿胀而自背部向前胸发展，以致压迫脊髓神经，必须割除向前压迫的肿胀骨殖，以减轻压力。手术系于抵达之翌日，即3月4日的傍晚，由斋藤教授主持施行，用局部麻醉，由背部开刀深入到前胸，切除胸骨三四片，经过一小时左右，手术才完毕。汪精卫当时感觉腿部能有些微活动。其后三四日内情形良好，汪的家属方在庆幸中。但仅经过很短时间，病情又转恶化。

汪精卫在病危中，林柏生、陈春圃等曾先后赴日本探望。汪向林柏生表示：他的文章不要留存，他的反共思想亦曾先后发表，均为世人所熟知；可留的只有诗词稿。到同年8、9月间，病势更加沉重，而且极度贫血，先后由汪的两个儿子汪孟晋、汪文悌等人为汪精卫输血，终未见效。至11月9日，由于美机轰炸关系，将汪精卫移至室外防空壕，因为缺乏暖气设备而受寒，当晚回至病房后又发高烧，同时又并发了肺炎症，至夜间呼吸渐感困难，拖到10日下午4时20分停止了呼吸。[①]这个头号汉奸，终于结束了其叛国投敌的汉奸生涯。

汪精卫的死讯传到南京后，伪国民政府宣传部于11月12日发表如下公告：

"三十三年十一月十二日下午六时：国民政府汪主席，痛于民国三十三年十一月十日申时，在日本名古屋帝大医院逝世，距生于民国纪元前二十九年五月四日巳时，享寿六十有二，谨于十一月十二日恭迎遗体回国成殓，择期举行国葬，饰终典礼，由国民政府会同中央党部组织哀典委员会敬谨办理。"[②]

同日，汪精卫的尸体，由陈璧君及其子女等乘汪精卫生前专用的"海鹣"号飞机由名古屋护送至南京，下午五时在南京机场降落。这是汪精卫最后一次享用日本赠送飞机的权利了。到南京时飞机还在上空盘旋一周，降落机场后，由伪代主席陈公博及伪中央委员和伪国府各院、部、会文武长官和所谓外交使节等护送至伪国民政府大礼堂，并由伪国府下令下半旗一月，停止娱乐宴会。伪国民政府明令国葬。不过，这时抗日战争已接近全面胜利前夕，"时值非常，为恪遵先生（指汪精卫）不劳民、不伤财之遗训起见，决定一切力避靡费，求其简肃，在全国统一未告成立之前，先行择定国父（孙中山）陵园之梅花山举行葬礼。"[③]这就是说，汪精卫这个汉奸头子，死后还要与孙中山先生套近乎。我们只能遗憾地说，汪精卫死得早了一点，如果他能多苟活几天，全国人民必将公开审判这个背叛中华民族的大汉奸，大卖国贼，予以明正典刑，岂非一大快事。

四　汪坟被毁

汪精卫葬在南京梅花山，大概是想和中山陵一样，也来个"永垂不朽"吧!

---

① 朱子家：《汪政权开场与收场》第5册，第123—124页。
② 转引自雷鸣：《汪精卫先生传》，第415页。
③ 同上。

但抗日战争胜利后不到半年，汪精卫的坟墓就被炸得粉碎。其经过是这样的。

1946年1月中旬的一个晚上，①在南京黄埔路陆军总部的会议厅内，陆军总司令何应钦召开了一个会议，南京市政府、陆总工兵部队、南京宪兵司令部、七十四军等单位的负责人，均出席了会议。何应钦对他们说：委员长（指蒋介石）不久就要还都（回南京），汪精卫的坟墓居然葬在梅花山，和孙总理的陵墓并列一起，太不成样子！如不把它迁掉，委座（指蒋介石）还都看见了，一定会生气，同时也有碍各方面的视听。你们仔细研究一下，怎样迁法，必须妥慎处理。②他并一再叮嘱，此事要严守秘密，不得泄露出去。何应钦说完就走了。然后由何应钦的参谋长萧毅肃进一步引申何的意见，并提出要求说：总司令接到重庆的指示，这个问题关系到国内和国际的视听，限我们在10天之内，把它处置好。③接着，萧毅肃即指定由七十四军派工兵部队执行迁移任务。要求宪兵司令部在迁移期间，派兵担任内外警戒，断绝行人交通，不许任何人接近。并要求南京市政府市长马超俊也要派员协助。

在会上，工兵指挥官马崇六说：汪精卫墓的工程已侦察过，是钢筋混凝土的结构，坟墓不太大，但相当坚固。他问七十四军的邱维达，最好用什么方法搞

何应钦的戎装照。

---

① 据邱维达回忆，具体时间为 1 月 15 日夜。
② 朱子家：《汪政权开场与收场》第 5 册，第 130 页。
③ 同上。

开。邱说：工兵有的是炸药，还怕弄它不开？马崇六强调说：何应钦的意思，时间愈快愈好，因为还要整理和建筑别的东西。最好在一切充分准备的条件下，乘一个夜间，就把它处理好。[1]由于时间仓促，当即决定只能使用爆破，再使用其他声响来掩盖，使人不易发觉。

1月21日进行爆破工作。早在三天前，中山陵与明孝陵之间，断绝行人来往，禁止游览。关于爆破汪坟的任务，邱维达当面指定五十一师的工兵营李营长负责，估计要用150公斤TNT烈性炸药，才可以把它炸开。爆破时马崇六、马超俊和邱维达等均在现场监督。

据说有一位姓孔的工程师曾向邱维达等指出，汪坟的图案系仿照孙中山的陵墓设计的，造价约计5000万中储券。这在当时是一笔相当惊人的数字。坟墓刚把核心工程初步完工，日寇就宣布投降，施工就此停顿下来。工兵爆破这个核心

1945年底，汪精卫墓。这是兴建完成不久后无人照料，荒草蔓延的样子，抗战胜利后，此墓即遭炸毁。

---

[1] 朱子家：《汪政权开场与收场》第5册，第130页。

工程时分作两步，第一步炸开外层混凝土钢筋部分，第二步炸开盛棺的内窖。

内窖炸开后，就发现棺木，揭开棺盖，就见尸骸上面覆盖着一面青天白日满地红旗，尸身着文官礼服——藏青色长袍与黑色马褂、头戴礼帽，腰佩大绶。面部略呈褐色而有些黑斑点。由于入棺时使用过防腐剂，所以整个尸体尚保持完整，没有腐烂。马超俊对棺内进行全面检查，发现在汪精卫马褂口袋内有一张长约3寸的白纸条，纸条上用毛笔写了"魂兮归来"四个字，据说这是陈璧君从日本接运汪精卫尸体回国时所写。

马崇六当即吩咐工兵营长将棺木装上陆军总司令部所备的卡车后，即于当晚将墓地平掉，务使不留下原来任何痕迹。卡车则由工兵营李营长随同马崇六运往清凉山的一个火葬场，马崇六即吩咐将汪精卫的尸体交付火葬。只费了半个小时，棺材连同尸体全部焚化，并没有遗留下什么。

以后，但见一座新筑小亭屹立于原来汪墓所在之处。梅花山的南北两面，还开辟了两条小路，添植各种花木，周围修饰一新，与中山陵的景色遥相映对，而汪坟已经无影无踪了。①

其实，蒋介石也是多此一举，留下汪坟，对孙中山的英名丝毫无损；正如在杭州西湖之畔岳飞坟前多了一个铁铸的秦桧像。人们凭吊岳坟时，只是多了一个遭人唾骂的对象而已；而对岳飞这位民族英雄来说，人们只会更加激发崇敬的心情。

汪坟虽然被毁了，汪精卫的尸骨早已化成一缕黑烟荡然无存；汪伪政权也早成了历史上的陈迹，留下了中国历史上最黑暗的一页；但是，汪精卫这个丑恶名字——汉奸卖国贼，将永远被钉在历史的耻辱柱上。

---

① 朱子家：《江政权的开场与收场》第5册，第131页。

汪精卫传

·Biography of WangJingwei

附　录

汪精卫年表

1883年5月4日（清光绪九年三月二十八日）　　　　一岁

汪精卫生于广东三水县署。其父汪省斋六十二岁，

在三水县作幕僚。

1884年（清光绪十年）　　　　　　　　　　　　二岁

仍在三水县署。

1885年（清光绪十一年）　　　　　　　　　　　三岁

汪省斋在曲江县署作幕僚，汪精卫随往。

1886年（清光绪十二年）　　　　　　　　　　　四岁

汪省斋游幕于英德县署，汪精卫随往。

1887年（清光绪十三年）　　　　　　　　　　　五岁

仍随其父在英德县署，并开始就读于家塾。

1888年（清光绪十四年）　　　　　　　　　　　六岁

仍居英德县署。

1889年（清光绪十五年）　　　　　　　　　　　七岁

仍居英德县署。

3月4日，慈禧归政，光绪亲政。

1890年（清光绪十六年）　　　　　　　　　　　八岁

汪省斋游幕四会县署，汪精卫随往，喜读书得到其父的钟爱。所谓"幼好

读，尤好新书及小说家言"。

1891年（清光绪十七年）   九岁

汪省斋又转至陆丰县充当幕僚。汪精卫随往。汪省斋亲自课读，对汪精卫的学习安排很紧。又跟其五姐夫袁尹白学书法，袁教汪悬腕作大字。"初习董香光，继参颜鲁公"。

1892年（清光绪十八年）   十岁

是年秋，汪精卫因其父"眼生蒙翳""耳又重听"，不得不结束幕僚（师爷）生涯，于是只好随其父返回广州。但汪省斋还没有放松对汪精卫的教育。

1893年（清光绪十九年）   十一岁

仍在广州，从胡皎如（家驹）读书。

1894年（清光绪二十年）   十二岁

仍在广州随胡皎如读书。

是年中日甲午战争爆发。11月22日，日军侵占旅顺。

同年11月24日，孙中山组织兴中会于檀香山。

1895年（清光绪二十一年）   十三岁

在广州从塾师习制举业，然最喜读王阳明《传习录》。汪母吴氏在广州豪贤街寓所病逝。

2月21日，孙中山、杨衢云等组建兴中会香港分会。

5月2日，康有为联合全国各省举人，上书清廷，内容为拒和（对日）、迁都、变法。

10月28日，由孙中山领导、未及爆发的广州起义失败，陆皓东、丘田、朱贵等四十余人被捕，于11月7日同时被杀害。

1896年（清光绪二十二年）   十四岁

是年10月14日（九月初八日）汪省斋在广州豪贤街寓所病死。

1897年（清光绪二十三年）   十五岁

汪精卫由于父母双亡，随其长兄汪兆镛客居粤北乐昌县。

1898年（清光绪二十四年）   十六岁

仍随其长兄汪兆镛居乐昌县署。致力文史。

6月11日，光绪帝应康有为等的请求，颁布"定国是诏"，决心变法维新。

9月21日，慈禧后重新垂帘听政。囚禁光绪帝于瀛台。百日维新宣告失败。

1899年（清光绪二十五年）   十七岁

仍在乐昌县署，致力于文史之学。从章梅轩（汪兆钧的外舅）习应制文字。时乐昌县训导云逢昕见汪精卫文，赞不绝口。"谓其文气磅礴纵横，许为旋乾转坤之伟器"。三兄病殁。

6月13日，康有为、梁启超组织保皇会于日本。

1900年（清光绪二十六年）   十八岁

仍居乐昌县署。

是年，爆发义和团反帝爱国运动。八国联军侵入北京。

1901年（清光绪二十七年）   十九岁

由乐昌返广州，就居于其二兄汪兆铉处，并同应番禺县试。初试获第一，终试第三。府试知府龚心湛以第一录取。是年在广东水师提督李準家作塾师。与古应芬、朱执信、李文范、胡毅生等在广州组织群益学社，讲求实学，相互策励。是年其二兄病殁。

1902年（清光绪二十八年）   二十岁

仍居广州，除教私塾外，还应书院试。"和两寡嫂一孤侄，持此度日"（指汪教私塾每月可得二十元左右的收入）。

1903年（清光绪二十九年）   二十一岁

仍在广州。

6月29日，上海《苏报》刊登章炳麟所撰《驳康有为论革命书》。30日章炳麟等因苏报案被捕。

318   是年冬，黄兴等创立华兴会。

1904年（清光绪三十年）　　　　　　　　　　二十二岁

考取留日法政速成科官费生。汪精卫自称："我在国内，研究史学的时候，对于辽金元之侵吞中国，免不了填胸愤慨。对于清，自然是一样的。只是被什么君臣之义束缚住了。及至留学法政，从宪法学得到了国家观念及主权在民观念，从前所谓君臣之义，撇至九霄云外，固有的民族思想，勃然而兴，与新得的民权思想会合起来，便决定了革命的趋向。"是年速成科毕业，再入法政专门学校。

冬×日，龚宝铨、蔡元培等成立光复会于上海。

1905年（清光绪三十一年）　　　　　　　　　二十三岁

7月下旬，偕朱执信进谒孙中山于东京神田锦辉馆。并加入同盟会。7月30日，同盟会于东京赤坂区桧町黑龙会会所召开筹备会，十七省代表参加，通过党名、誓词。汪精卫参加这一筹备会。

8月13日，留日学生于东京曲町区富士见楼开会欢迎孙中山。

8月20日，在东京赤坂区霞关阪本金弥子爵的宅邸召开中国同盟会成立大会，选举孙中山为总理。同盟会下设三个部，汪精卫主持评议部。

11月26日，同盟会机关报《民报》在东京出版。汪精卫与朱执信、章炳麟、胡汉民、宋教仁等分别主持该报，并成为该报主要撰稿人之一。在《民报》创刊号上，发表了长达两万字《民族的国民》的文章。

1906年（清光绪三十二年）　　　　　　　　　二十四岁

毕业于日本法政大学。同年随孙中山赴南洋，先后在吉隆坡、庇能等地设同盟分会。在槟榔屿与陈璧君相识。

9月1日，清廷颁预备立宪诏，声言俟察看"民智"数年后，再定实行年限。

11月27日，东京锦辉馆召开《民报》创刊一周年纪念会，孙中山、章炳麟等均发表演说。

1907年（清光绪三十三年）　　　　　　　　　二十五岁

3月，日本政府应清廷之请，驱逐孙中山出境，汪随孙中山赴南洋新加坡。汪转赴安南，筹设分会于河内。并参与经营粤桂滇军事。8月南洋《中兴日报》出版，汪与胡汉民主持其事，与保皇党把持的南洋《总汇报》继续进行论战。

2月19日，同盟会指示许雪秋发动第二次攻打潮州府城之役，仍受挫。

5月22日，余继成、陈涌波发动潮州、黄冈之役，失败。

6月2日，邓子瑜等起义于惠州七女湖，事败。

7月6日，徐锡麟枪杀皖抚恩铭于安庆，殉难。

7月13日，秋瑾殉难于绍兴。

9月1日，王和顺等起义于钦州。17日起义失败。

10月×日，许雪秋等发动惠州汕尾之役，不成。

12月2日，黄明堂等攻取镇南关炮台，孙中山、黄兴亲临督战，13日败走。

1908年（清光绪三十四年）　　　　　　　　　　　二十六岁

汪与吴应培筹设同盟分会于仰光，并设同盟会南洋支部于新加坡。

3月27日，黄兴率200余华侨，攻入钦州境，后又退出。

9月21日，清廷颁布宪法大纲及议院选举纲要。

11月14日，光绪帝死于囚所瀛台，溥仪入嗣皇帝，载沣摄政监国。次日，慈禧太后叶赫那拉氏死亡。

12月2日，宣统即位，定明年为宣统元年。

1909年（清宣统元年）　　　　　　　　　　　　二十七岁

受孙中山委托，汪偕邓子瑜赴荷属文岛等处筹款。由于起义多次失败，在南洋的革命党人对同盟会领导人多有不满；加之章炳麟、陶成章等的分裂活动，汪经受不住这种刺激，于是秘赴香港，谋刺杀清廷重臣，以此表示革命党人的决心。孙中山、黄兴电汪阻止，汪仍自行其是，乃赴日本与黄复生、喻培伦、曾醒、方君瑛、陈璧君等，组织暗杀团体。往返香港、日本多次，历时一年余。12月偕黎仲实、喻培伦、陈璧君赴北京，设守真照相馆以作掩护，策划进行暗杀清廷首要。

3月6日，清廷宣称"预备立宪、维新图治"宗旨。

1910年（清宣统二年）　　　　　　　　　　　　二十八岁

汪谋炸清摄政王载沣。3月31日夜，黄复生、喻培伦埋炸弹于银锭桥（载沣上朝必经之地）。汪担心事被泄露，与黄、喻等集议，推喻培伦去东京重购炸药，黎仲实、陈璧君往南洋筹款，汪、黄则留京图谋再举。 4月2日事泄。

4月16日，汪精卫、黄复生、罗世勋被捕，解送内城巡警总厅。在审讯中，汪精卫写了长达千字的供词，痛斥清政府侈谈立宪，指出"其宗旨在于巩固君权"；指出革命党人"欲达民主之目的，舍与政府死战之外，实无他法"。 5月1日，移入监狱。写出"慷慨歌燕市，从容作楚囚，引刀成一快，不负少年头"等脍炙人口的诗句。清廷原拟判处汪精卫死刑，后改判终身监禁。

10月3日，资政院通过奏请速开国会案。

12月21日，顺直咨议局议长等呈请于明年即开国会，清廷不准。

1911年（清宣统三年）　　　　　　　　　　　　二十九岁

2月23日，谭人凤到汉口就起义事与湖北革命党人计议。

4月27日，革命党人举行广州起义，72烈士壮烈死难。

5月11日，就武装起义事，文学社与共进会召开代表会议共商大计。

7月31日，宋教仁、陈其美、谭人凤等组织同盟会中部总会于上海。

8月13日，广东水师提督李準为革命党人林冠慈、陈敬岳炸伤。林冠慈死难，陈敬岳则被捕牺牲。

9月16日，文学社、共进会开联席会议，成立起义统一机构，蒋翊武为总指挥，孙武为参谋长。决派人赴沪邀请黄兴等来鄂指导起事。

10月9日，蒋翊武决定起义。同日，文学社机关遭破坏，彭楚藩、刘复基、杨洪胜被捕。次日，彭、刘、杨三志士遇害。当日晚，武昌新军起义，总督瑞澂、提督张彪逃走。

10月11日，起义军占领武昌，攻克汉阳。中华民国湖北军政府成立。迫新军协统黎元洪为鄂督。文学社胡玉珍等率新军起义。占领了汉阳，主持军政。

10月12日，汉口光复。湖北军政府通电全国，宣告武汉三镇光复。电促黄兴、宋教仁来鄂，并请转电孙中山尽速回国主持大计。

10月28日，黄兴自香港经上海到武昌。

11月1日，海琛、海容、海圻三舰，反正投向民军。同日，袁世凯以内阁总理大臣身份由彰德南下视师。

11月3日，黄兴在武昌出任战时总司令，前往汉阳督师。

11月6日，汪精卫、黄复生、罗世勋被清廷开释。

11月15日，在袁世凯授意下，在革命党领导人默许下，汪精卫、杨度在天津宣告"国事共济会"成立。在该会宣言中，要求双方停战，并声称：如不停战则"以内部离立之原因，成外部瓜分之结果，则亡国之责，两党不能不分担之也"。该会仅成立20天，便宣告解散。

11月20日，各省代表一致承认武昌军政府为中央军政府。

11月27日，清军攻陷汉阳。同日，黄兴辞去民军总司令职，并于次日离武昌去上海。

12月2日，江浙联军攻占南京。南北双方在武汉首次达成停战协议，武汉战事自此停止。

12月4日，各省代表在武昌议决以南京为临时政府所在地。驻沪各省代表举黄兴为大元帅，黎元洪为副元帅。

12月8日，袁世凯以唐绍仪为全权代表，与民军议和；9日，军政府任伍廷芳为代表，与清方议和。

12月17日，各省代表在南京复举黎元洪为大元帅，黄兴为副元帅。

12月18日，伍廷芳、唐绍仪在上海举行首次会议，此时汪精卫已由北方到上海，以伍廷芳的参赞身份参加和议。

12月25日，孙中山自美国经欧洲回国，是日抵沪。同月29日，17省代表选举孙中山为中华民国临时大总统，同时议决采用公元纪年。

　　　1912年（民国元年）　　　　　　　　　　三十岁

1月1日，孙中山就任临时大总统于南京，宣告成立中华民国。并颁令改用阳历。同日，冯国璋、段祺瑞等48名北洋将领，通电誓死拥护君主立宪，反对共和政体，以此要挟南京临时政府。

1月3日，南京临时政府成立。

1月14日，陶成章在上海被刺。良弼组织宗社党。

2月3日，袁世凯与民军商讨清室退位条件。

2月12日，宣统下退位诏，授权袁世凯组织临时共和政府。

2月13日，袁世凯发出赞成共和的通电。孙中山则向参议院辞去总统职，并举荐袁世凯为临时大总统。15日，参议院选举袁世凯为临时大总统。

2月18日，临时参议院派蔡元培、汪精卫、宋教仁、魏宸组等六专使离上海赴北京迎袁世凯至南京就总统职。

3月2日，蔡元培、汪精卫等迎袁专使致电南京，说明袁世凯不能南下就职原因，请对袁迁就。1—4日，天津、保定、通县等地发生"兵变"。

3月10日，经南京参议院同意，袁世凯宣誓就总统职于北京。辛亥革命成果转入袁手。

3月11日，孙中山公布中华民国临时约法于南京。

3月13日，袁世凯命唐绍仪任国务总理。25日，唐到南京提出阁员名单。30日唐内阁组成。

3月31日，黄兴被袁世凯任命为南京留守。

4月2日，经参议院议定，临时政府迁移北京。4日议决参议院迁北京。

5月1日，参议院经改选，吴景濂、汤化龙被选为正副议长。

6月14日，撤销南京留守，黄兴被解职。

8月16日，袁世凯利用黎元洪密电下令枪杀革命党人张振武、方维于北京。

8月24日，孙中山由上海至北京，此行系应袁世凯之邀请。

8月25日，中国同盟会联合统一共和党、国民公党、国民共进会、共和实进会等党，在北京召开国民党成立大会。举孙中山为理事长，黄兴、宋教仁、王宠惠为理事。

9月11日，黄兴、陈其美亦应袁邀请到北京。

11月16日，袁世凯通令全国，凡倡导"二次革命"者"即行按法严惩"。

11月28日，袁世凯任黄兴督办川粤汉铁路。

是年，汪精卫与陈璧君结婚，并偕往广州，省视其兄嫂。8月赴法国。

1913年（民国二年）   三十一岁

漫游欧美，考察政治经济。因"二次革命"爆发回国一次，旋即悄然出国。

2月4日，北京参、众两院举行复选，国民党获392席位，共和、统一、民主三党仅获223席位，国民党获得多数优势。

3月20日，宋教仁在北上途中，于上海车站遭袁世凯特务暗杀，22日不治而死。袁世凯制造了震惊全国的"宋案"。

3月21日，袁世凯故作姿态，令江苏都督程德全、民政长应德闳缉拿刺宋凶犯，"穷追主名，务得确情，按法严办"。

3月23日，上海英、法租界巡捕房拿获宋案同谋犯应夔丞，还在应宅查获应犯与国务院的往来密电，内容为袁世凯允以"毁宋酬勋"，于是宋案真相大白。

4月25日，江苏都督程德全、民政长应德闳公布宋案确证44件，舆论哗然。

4月26日，孙中山、黄兴联名通电，要求就宋案事"严究主名，同伸公愤"。

袁世凯政府不经国会同意，擅借英、法、德、俄、日五国银行团"善后借款"2500万英镑，作备战经费。

7月12日，李烈钧在江西湖口宣布独立，成立江西讨袁军总司令部，"二次革命"爆发。

7月15日，黄兴在宁组织讨袁军，自任江苏讨袁军总司令，并挟苏督程德全宣布独立。

7月16日，黄兴、柏文蔚等在宁举行军事会议，举岑春煊为讨袁军大元帅。

7月17日，举柏文蔚为安徽讨袁军总司令。安徽独立。

7月18日，陈其美在上海宣布独立。同日，陈炯明宣布广东独立，自任广东讨袁军总司令。

7月19日，许崇智迫福建都督孙道仁宣布独立，许为福建讨袁军总司令。

7月中旬，汪精卫、张謇主张法律解决宋案问题。对宋案主犯赵秉钧不予追究，将来罪名"至洪（述祖）应（桂馨）而止"。还以国民党选袁世凯为正式大总统，袁则不撤换赣、皖、湘、粤四省都督为交换条件。此种妥协方案，袁不予置理。

7月22日，孙中山在上海发表讨袁通电和宣言，号召国民党奋起讨袁，决心"以武力济法律之穷"。

7月23日，袁世凯宣布讨伐国民党令。

9月1日，南京为张勋攻陷，"二次革命"完全失败。

8—9月，孙中山、黄兴、胡汉民、陈其美、李烈钧、柏文蔚相继逃亡日本。

10月6日，袁世凯指使军警包围国会，强迫国会选举他为正式总统。

11月4日，袁世凯下令解散国民党，还取消具有国民党籍的国会议员资格。

1914年（民国三年） 三十二岁

继续漫游欧美，考察政治经济。

7月8日，孙中山在日本召开中华革命党成立大会。

1915年（民国四年） 三十三岁

仍在欧美考察政治经济。

1月18日，日本大使日置益提出旨在灭亡中国的无理要求二十一条。

5月9日，外交部承认日政府提出的最后通牒。

12月31日，袁世凯改翌年为洪宪元年。

1916年（民国五年） 三十四岁

继续在欧美考察政治经济。

1月1日，云南成立都督府，推唐继尧任都督，并组成护国军总司令部，蔡锷、李烈钧分任第一、第二军总司令。

3月23日，废止洪宪年号。

5月9日，孙中山第二次讨袁宣言发表。

6月6日，袁世凯羞愤毙命。次日，黎元洪以副总统代理大总统。陕西取消独立。8日、9日四川、广东相继取消独立。

1917年（民国六年）   三十五岁

汪自法国至英国，复经挪威、芬兰至苏联。奉孙中山命，取道西伯利亚回国。

7月1日，清宣统帝在张勋、康有为等策划下，在北京宣告复辟。

7月20日，孙中山由沪抵穗。次日，海军总司令程璧光、第一舰队司令林葆怿通电不承认北京政府，翌日，率舰队赴粤。

8月30日，非常国会通过军政府组织大纲。

9月10日，孙中山宣告军政府成立，就任军政府大元帅。

1918年（民国七年）   三十六岁

与胡汉民组织粤军。

5月4日，孙中山向广东非常国会辞军政府大元帅职。

5月20日，非常国会选举唐绍仪、孙中山、唐继尧等7人为军政府国务总裁。同日，孙中山离穗前往上海。

12月30日，孙中山于上海完成《孙文学说》一书。

1919年（民国八年）   三十七岁

孙中山偕汪精卫、廖仲恺、朱执信、戴季陶等赴沪。

1月28日，中国代表在巴黎和会上就山东问题提出说帖。

2月20日，南北和议代表唐绍仪、朱启钤等开会于上海。

4月1日中国参加巴黎和会代表抗议三国会议解决山东问题办法。

5月4日，北京3000余学生在天安门举行爱国示威游行，高呼"外争国权，内惩国贼"、"拒绝和约签字"、"废止二十一条"、"誓死争回青岛"、"抵制日货"等口号，要求惩办卖国贼。后至东城火烧赵家楼曹汝霖住宅，痛殴章宗祥。开始了轰轰烈烈的五四爱国运动。

6月4日，上海学生讲演。次日，上海六七万工人罢工，商人亦罢市。南京、杭州、九江、天津、武汉、厦门、山东、安徽等地相继响应。

6月10日，北京政府迫于群众的压力，下令免去曹、章、陆职。

6月20日，山东各团体要求：①山东问题中国代表必须拒绝签字；②必须废除高徐顺济铁路草约；③严惩卖国贼。

6月29日，出席巴黎和会的中国代表在广大群众的压力下拒绝在对德和约上签字。

7月25日，苏联外长加拉罕代表苏联政府发表第一次对华宣言，声明放弃在华一切政治特权。

10月10日，孙中山宣布改中华革命党为中国国民党，旨在区别于民元以来的"国民党"。

1920年（民国九年）　　　　　　　　　　三十八岁

随孙中山回广州。

11月29日，孙中山回广东重整军政府，以陈炯明为陆军部长。

1921年（民国十年）　　　　　　　　　　三十九岁

在广州致力党务。

2月7日，在广州的旧国会议员召开国会，议决中华民国政府组织大纲，孙中山被选为非常大总统。

5月5日，孙中山就任非常大总统职。

7月23日，中国共产党于上海召开第一次全国代表大会。

8月10日，孙中山拟由桂林取道湖南北伐，并命汪精卫、胡汉民与陈炯明协商，希望陈接济北伐军饷械，两广则由陈炯明主持。

1922年（民国十一年）　　　　　　　　　　四十岁

因陈炯明炮轰总统府，孙中山蒙难，汪随孙赴上海。

2月27日，广东北伐军誓师，准备由湖南进攻直军。张作霖派代表赴粤，联合孙中山反直。

3月×日，孙中山派汪精卫、伍朝枢赴奉商讨联合反直问题。段祺瑞派徐树铮促成双方联合，于是孙、段、张反直三角同盟结成。

3月26日，孙中山鉴于陈炯明已成为北伐障碍，在桂林召开会议，下令北伐各军返粤，陈炯明只好电请辞职。

6月19日，孙中山下令入赣北伐军回粤平乱。

9月4日，孙中山在上海召集改进国民党的会议。

1923年（民国十二年）　　　　　　　　　　四十一岁

与廖仲恺、胡汉民等共商召开中国国民党第一次全国代表大会。

1月15日，陈炯明下野。次日，孙中山在沪命许崇智为粤军总司令，胡汉民为广东省长。

1月26日，孙文越飞宣言在沪发表。宣言概述中苏关系及苏联援助革命事。

3月2日，孙中山宣告大元帅大本营成立于广东。

11月25日，孙中山在穗召开国民党改组特别会议，组织临时中央执委会，决聘鲍罗廷充顾问，发表改组宣言和国民党党纲草案，确定"联俄、联共、扶助农工"三大革命政策。还决定明年1月召开国民党第一次全国代表大会。

1924年（民国十三年）　　　　　　　　　　四十二岁

参加国民党一大的宣言起草工作，当选中央执行委员会委员兼宣传部长。

1月20日，国民党召集第一次全国代表大会，决定改组国民党，允许共产党员以个人资格加入国民党。同时通过新政纲、新党章及改组国民党的具体办法。在大会宣言中，以革命精神重新解释三民主义。由于在大会上冯自由反对联共政策，孙中山断然开除冯的党籍。

8月4日，广州政府以商团团长陈廉伯偷运枪支，与陈炯明勾结，遂扣留其枪械，商团以罢市相威胁。

10月11日，冯玉祥率胡景翼、孙岳回京，包围总统府，囚曹锟于团城，发出请孙中山北上的通电。

11月4日，孙中山决定北上。10日，孙发表北上宣言，主张废除不平等条约及召集国民会议。

12月8日，段祺瑞发表"外崇国信"宣言，尊重不平等条约。

12月14日，段祺瑞派许世英赴天津欢迎孙中山，孙气愤地说："我在外面要废除不平等条约，执政府偏要尊重不平等条约，你们要升官发财，怕外国人，又何必来欢迎我。"

1925年（民国十四年）　　　　　　　　　　四十三岁

3月12日，孙中山在北京逝世，汪精卫作为孙中山遗嘱的起草和记录人。

7月1日，广东政府改组，宣告国民政府成立，汪精卫被选为国民政府委员会常务委员会主席兼军事委员会主席。军队统一为国民革命军。

8月20日，廖仲恺被刺，胡汉民因涉嫌出走，许崇智所部被缴械，蒋介石一跃成为国民党内实力派。

10月14日，广东革命军东征攻破惠州，陈炯明老巢被捣毁。

1926年（民国十五年）　　　　　　　　　　四十四岁

1月4日，国民党召开第二次全国代表大会于广州，汪被举为主席。大会接受一大宣言、孙中山遗嘱及联苏联共扶助农工三大政策。大会还作出制裁西山会议派的决议。

3月20日，蒋介石制造"中山舰事件"，借口海军"异动"，调动军队，包围省港罢工委员会，驱逐和逮捕第一军中以周恩来为首的全部共产党员。"中山舰事件"后，汪被蒋介石排挤出国。

5月15日，蒋介石召开国民党中央全会，通过"整理党务案"，蒋并自封为中常会主席、组织部长。

6月6日，广州国民政府军事委员会任蒋介石为北伐军总司令。蒋还兼任国民政府军事委员会主席、国民党中央军人部长。

9月15日，冯玉祥在五原誓师，率全军加入国民党。

10月，北伐军攻克武昌。

11月8日，北伐军再克南昌。

11月26日，国民党举行政治会议，议决迁都武昌。

11月—12月，国民党中央内部发生迁都之争，左派主张国都应设在武汉；蒋介石则力主政府设于南昌，蒋还扣留到赣中委。

1927年（民国十六年）　　　　　　　　　　　　　四十五岁

由法国返回上海，与蒋介石、吴稚晖、张静江密谈，以意见不合，旋离沪赴汉。1月1日、3日、5日，武汉人民连续举行庆祝国民政府北迁和北伐胜利大会。武汉政府收回英租界。

2月19日，英国正式承认将汉口、九江英租界交还中国。

2月—3月，上海工人先后举行三次武装起义。

3月7日，国民党二届三中全会在汉口开幕。在宣言中重申国民革命的方针是：要扶助农工运动，打倒帝国主义和封建势力。着重指出要提高党权，防止投机腐化和个人独裁军事专政的倾向。免蒋介石中央常务委员会主席、军事委员会主席和组织部长职。

4月3日，汪精卫与陈独秀在上海发表联合宣言，强调国共两党合作的必要。4月5日，吴稚晖大骂汪精卫：叫嚷"治理中国的只有国民党，没有联合共产党来共治的可能"。

4月9日，汪精卫抵汉。

4月12日，蒋介石发动反革命的四一二政变。工人纠察队死伤300余人。次日，又发生血洗宝山路案，工人牺牲百人以上。又一说，搬运尸体的汽车，达七八辆之多。

4月17日，武汉国民政府与国民党开除蒋介石党籍并免去其本兼各职。4月

330　18日，蒋介石在南京宣告成立又一个"国民政府"。

4月28日，著名共产党人李大钊等为奉系军阀绞杀。

5月17日，夏斗寅联合刘佐龙、杨森部进攻武汉。

5月18日，汪精卫，孙科等武汉国民党头面人物，对各级党部发出训令，诬称长江流域工农运动"幼稚"，还议决"制定劳工仲裁条例"，以维护厂主、商人利益。

5月21日，许克祥发动"马日事变"。

6月5日，武汉政治会议议决，解除鲍罗廷顾问合同。

6月10日，冯玉祥发起郑州会议，声称调解宁、汉矛盾。汪精卫、孙科、唐生智等参加，议决：① 唐生智部由河南回武汉；② 河南军事由西北军主持。

6月14日，唐生智回师武汉。

6月16日，蒋介石由宁抵徐州，与李宗仁，白崇禧等开徐州会议。19日，冯玉祥由河南到徐州，冯、蒋、李、白召开徐州会议，决定分共、北伐、宁汉合作等事。

6月29日，三十五军军长何键发出反共训令，拘捕惨杀共产党员。

7月13日，中国共产党中央发表对时局宣言。强调将继续和军阀、帝国主义作斗争。

7月15日，武汉政府举行"分共会议"，国共合作完全破裂。武汉政府封闭工农组织，逮捕残杀大批共产党员和革命分子。16—17日，何键占领汉阳、汉口。

7月27日，鲍罗廷离汉返国，邓演达偕行。

8月1日，贺龙、叶挺率部两万余人，发动南昌起义，成立以宋庆龄、周恩来、李立三、贺龙、朱德等25人的革命委员会。

8月7日，中国共产党于九江召集紧急会议，清算陈独秀的右倾机会主义。

9月15日，国民党宁、汉、沪（西山会议派）三派开联席会议于南京，成立"中国国民党特别委员会"。

9月28日，蒋介石由沪赴日。

11月10日，蒋介石由日抵沪。

11月16日，汪精卫、李宗仁由粤抵沪，与蒋介石商讨取消特别委员会和开国民党四中全会等事。

12月10日，南京国民政府又任蒋介石为总司令。

12月11日，张太雷领导广州工人举行武装起义，组织苏维埃政府，遭到李福林等部的残酷镇压。这是历史上著名的"十二月广州起义"。

1928年（民国十七年）四十六岁

避居法国。

5月3日，日军制造济南惨案。

12月29日，东三省易帜，表示服从南京国民政府。

1929年（民国十八年）　　　　　　　　　　　　四十七岁

3月，蒋介石于南京召开国民党第三次全国代表大会。汪精卫等斥为非法，9月汪离法归国。

4月5日，南京国民党军占领武汉。

1930年（民国十九年）　　　　　　　　　　　　四十八岁

阎锡山等筹开国民党"扩大会议"，迎汪北上。

5月1日，蒋介石誓师讨伐阎、冯，11日下总攻击令。中原大战爆发。

9月9日，"国民政府"成立于北平，阎锡山、汪精卫、谢持等参加。11日冯玉祥就北平"国民政府"委员职于郑州。

10月6日，蒋军占领郑州，冯军大败。9日，张学良就陆海空军副司令职，率军入关，中原大战结束。

1931年（民国二十年）　　　　　　　　　　　　四十九岁

反蒋各派齐集广州，汪精卫参加"非常会议"。

3月1日，蒋介石因约法问题与胡汉民发生冲突，囚胡于汤山。

3月30日，邓泽如等四监委抗议蒋介石软禁胡汉民，列举蒋罪状六条。

5月28日，广东"国民政府"成立。

9月18日， 日关东军袭取沈阳，炮轰北大营，制造九一八事件。

12月19日，宋庆龄发表对时局宣言称："国民党早丧失其革命集团之地位。"

12月21日，蒋介石被迫辞去南京政府主席及兼职，并以林森任政府主席。

1932年（民国二十一年） 五十岁

1月12日，孙科在上海发表谈话说："南京政府财政困难，债台高筑。"

1月28日，日海军陆战队突然向上海北站、江湾、吴淞攻击，十九路军奋起抗战。同日，汪精卫任行政院长。

2月15日，汪精卫在徐州宣扬"一面抵抗，一面交涉"的外交方针。

3月9日，伪"满洲国"宣告成立。

4月7日，国民党政府在洛阳召开"国难会议"，议决"对日交涉""全力剿共"方针。

5月5日，"淞沪停战协定"签字。

10月5日，汪精卫就国联调查书发表感想说："依赖国联并不错误"，"调查团报告书明白公允"云云。

11月30日，国民党政府与美国政府成立1300万棉麦贷款。

1933年（民国二十二年） 五十一岁

仍任行政院长。

3月5日， 日军进迫冷口、古北口、喜峰口等长城各口。9日，二十九军冯治安部、王以哲部与日军激战。蒋介石下令："侈言抗日者杀无赦"。

3月26日，蒋介石、汪精卫在南京决定"全力剿共"。

5月1日，汪精卫在南京中央党部大讲"抗日与剿共"，强调"抗日必先剿共"。

5月26日，冯玉祥、吉鸿昌、方振武成立"抗日同盟军"于张垣。

5月28日，汪精卫、蒋介石电责冯玉祥"妨碍中央统一政令"。

5月31日，黄郛据汪、蒋指示与日本签订《塘沽停战协定》。

9月12日，汪精卫、孙科、孔祥熙、宋子文相继赴庐山，与蒋介石商讨五次"围剿"的政治、财政问题。

1934年（民国二十三年）   五十二岁

仍任行政院长。

3月1日，黄郛，汪精卫赴赣，在南昌与蒋介石晤谈。17日，日本有吉与黄郛密商于上海，有吉又与汪精卫晤谈。20日，有吉对记者说："华北通车、通邮、设关之问题，中国已大体接受。"

6月7日，日使有吉赴南京面见汪精卫，洽谈"中日提携"。

11月23日，南京政府派高宗武与日本仪我、柴山会商于北平，决定于1935年1月起关内外实行通邮。

12月15日，蒋介石授意陈布雷化名徐道邻撰《敌乎？友乎》一文；汪精卫亦命林柏生在《中华日报》上发表《对日两条路线》一文，以试探"调整"中日关系。

1935年（民国二十四年）   五十三岁

仍任行政院长。

2月20日，汪精卫在中央政治会议报告外交方针，说："读了这次广田外相的演说，认为和我们素来的精神是大致吻合的……我们愿以满腔的诚意，以和平的方法和正当的步调，来解决中日间的一切纠纷，务使……互相排挤互相妨害之言论行动，一天天消除。"

5月17日，南京、东京同时发表中日公使晋升大使，南京表示："此为诚意改善中日国交"之"一种划时期的事业"。

11月25日，殷汝耕据冀东二十二县在通州成立所谓"防共自治政府"。

11月1日汪精卫遇刺。

11月12日，国民党五全大会开幕，蒋介石在谈到"对外关系"时，声称："和平未到绝望时期，绝不放弃和平，牺牲未到最后关头，亦不轻言牺牲。"

11月26日，南京政府下令撤北平军分会，又令设立"冀察政务委员会"，以宋哲元、王揖唐、王克敏等任委员。

12月9日，在中共直接组织领导下，爆发了一二·九运动，北平各大中学校学生要求停止内战，抗议"冀东汉奸政府"成立。反对所谓"防共自治"。

1936年（民国二十五年）　　　　　　　　五十四岁

出国就医。

1月21日，日外相广田在众院演说对华三原则：（1）中国取缔一切排日运动。（2）树立中日满经济合作。（3）中日满共同防共。

2月19日，汪精卫出国赴欧。

3月22日，日寇唆使德王以察北蒙旗为根据地，成立伪蒙古自治军政府。

5月5日，南京政府公布宪法草案（即"五·五"宪章）。

11月初，日伪军犯绥远，傅作义部抗战。24日，傅部克百灵庙。

12月12日，"西安事变"发生，张学良、杨虎城扣留蒋介石，实行军谏。13日，发出通电，提出八项主张。

12月22日，汪精卫自意大利热那亚启程回国。

12月24日，蒋接受抗日条件。25日蒋被释放。26日蒋即将张学良扣留。

1937年（民国二十六年）　　　　　　　　五十五岁

1月回国。

1月18日，德王自称伪蒙政府主席。

2月15日，国民党三中全会开幕。21日，该会通过"根绝赤祸案"。

7月7日，卢沟桥事变爆发。

8月13日，日寇进攻上海遭到抵抗。

8月14日，国民党政府宣言自卫，中日间全面战争爆发。

10月29日，伪内蒙自治政府成立。

12月13日，南京失陷，日军进行血腥的大屠杀，中国民众死亡30万。

1938年（民国二十七年）　　　　　　　　五十六岁

6月16日，国民党中常会决定7月1日召开国民参政会，汪精卫、张伯苓为正副议长。

6月18日，伪华北临时政府与伪南京维新政府，发出劝蒋投降通电。

7月22日，汪精卫公开在中外各报发表谈话，表示中国愿意接受和平调停。

12月18日，汪精卫离渝经昆明外逃。随汪外逃的有周佛海、陈璧君、褚民谊、陶希圣、曾仲鸣等国民党要员。19日抵越南河内。陈公博于20日始飞到昆明，随后赶到河内。

12月22日，近卫发表招降声明，提出调整中日关系三原则。

12月29日，汪精卫在河内草拟响应近卫三原则之《艳电》，31日刊登在香港《南华日报》。

1939年（民国二十八年）   五十七岁

在上海召集汪记国民党第六次全国代表大会，筹组伪国民政府。

3月21日汪在河内遇刺，因误中曾仲鸣而逃脱。

4月1日，汪精卫撰《举一个例》一文，发表于香港《南华日报》，公布了国民党政府国防最高会议第三十四次常务委员会议记录。汪并说："中央心里想和，而口里不敢言和，余则心口如一，乃为国家民族着想。"

5月，国民党忠义救国军副总指挥何行健在苏南率部5万人投敌，声言专事对付新四军。

8月9日，汪精卫在广州发表劝降广播，略谓：在前线后方行政当局，以及带着军队的人，能有赞成和平的表示，反共的表示，则日本军队必不会进攻。

8月31日，汪记国民党发表"第六次全国代表大会"宣言，再次扬言："以反共为和平建国之必要工作，望海内外同胞共喻此旨"。

1940年（民国二十九年）   五十八岁

在南京召开伪中央政治会议， 3月30日，伪国民政府成立，任代主席兼行政院长。11月30日与日本正式签订卖国条约，即《中日国交调整条约》。

1月22日，高宗武、陶希圣披露日、汪密约于香港《大公报》。

3月12日，汪精卫发表《和平宣言》，说："望重庆政府抛弃成见，立即停止，共谋和平方案之实现。"

3月30日，汪伪国民政府成立，号称"国府还都"。

4月17日，汪精卫在武汉广播劝降。

11月26日，汪精卫电蒋介石劝降说："余深信足下坚决的宣布中日议和的主张，使全国人民努力协助政府实现'和平'及恢复治安之工作。"

11月29日，汪清卫宣誓就任伪国府主席。

11月30日，日本政府承认汪伪政府，汪精卫、阿部信行分别在《中日国交调整条约》上签字。接着，汪精卫、阿部信行与伪满代表臧式毅，在《中日满共同宣言》上签字。

1941年（民国三十年）　　　　　　　　　　五十九岁

赴日商讨和平方案。举办清乡。太平洋战争爆发，主张与日本"同甘共苦"。

12月9日，重庆国民党政府对日、德宣战。

1942年（民国三十一年）　　　　　　　　　六十岁

提倡新国民运动。

1943年（民国三十二年）　　　　　　　　　六十一岁

1月9日，汪伪对英、美宣战。10月30日，汪伪与日本签订中日同盟条约。11月初汪精卫赴日参加大东亚会议。

10月30日，苏、美、英、中在莫斯科签订关于世界普遍安全的四强联合宣言。

1944年（民国三十三年）　　　　　　　　　六十二岁

3月3日，因压迫性脊髓症赴日本名古屋帝大医院治疗。11月病危。11月10日死亡。

POSTSCRIPT · 后 记

  本书是在师友们的鞭策鼓励下，在写《民国人物传·汪精卫》的基础上，进一步收集资料和构思，历时三年，终于和读者见面了。

  承丁守和同志为本书写了序言，孙思白同志为本书题签，李新、张振鹍、吕一燃、陈铁健等同志审阅了部分书稿，提出了许多改进意见。上述同志都是在繁重的科研任务中挤出时间看稿的，对此，笔者表示深切的谢意和敬意。

  本书不足之处和论述欠妥之处，切盼得到专家和广大读者的批评指正。

闻少华

AUTHOR'S NOTE · 作者附言

本书在经历了 20 年后，又和读者见面了。现在重新审视这本书时，不论从材料上、观点上，甚堪告慰的是尚未发现原则性的错误；因此在再版此书时，为保持历史原貌，不拟也不必要作较大改动，只作了部分查对原材料和改正错字的工作。

回忆 80 年代中期撰写此书时，民国史资深专家李新教授审读过部分书稿，孙思白教授题写过书名，二位先生对作者慰勉有加，使笔者深受鼓舞。今二位先生已先后作古，令作者对他们的音容、笑貌、风采，倍加怀念。

本书的初稿、修改稿都是手工操作，20 世纪 80 年代，电脑还是个奢侈品，我当时尚未退休，只好争分夺秒不分昼夜地赶写，从初稿到修改稿的大量抄写工作，都落到我爱人吕德锦的身上。她还要承担全部家务（正好她办了退休手续）。没有她的辛勤劳动，完成本书必然会增加很多困难。顺便说一句，在本书付梓不久，她又找到发挥余热的适当工作。我女儿闻心欣，当时还是个高中生，也挤时间帮我抄写书稿。在这里，我衷心感谢她们两位的辛勤劳动。

此次本书再版，团结出版社张阳女士作了精心策划，增加不少相应的图片，做了大量工作，在此一并深致谢意。

最后，笔者仍期盼得到专家和广大读者的批评指正。

（编者按：此次再版，作者闻少华先生以 92 高龄参加全过程的校阅和改定工作，对此，我们深表敬意和谢意。）

闻少华

2022年4月10日